U0544194

iHuman

成
为
更
好
的
人

1963:
THE YEAR OF THE REVOLUTION

1963
变革之年

ROBIN MORGAN
ARIEL LEVE

[英] 罗宾·摩根 [英] 阿里尔·列夫——著
孙雪——译

1963: BIANGE ZHI NIAN
1963: THE YEAR OF THE REVOLUTION
Copyright © 2013 by Ariel Leve and Robin Morgan
Published by arrangement with It Books, an imprint of HarperCollins Publishers
Simplified Chinese edition copyright: 2021 Guangxi Normal University Press Group Co., Ltd.
ALL RIGHTS RESERVED
著作权合同登记号桂图登字：20-2016-249 号

图书在版编目（CIP）数据

1963：变革之年 /（英）罗宾·摩根，（英）阿里尔·列夫著；孙雪译. —桂林：广西师范大学出版社，2021.1
书名原文: 1963: THE YEAR OF THE REVOLUTION: How Youth Changed the World with Music, Art, and Fashion
ISBN 978-7-5598-3107-1

Ⅰ. ①1… Ⅱ. ①罗… ②阿… ③孙… Ⅲ. ①现代文化－研究－世界 Ⅳ. ①G11

中国版本图书馆 CIP 数据核字（2020）第 148108 号

广西师范大学出版社出版发行
（广西桂林市五里店路 9 号　邮政编码：541004）
　网址：http://www.bbtpress.com
出版人：黄轩庄
全国新华书店经销
北京盛通印刷股份有限公司印刷
（北京经济技术开发区经海三路 18 号　邮政编码：100176）
开本：787 mm × 1 092 mm　1/32
印张：12.5　　　字数：245 千字
2021 年 1 月第 1 版　　2021 年 1 月第 1 次印刷
印数：0 001~8 000 册　定价：88.00 元

如发现印装质量问题，影响阅读，请与出版社发行部门联系调换。

目 录

引　言 / 001

第一部分

第一章　觉　醒 / 019
第二章　雄　心 / 067

第二部分

第三章　行　动 / 101
第四章　炼　金 / 151

第三部分

第五章　喜　爱 / 197
第六章　无　畏 / 251
第七章　余　震 / 283

第四部分

第八章　补　遗 / 317

后　记 / 359
致　谢 / 365
人名对照表 / 367
名词对照表 / 377

引 言

这是个难得一遇的巧合,仿佛预言一般,五十多年来一直为人所忽视。1963年1月13日,在英国伯明翰,一支由年轻小伙子组成的魅力四射的乐队首次亮相英国国家电视台,以一曲热情洋溢的《请取悦我》让观众神魂颠倒。同一天晚上,观众在英国广播公司——除了国家电视台,英国此时只有这一个频道——目睹了一场更加叩击理性的盛宴,一位名不见经传、头发蓬乱的美国音乐家,吟唱了一曲《在风中飘荡》,作为他的电视节目首秀。

无论是披头士乐队,还是鲍勃·迪伦,都不知道这一巧合,但在那一年,他们的声音同时使全世界数百万只耳朵为之倾倒。披头士乐队往后会成为一场革命的代表人物,而鲍勃·迪伦则成为这场革命的先知。

1963年,战后经济繁荣发展,青少年性格叛逆,社会异常动荡;阶级、金钱和权力如同地壳板块一般碰撞,社会宗教规则摇摇欲坠。

正是在这一年,推行冷战政策的主要国家寻求休战,太空竞赛进入拉锯战,女权主义者和民权活动家在政治舞台上大显身手,一起色情间谍丑闻席卷英国政府,约翰·菲茨杰拉德·肯尼迪总统遇刺震惊了整个世界。在这些历史事件占领新闻头条之际,一则独家新闻却无人问津、几乎被遗忘:世界正在见证一场青年震动。

1963年1月,青少年拿起乐器、相机、画笔、钢笔和剪刀,挑战常规。一支自称"滚石"的乐队面试了一位新贝斯手兼鼓手。埃里克·克拉普顿[1]、史蒂维·尼克斯[2]、大卫·鲍伊[3]和埃尔顿·约翰[4]正在拨弄琴弦,按弄琴键。在西海岸,一支名副其实的海滩男孩乐队在洛杉矶电台声名狼藉。在底特律,一

---

1 埃里克·克拉普顿(1945—),英国吉他手、歌手、作曲家,曾获得十八座格莱美奖,三次入选摇滚名人堂,是当代最成功的音乐家之一。书中脚注如无特别说明者,均为译者注。
2 史蒂维·尼克斯(1948—),佛利伍麦克乐队主唱、词曲作者,2019年入选摇滚名人堂。
3 大卫·鲍伊(1947—2016),英国摇滚歌手、演员,与披头士、皇后乐队并列为英国二十世纪最重要的摇滚明星,并在2000年被《新音乐快递》杂志评为二十世纪最具影响力的艺人。
4 埃尔顿·约翰(1947—),英国歌手,享誉盛名的顶级音乐艺术家,被誉为"英国乐坛常青树"。1994年,为电影《狮子王》献唱主题曲《今夜你能感受到爱吗》,同年入选摇滚名人堂。1997年,为纪念戴安娜王妃发行歌曲《风中之烛1997》,全球销量突破3300万,是史上最卖座的单曲。1999年,获得格莱美传奇奖。

个女子团体更名为"至上女声组合",备受瞩目。

在伦敦,一个无法无天的爱尔兰人,采用海盗的手法,打破了音乐行业中间派对无线电波的垄断;他买了一只拖网渔船,将它拴在国际水域,这样他就可以在未经许可、不受干涉的情况下播放他喜欢的音乐。一位名叫玛丽·匡特的设计师将连衣裙的下摆裁去了六英寸[1],或者更长;一位雄心勃勃、名叫维达尔·沙宣的美发师利用建筑美学的原则,设计了一款发型,与玛丽·匡特的迷你裙造型相得益彰。

短短一年时间,我们的生活、喜好和外貌便永久地被改变了。音乐家、时装设计师、作家、记者和艺术家挑战现有的秩序,使得德高望重的前辈不仅要与新一代的精英分享政治权力和商业权力,而且必须要赢得他们的支持。新世界社会、文化、政治和技术的蓝图正在勾勒之中,每一天都不一样。这是历史上第一次由年轻人主导新世界的设计。

新世界的建立已经酝酿了半个世纪。生于二十世纪初、经历了一场毁灭性战争的那代人已经将世界交到深受另一场战争影响的另一代人手中。到二十世纪中叶,这个世界已经作好准备脱胎换骨。归国军人,因战争饱受创伤,也因战争更能掌控局势;女人,从做家务转为制造炸弹,他们想要为自己和自己的孩子争取更好的生活。人们要求他们的欲望、期望和权利被予以考虑。许多百依百顺、见识浅陋的人,以前尊重权威,满足于拿固定工

---

[1] 1英寸约合2.54厘米。

资，如今都开始排斥僵化的文化、社会和政治分歧。

婴儿潮一代是在战后经济繁荣发展的时代成长起来的：重建世界刺激了经济扩张。收入如泉水源源不断地涌来，人们购买汽车、电视、衣服和冰箱。盘子一般大小的黑胶唱片，放置在价格适中、居家式的盒子上，便可以奏出音乐。它很快就取代了钢琴和收音机，成为家庭娱乐的主要源泉。

六十年代初，婴儿潮一代人静待时机，振翅高飞。他们的舞台已经建成，1963年便是开幕之夜。

电视将不断变化的世界播送到每家每户，使知识和公众舆论民主化；电视既记载也加速了世界的转变。1963年，婴儿潮一代人见证了在密西西比州人民怒火中烧之际，马丁·路德·金"有一个梦想"，华盛顿民权运动游行日益升温。他们见证了年轻英俊的总统约翰·菲茨杰拉德·肯尼迪用德语宣称"我是柏林人"，给美国航空航天局登月计划的预算投入增加了一倍，将世界从核战争的边缘拯救回来；这样一位总统的最终命运却是在达拉斯市的敞篷车里遇刺身亡。

他们目睹了帝国主义旗帜的降落、欧洲帝国的解体，以及新兴国家的诞生。第一档电视节目是由卫星转播的，第一次脊髓灰质炎疫苗是免费接种的。贝蒂·弗里丹出版了《女性的奥秘》，已婚妇女可以凭处方买到一种简称"药丸"的东西。年轻的单身女孩只需要在无名指戴上一枚金戒指，骗医生说自己已婚，便能拿到这样一包避孕药，这东西能让她们用自己的身体纵情试验，不用担心意外怀孕。

青年人要创造自己的历史。二十世纪五十年代,埃尔维斯[1]、巴迪·霍利[2]、小理查德[3]、嚎叫野狼[4]、穆迪·沃特斯[5]和查克·贝里[6]已经为世人树立了信仰,但在1963年成为救世主的却是鲍勃·迪伦和披头士乐队。

短短一年内,二十世纪六十年代便成功孕育了一批青年才俊。一个名叫雷金纳德·肯尼思·德怀特的学生,十六岁,主修钢琴,是伦敦备受仰慕的皇家音乐学院的学生,他白天练习肖邦,晚上在伦敦的酒吧和俱乐部纵情高歌自己的原创歌曲;他就是后来的埃尔顿·约翰。还有一个名叫埃里克·克拉普顿的男生被艺术学校开除,随后加入了一支乐队。

---

[1] 埃尔维斯·普雷斯利(1935—1977),美国摇滚歌手、演员,绰号"猫王",一代摇滚巨星。
[2] 巴迪·霍利(1936—1959),美国摇滚歌手、摇滚乐坛最早的青春偶像之一,1986年入选摇滚名人堂,成为第一批进入摇滚名人堂的歌手。
[3] 小理查德(1932—2020),美国摇滚歌手、作曲家。作为摇滚世界的历史缔造者之一,在1956年至1957年短短一年中,小理查德完成了几乎全部代表作,并卖出了1800万张唱片。
[4] 嚎叫野狼(1910—1976),美国蓝调爵士重量级人物,早期蓝调大师。
[5] 穆迪·沃特斯(1913—1983),美国蓝调歌手,被尊称为"现代芝加哥蓝调之父",对二十世纪六十年代英国蓝调的大爆炸起到重要作用,甚至连"猫王"和鲍勃·迪伦都受其影响。
[6] 查克·贝里(1926—2017),美国黑人音乐家、歌手、作曲家、吉他演奏家,摇滚音乐史上最有影响的艺人之一,善于创作与青少年息息相关、充满时代感的音乐。很多后起的艺人,特别是海滩男孩、披头士和滚石乐队,都翻唱过他的歌曲,模仿他的吉他演奏风格。

紧跟他们步伐的，有一位名叫吉米·亨德里克斯[1]、刚刚被第101空降师开除军籍的美国士兵，还有一位名叫吉姆·莫里森[2]、来自加州大学洛杉矶分校、已经开始写歌的电影系学生。1963年，卡莉·西蒙[3]开始了演唱生涯。米克·贾格尔[4]和基思·理查兹[5]灌制了他们的第一张唱片。保罗·西蒙[6]在纽约俱乐部的表演反响平平，于是他前往英国反思自己的音乐。1963年是那些不朽偶像的大学之年、学徒之期和爆发之时，他们从1963年开始一直声誉不减。

　　1963年，年轻男女壮大了胸怀大志的音乐家的队伍。一位名叫芭芭拉·胡兰尼基的年轻女生买不到可以穿的衣服，于是就用她妹妹的小名，打造了一家名叫比芭的品牌店铺。[7]女性舍

1　吉米·亨德里克斯（1942—1970），美国吉他手、歌手、作曲家，摇滚音乐史上最伟大的电吉他演奏者。
2　吉姆·莫里森（1943—1971），美国摇滚歌手、诗人、艺术家，其最出名的身份是大门乐队主唱。
3　卡莉·西蒙（1945—　），美国歌手，1972年获格莱美最佳新人奖，也是第一位集齐格莱美奖、奥斯卡奖、金球奖的艺人，1994年入选创作人名人堂。
4　米克·贾格尔（1943—　），英国摇滚歌手、滚石乐队创始成员之一，1969年开始担任乐队主唱。
5　基思·理查兹（1943—　），英国音乐家、作曲家、滚石乐队创始成员之一。2004年，与米克·贾格尔合作的十四首歌曲入选"最伟大的500首歌曲"。
6　保罗·西蒙（1941—　），美国音乐家、创作歌手、唱片监制，美国歌坛少有的常青树，1957年出道，至今依然是歌坛上的耀眼巨星。
7　芭芭拉·胡兰尼基于1965年创立比芭品牌，十年里吸引了无数社会名流，包括大卫·鲍伊、米克·贾格尔等。1976年，比芭品牌关闭，但品牌所创立的风格影响了此后无数设计师。

弃了吊袜腰带和长袜,因为玛丽·匡特设计的迷你裙太暴露了,因此也就有了连裤袜的市场。像大卫·霍克尼[1]、安迪·沃霍尔[2]、艾伦·琼斯[3]和罗纳德·布鲁克斯·基塔伊[4]这样的年轻人也在尝试他们艺术院校课程以外的东西。

这一无组织的新贵族主要来自工人阶级和中产阶级下层,他们代表了婴儿潮一代的理想和抱负;他们的偶像都已被神圣化。音乐、时尚、艺术,挑战、蔑视甚至超越了阶级、政治和宗教。如此一来,人性也开始得以重新定义。

家庭背景、正规教育、学校累积的人脉以及为事业长期奋斗,不再是成功的唯一途径。黑胶唱片的压制时间有多快,广播和电视节目的播放速度有多快,视野的拓展就有多快。音乐和时尚变革之后,紧接着就是电影、书籍和艺术。年轻人摆

---

1 大卫·霍克尼(1937—),英国画家、版画家、舞台设计师、摄影师。在近三十年的摄影艺术生涯中,大卫·霍克尼矢志不渝地坚持探索照相机的多样工作方式和摄影作品的多种表现形式。
2 安迪·沃霍尔(1928—1987),美国波普艺术的倡导者和领袖,也是对波普艺术影响最大的艺术家。
3 艾伦·琼斯(1937—),英国波普艺术家,创作了大量的绘画作品,画风欢快幽默,色彩明朗。艾伦·琼斯对女性体态细腻而完美的描绘,是当今艺术圈与时尚圈纷纷翻拍或致敬的灵感来源。
4 罗纳德·布鲁克斯·基塔伊(1932—2007),美国人物画画家。1950年,师从美国超现实主义倡导者悉尼·德雷温特学习艺术。1961年,与大卫·霍克尼、德里克·博希尔、艾伦·琼斯、彼得·菲利普斯等人在伦敦举办"同时代的年轻人"画展,并在此画展中确立了他的绘画艺术地位。1995年,获威尼斯双年展绘画类金狮奖。

脱了常规，以一场颠覆性的骚乱来表达自己，他们突袭了反动的、让人困惑的旧秩序所筑起的街垒；旧秩序认为可以动用法律、习俗和警察，把反文化主义者关押起来。

在第一场浪潮中，也就是1963年，年轻的安迪·沃霍尔搬进了位于纽约市东第八十七街的消防站，艺术殿堂的界限因此得以延伸；年轻的大卫·霍克尼调出了与众不同的调色板。可口可乐推出了第一款低卡饮料Tab，利用女性的体型发生变化这一商机；现在，女性不再向往成为玛丽莲·梦露，而是杰姬·肯尼迪和琼·施林普顿。一家名叫李维斯的服装公司看出了潮流所向，推出了经过预缩处理的牛仔裤；蒙特雷流行音乐节和纽波特民谣音乐节为青年人的大规模狂欢活动提供了新范本。

在电影行业，查禁就像是附着船底的甲壳动物，积重难返，而现在正在被从表达自由的船体上刮除。让电影内容接受审查的令人扫兴的《海斯法典》，在准备为艺术而战的电影制片人的压力下，开始瓦解。让-吕克·戈达尔的《蔑视》和比利·怀尔德的《爱玛姑娘》对蓄势待发的查禁不予理睬，公然谈论风流韵事的英国电影《汤姆·琼斯》获得了四项奥斯卡大奖。最重要的是，在主流电影史上第一次出现女演员裸露胸部的镜头，这位女演员还将审查人员一军，看他们敢不敢阻止她或是西德尼·吕美特的《典当商》。一本正经的《海斯法典》的命运也因此成为定局。

出版业已然意识到对抗权威、维护自己威信的时机已经成熟。写于债务人监狱中的"黄色小说"《芬妮·希尔》——当时乔治·华盛顿还只是一个十七岁的边防检查员——首次在美国和英国出版,违背了淫秽法,并且直接向立法者发出挑战。

这些事都发生在1963年。本书围绕这一时间线搜集的事实,均验证了一则无可争辩的宣言:这一年改变了我们的世界。

我们的被访者(或者说是撰稿人)是1963年的亲历者。由此,我们了解到1963年冬天披头士乐队在进入英国北部一家夜总会时遭到拒绝,因为他们穿着皮夹克。一年后,他们成了美国七千三百万观众瞩目的中心。我们发现,当初唱成人礼、为足球比赛筹钱而组建戴夫·克拉克五人组的那群年轻人,在1963年,拿着一周二十五英镑的酬劳,已经开始在伦敦北部一家舞厅引吭高歌。两年多以后,他们就受邀登上了"空军一号",与林登·贝恩斯·约翰逊总统握手:世界上最有影响力的人都想要他们的签名。

我们采访了这位不同凡响的女人。1963年,这位除了容貌和性欲几乎一无所有的女人,不知不觉中发现自己正与贵族、政治家一起寻欢作乐,然后就成了一起性丑闻事件——普罗富莫事件——的中心人物。这起丑闻使得当时的英国政府倒台。她发现自己被苏格兰场[1]追踪,并且被拖到了英国高级法院。在这一领域至高无上的权力与人物面前,这位十七岁的女

---

[1] 伦敦警察厅的代称。

生精心打扮,梳了个发式,到了法院后,无所顾忌地向伸长脖子看热闹的人群挥手;这种无所顾忌,是当时的年轻人才有的表现。

资深政客阿斯特勋爵否认与她发生过性行为。但在法庭上,面对他的否认,她用一句简单而轻蔑的"哼,他会的,不是吗"就把辩护律师——算得上是当时最优秀的律师之———训斥了一番。这句话很快就成了流行文化的一部分。除了这位女生,还有许多年轻人开始发声。正是这些声音促使《时尚》杂志主编戴安娜·弗里兰给1963年贴上了"青年震动之年"的标签。

许多享誉全球的名人为我们贡献了他们宝贵的时间,给了我们巨大的支持。鼓舞人心的维达尔·沙宣,尽管知道自己时日无多,还在他位于穆赫兰道的家中招待我们吃了午餐。眺望着远处的名望城堡好莱坞,他在他有生之年的最后一次采访中和我们分享了他对1963年的独家记忆。埃里克·克拉普顿、基思·理查兹、杰夫·林恩[1]和卡莉·西蒙,这些不喜欢曝光的顶尖人才,意识到有必要出一本公正看待他们青春时光的书,因而将他们宝贵的时间慷慨地贡献给了这本书。

有人说,如果你能回想起二十世纪六十年代,那你就没有经历过它。这一普遍信念被我们这些受访者的故事所揭穿。这不过是陈词滥调。

---

1 杰夫·林恩(1947—),英国作曲家、歌手、唱片制作人,曾为披头士乐队制作唱片。

本书是1963年的口述史。述说人是那些用吉他、相机、钢笔、画刷、剪刀，甚至恶名，赋予了青年人一个共同、民主的精英成员身份的男性和女性。1963年，青年人不再毕恭毕敬地等着受邀去坐上席；他们不过是建造了他们自己的宴会厅。

第一部分

> 你们的儿女
>
> 已不受你们掌控
>
> 你们的旧路正迅速老朽
>
> 请勿挡住新路,倘若无法伸出援手
>
> 因为时代正在改变
>
> ——鲍勃·迪伦[1]

1960年11月,约翰·菲茨杰拉德·肯尼迪年仅四十三岁,当选美国历史上最年轻的总统。他宣称,二十世纪六十年代开启的是一个全新的时代。同月,英国废除了十八至二十一岁的所有健康男性必须服兵役的制度。当年早些时候,英国首相哈罗德·麦克米伦就已经宣布:一股"变革之风"正在终结长达几个世纪的帝国时代,因此也无须再将年轻男性送去前线为亚非殖民地起义而战斗。同时,埃尔维斯·普雷斯利中士,得益于美国征兵计划的削减,创作了一系列畅销歌曲庆祝自己复员。

1960年,又一项民权法案镌刻进美国的法典之中:最高法院裁定路易斯安那州的种族隔离政策违宪,哈珀·李发表了《杀死一只反舌鸟》。企鹅出版社洗脱了英国法院指控

---

[1] 鲍勃·迪伦《时代正在改变》中的歌词,原歌词为:Your sons and your daughters / Are beyond your command / Your old road is rapidly agin' / Please get out of the new one if you can't lend your hand / For the times they are a-changin'.

其因出版《查泰莱夫人的情人》而犯有淫秽罪的嫌疑。卡修斯·克莱[1]赢得了一枚奥运金牌,恰比·切克[2]演唱了一首《扭摆舞》。罗伊·利希滕斯坦[3]、罗伯特·劳申伯格[4]、安迪·沃霍尔和贾斯珀·约翰斯[5]奠定了流行艺术的基础。

但即便电视台和电台奉行保守、温馨的路线,延长了埃尔维斯和西纳特拉[6]位居排行榜榜首的时间——还有一批二十世纪五十年代的低吟歌手、民谣歌手、鸣禽歌手、民歌歌手和器乐演奏者——从加利福尼亚到底特律,从东海岸的校园到格林威治村的地下室,再到英国的工业中心城市,廉价酒吧、咖啡馆和烟雾缭绕的地下室里还是涌现出新一代的歌手。

---

1 卡修斯·克莱(1942—2016),即阿里,美国著名拳击运动员、拳王,1960年获得奥运会次重量级拳击冠军,在世界拳坛崭露头角,四年后成为世界重量级拳击冠军,此后在二十世纪六十年代保持了常胜不败的纪录。
2 恰比·切克(1941—),美国摇滚歌手,1959年以《扭摆舞》一曲成名。
3 罗伊·利希滕斯坦(1923—1997),美国波普艺术家,其作品常以卡通人物如米老鼠、唐老鸭、大力水手等作为画中主角,后又模仿通俗连环画,创作了一批以少女为主题的爱情画和以空战为内容的战争画。
4 罗伯特·劳申伯格(1925—2008),美国画家,美国波普艺术的先驱人物。早年求学于黑山学院,师从约瑟夫·阿尔伯斯,开始接受达达主义艺术观念。二十世纪五十年代,抽象主义表现艺术盛行,劳申伯格将达达艺术的现成品与抽象主义的行动绘画结合起来,创造了著名的"综合绘画",也是他走向波普艺术的开端。
5 贾斯珀·约翰斯(1930—),美国画家,1958年在纽约举办个人画展后成名。
6 弗兰克·西纳特拉(1915—1998),美国歌手、影视演员、主持人,演艺界最早的超级巨星之一。

一支名叫披头士的乐队在汉堡一家乌烟瘴气的俱乐部开始了为期四十八晚的表演。在明尼苏达大学读大一的罗伯特·齐默曼准备辍学，前往纽约市，以艺名"鲍勃·迪伦"去民谣俱乐部演出。名叫米克·贾格尔和基思·理查兹的两个男生在东伦敦的一个火车站站台上见面，讨论他们的共同爱好：以查克·贝里和穆迪·沃特斯为代表的芝加哥节奏蓝调。有户人家的三兄弟一起练习和声，为他们日后组建海滩男孩这支乐队奠定了基础。一个全新的领域在召唤它的先锋。

第一章　觉　醒

>　　人们从美国带回了胖子沃勒、小理查德和查克·贝里的78转唱片。这就是当时发生在我身边的事。我第一次拿起吉他是在十三岁。
>
>　　——埃里克·克拉普顿

第二次世界大战结束后，英国对战争感到厌恶，对战时英雄温斯顿·丘吉尔首相同样也有情绪反弹，分外厌烦。1945年，英国人推选了工党政府，激进的社会改革逐步提上日程。到1960年，对英国各地的青少年来说，征兵以及穿着卡其布军装、花上三年的光阴投身对抗殖民地叛乱或者守卫冷战边界的威胁已经不复存在了。他们需要新的着装和节奏。肉、奶酪以及糖之类的食物和服装面料之类的"奢侈品"，从战争期间到五十年代都是限量供应。此时，经济繁荣，以及随之而来的自由时光，使新一代得以通过音乐、时尚和艺术去探索自己的兴趣所在。

基思·理查兹（滚石乐队吉他手）：在战后英国成长的经历激励着我们。每个大人聊的似乎都是战争，我们听够了。我们想摆脱这种战争观念。在成长过程中，战争一直扰着我们。我当时想："我只想离开这该死的屋子。我不想当兵。"

这很蠢。早在几年前，征兵制就已经结束了。摆在我们所有人面前的是以前从未有过的自由，突然间我们就不用非得去参军了。你一生都在听别人说："等到了十八岁，你就要去当兵，部队会收拾你。"

突然奇迹发生了，我们不用去当兵了。十七八岁，血气方刚，有大把的空闲时间。哇哦！就跟着感觉走。他们之前都是骗我的。我不必去当兵了。我不敢想如果去当兵，我的生活会变成怎样。我敢说，我们现在就不会在一起聊天了。不会。部队的纪律是不允许的。

埃里克·克拉普顿（奶油乐队、新兵乐队、德里克和多米诺乐队吉他手）：战后的英国很沉闷。整个二十世纪六十年代的话题都是爆炸，对物品限量供应的抗议，艰苦，还有因第二次世界大战国家所经历的巨大痛苦。

我出生时二战快要结束了，事实上我大概只记得V型飞弹[1]巡航时的声音，诸如此类的。但战争给所有人造成的约束，给一切事物造成的影响，我很清楚。

维达尔·沙宣（英国先驱发型师）：我们的大英帝国没了。但社会党人[2]非常不错。国家医疗保健服务、教育、重建工作，都很出色。我们没钱。整个英国都没钱。但是，年青一代是在重建的氛围中长大的。我们有了政府廉租房[3]。那是我住的第一个带有浴室的公寓。我以前经常泡澡。

乔治·法梅（爵士乐、蓝调音乐家，大师级键盘手）：我记得限量供应。二十世纪五十年代，没有电视，没有娱乐，不过我们这条街上[4]的每户人家，即便是最穷的，都有一架钢琴。爸爸弹，每个人都弹。在广播里听到罗丝玛丽·克卢尼和弗朗基·沃恩的曲子，有人就会试着去弹。

我们这儿有个好处是，如果调到短波广播——大家都有收音机——就可以收听美军电台，可以听到埃林顿公爵的歌曲，当下美国最新的东西都可以收听到，这是收听摇滚乐的唯一途径。我们没意识到这都是关于性的东西。我们以为说的是跳舞。跳舞是我们母亲感兴趣的。

---

1 纳粹V-1"飞行炸弹"。——原注
2 工党。——原注
3 政府兴建的住房工程。——原注
4 位于利，在曼彻斯特附近。——原注

十五岁时,我在家乡的酒吧里演出。我一个人。当时看我表演的人们大排长龙。我总是会演奏杰里·李·刘易斯的歌,大家总会跟着唱,玩得很开心。没发我工资,也不给小费。就半品脱的淡啤酒。

比尔·怀曼(滚石乐队贝斯手):十七岁那年,我去了南伦敦奶奶家。我有时住那儿。她家有一台六英寸的黑白电视机。我经常看体育频道。有天晚上我在看综艺节目《伦敦帕拉斯剧院的星期六之夜》[1],看到有个人在舞台上泪流满面,约翰尼·雷,摇滚乐之前最深情的歌手。女孩子跑到舞台上,扯他的裤子。全都围着他。

埃里克·斯图尔特(迷幻乐队和10cc乐队吉他手、词曲作者、歌手):我本该去索尔福德工学院学建筑。我在那儿待了四周左右。当时我十六岁,是工人阶级家的孩子,住在曼彻斯特市中心一个两上两下的房子里,厕所在屋外面。[2]

以前我们家有架钢琴,放客厅的那种。大部分家庭都有一架。我父亲钢琴弹得超级好,古典乐、蓝调、爵士。家里总有音乐声,父亲弹奏的,收音机里播放的,大概就在那时候,我开始

---

1 口误,应为《伦敦帕拉斯剧院的星期日之夜》。
2 楼上两间小卧室,楼下只有一间客厅和一间厨房,厕所在后院,这是英国后维多利亚时代为在工厂做工的蓝领工人所造的标准住房。——原注

喜欢上了杰里·李·刘易斯。我当时已经在买唱片，但主要还是受马路对面一户人家的影响，那家人姓艾伦。

那家有三个儿子，其中有一个是商船船员，大概十八岁，跑大西洋航线，他经常把这些45转唱片——普雷斯利和巴迪·霍利的美国摇滚乐小唱片——带回利物浦和曼彻斯特，我们以前常常拿来放。我有一台丹赛特电唱机[1]，我会放这些在市面上买不到的唱片。这种音乐在电视和电台上放得并不多，只有通过国外电台才能收听到。英国广播公司从来没播过这样的音乐。你没法把巴迪·霍利的唱片拿到英国广播公司播。能播的只能是弗兰克·西纳特拉、马特·门罗或者海伦·夏皮罗的，得是大众接受的。当时人们买的都是《橱窗里那只小狗多少钱》《我看到老鼠了》这样的音乐。

贾斯廷·德·维伦纽夫（二十世纪六十年代英国企业家）：战争期间，我在约翰·博因顿·普里斯特利的房子里避难。房子在伦敦北部，是个富丽堂皇的大庄园。庄园里所有的工作人员、厨师和保姆都穿着统一的服装[2]。普里斯特利[3]给丘吉尔撰写过演讲稿。我原名叫奈杰尔·乔纳森·戴维斯，在哈克尼附近

---

1 手提箱大小便携式唱片机。——原注
2 希特勒的纳粹空军开始闪电空袭伦敦的老百姓，为安全起见，孩子被送到了乡下。——原注
3 作家、广播员。——原注

出生。我是个地地道道的伦敦佬[1]。所以,1945年,战争结束后回到伦敦时,我心想:"天哪,两上两下的小房子!"厕所还在园子里。房子里是烧煤气的,没有电,还总是一股煤气泄漏的味儿。刚回来的时候,这个打击到我了;在这之前,我习惯了餐桌上放着银器和骨瓷。我知道形势要不比以前了。我不想要这样。我们都不想要这样。

弗兰克·洛爵士(广告公司创始人、老板):我觉得父母那一辈人从战争中死里逃生,已然疲惫不堪了。我们当时只是孩子,不可能知道那是什么样的画面;整个国家战火纷飞。我父亲回来后几乎从不谈论战争。他们全都筋疲力尽。战后的英国经历了一段很悲惨的时期。我想我们这代人都在说:"去他妈的!一定有比这好的。"

我是在曼彻斯特的一家酒吧里长大的,离老特拉福德[2]不远。我是奶奶带大的。我两岁时,母亲就离开了,去沙德勒之井剧院[3]唱歌剧去了,爸爸在皇家空军,所以就把我丢给了奶奶。我十七岁时就离开了学校,而且我觉得不能就这样和奶奶在曼彻斯特过一辈子,所以我投了很多简历,最后得到了两份工作机会:一份是"初级记者",但实际上就是端茶递水,而

---

1 只有在古老的伦敦城区内能听见圣玛丽-勒-鲍教堂钟声的地方出生的那些人,才被视为"地地道道"的伦敦佬。——原注
2 曼联足球场。——原注
3 伦敦的一家剧院。——原注

且要北上苏格兰；另一份是在伦敦伯克利广场的智威汤逊广告公司，跑跑腿打打下手。

总的来说，我觉得比起阿伯丁，伯克利广场更合我心意。所以，1958年或是1959年，我干起了跑腿的活，每周拿四英镑十五先令，还有午餐券[1]。我把邮件送到每个人手上。那时候，广告行业有点儿像《广告狂人》里的那样。广告毫无用处，但广告人和拍广告的模特都玩得很嗨，前台小姐全都手拎古驰手袋，脖子上都围着围巾。客户经理全是从军队出来的军官，他们中大多数人好像是早晨五六点刚从安娜贝勒夜总会[2]出来，上午就穿着晚宴西服走进了办公室。这个行业很奇特。

玛丽·匡特（英国时装设计师）：我从小就知道自己想做什么。我以前经常穿堂姐穿过的衣服。我一直都比较关注时尚。还是小孩子的时候，我就经常上舞蹈课。有次课上，我听见隔壁传来音乐声，有个女孩在跳踢踏舞，她完全就是我想要成为的样子。

这个女孩穿了一身黑。不透明的黑色紧身衣和十英寸长的百褶裙，白色的齐踝短袜和踝带系扣的踢踏舞鞋。我也想那样。她大我两岁左右。我那时肯定有七岁了。她也留着波波头，维达尔·沙宣的基本款。这个形象一直刻在我脑海里。我

---

[1] 餐补，那时候都有的。——原注
[2] 伯克利广场的一家私人会所。——原注

以前常常剪床罩,什么都剪,然后就开始设计衣服。我从没想过做其他事。

杰姬·科林斯(英国作家):我是在演艺之家长大的。[1] 我父亲有点大男子主义,母亲是个全职妈妈。我从中学辍学了。我一直都比较叛逆,比实际年龄要老成些,觉得任何事情我懂的比其他任何一个人都要多得多。

我不得不独立。父母对我并不娇生惯养,他们有点儿不管我。我姐姐琼已经进入了好莱坞,我当时一直演戏,也去过很多地方。没什么限制。所以,只要我没被逮住,我可以想做什么就做什么;我原本就是个野孩子。

贾斯廷·德·维伦纽夫:我十四岁时离开了学校,给一个酒商干活儿。为什么这么做?我是雷吉·克雷和伦尼·克雷兄弟的朋友,那俩兄弟是伦敦东区的恶棍[2]。我年轻时泡在托特纳姆皇家舞厅,那段时光,他们对我影响比较大的是穿着。我朋友都是匪徒之辈。一伙人穿得光鲜亮丽。那帮匪徒经常会拿出一大卷钞票。他们有定制的西装和手工定做的衬衫,我也很向往。我给那酒商干活儿时,做的第一件事就是顺了许多酒。

---

1 杰姬·科林斯是约瑟夫·科林斯的小女儿,约瑟夫是艺人经纪人,旗下艺人有披头士乐队、雪莉·巴锡和汤姆·琼斯。——原注
2 伦敦最为臭名昭著的匪徒分子。——原注

埃里克·克拉普顿： 当时人们可以做的事情之一，是参加商船队，在世界各地航行，过着流浪汉一样的生活，真的，但是拿了报酬，就得待在船上。人们从美国带回了胖子沃勒、小理查德和查克·贝里的78转唱片。这就是当时发生在我身边的事。我第一次拿起吉他是在十三岁[1]。

我父亲是加拿大的一名飞行员。我从没见过他。据说是位爵士钢琴家，在乐队演奏。在这方面我可能遗传了他的基因。但我猜想他秉持的是音乐家的生活态度，差不多是存在主义的，活在当下。尽人事，活在当下。这个，在某种程度上，很早就影响着我对权威和传统的态度。

我真的觉得我对音乐的热爱是遗传的。这就跟阅读障碍症差不多，无论你怎么观看事物，它们总是斜着的；也就是说，你拿起乐器演奏的时候，其实并不具备相关的知识。我看不懂乐谱。靠听觉记忆学的。我被金斯顿艺术学院开除了。那段时间，我和祖父一起在建筑工地上干活儿，晚上去看演出，或者听听广播。我没那么多朋友，大概也就两三个，都是些闷蛋。他们对音乐或服装很是痴迷。当时征兵制已经结束了。如果再晚一年结束，我躲不过的。特里·奥尼尔和比尔·怀曼都服过兵役。当时十八九岁的人去服兵役是很正常的事。我非常害怕。我当时就已经有嬉皮士的心态了。不要问我这种心态哪来

---

[1] 1960年。——原注

的，我和拒绝传统社会的人一样[1]。

特里·奥尼尔（英国摄影师，因记载二十世纪六十年代历史而出名）：我从小喜欢爵士乐，想要打鼓，除此之外，其他的事我不大记得了。我母亲在爱尔兰怀上的我，我是在伦敦东区出生，在希思罗机场航线下方的西伦敦长大的。我到军队服了兵役，退役后一心只想去纽约，想在那里的俱乐部演奏。那是名人出入的地方。过去我一直在伦敦的俱乐部演奏，我想变得更好更成功。

我是工人阶级家的小伙子，没有钱，所以我有个想法，如果我能在英国航空公司谋份乘务员的工作，当时叫英国海外航空公司，我就可以经常免费飞纽约，中途停留的时候就可以在格林威治村里的俱乐部打鼓。那时候机组人员有三四天的休息时间。

当时英国航空公司不招乘务员，但他们在技术部给我安排了份工作。基本上呢，就是希望我给下飞机的人拍照，拍那种可以用来宣传的照片，情侣之间拥抱、寒暄之类的。我想以后可能会有做空乘的机会，到时候我就可以去纽约演奏爵士乐了。

他们给了我一台照相机，每周有两天晚上送我去艺术学

---

[1] 此处"I was like a dropout"是双关，英文中"dropout"既可指代辍学者，也可指代拒绝与传统社会合流的人。

校，去了解暗室什么的。我压根不知道自己到底在干什么，有一天，我拍到了一位头戴圆顶硬礼帽、在候机室睡着了的英国老绅士的照片。他被身着部落服饰、五颜六色的非洲酋长们包围着，代表团之类的吧。这仅仅是张有趣的偷拍，然后就有个家伙拍了拍我的肩膀。

"你知道他是谁吗？"他问。显然那是拉布·巴特勒，英国内政大臣，当时世界政治舞台上一位非常重要的政治家。拍我肩膀的那家伙是一家报社的记者，他买了我的胶卷。那家报纸的图片编辑一定很喜欢那张照片，因为他们请我去机场拍更多的照片，后来他们就给了我一份工作。

贾斯廷·德·维伦纽夫： 凡是我想做的，我都能做，这点我深信不疑。我觉得这是当时环境所存在的一种氛围或类似的东西。我们这些年轻人看到父母辈人一味逢迎，看到他们似乎接受了宿命，而我们深知我们可以做得更好。对我影响较大的是些B级片，都是些黑白电影。那些影片里充斥着流氓，他们是工人阶级家庭出来的孩子，生下来没含着银汤勺，彼此抱团密谋发财之道。你必须得有在街头混的精明劲儿。

玛丽·匡特： 我当时上的是艺术学院，我想要设计服装，于是我就开始制作衣服和帽子，然后卖掉。在艺术学院的时候，我遇见了亚历山大[1],后来他成了我丈夫。我们决定在切尔西开家店。这是第一家时装店。[2]

在艺术学院时,我设计了我的第一件迷你裙。迷你裙最初的式样是源于一节芭蕾课。艺术系的其他学生都很喜欢这条裙子,他们买了我设计的东西。我想:"太好了!"大家都喜欢。1956年,我们开店了。

开店之前,我是做帽子的。当时我在邦德街找可以放在帽子上的小饰品,突然看到了一个招牌"维达尔·沙宣",还有一张让我大为惊艳的发型照片。我坐着一个特别小、摇摇晃晃的电梯上去了,上面是在房间里给人剪头发的维达尔。

我知道我想剪那样的发型。我当时扎了个梳起来的马尾辫。我看着维达尔给别人剪。我知道我接下来得省钱,剪个那样的发型。我是最早剪那种发型的一批人之一。

贾斯廷·德·维伦纽夫: 维达尔结婚时,酒全部是我供应的。当时他的理发店在梅费尔。二十世纪六十年代,那一带是富人区。他是个浪荡少年,穿着漂亮的西装。他有很多恶棍朋友。他是本地人,跟我一样,是个伦敦佬。我以前顺来的酒全都是次货,所以我面前有个难题。我得做点偷天换日的事。婚礼的

---

1 即普伦基特-格林。——原注
2 在玛丽·匡特之前,女性都是在百货商店或有标准纸样的裁缝那儿买衣服。——原注

设计发型的维达尔·沙宣（Getty Images）

前一天晚上，我把酒都倒在浴缸里，把商标撕下来，贴上了高档的新商标。

婚礼上我在想："待在出口旁边，以防要跑路。"维达尔知道我干了什么，他一定是印象深刻，因为他走到我身边，说："我喜欢你的个性。你愿意当我的私人助理吗？"我给维达尔·沙宣递递发夹什么的。和维达尔一起工作的时间越长，我就越像上流社会的人。他非常有型。后来我们一起把我的名字改成了克里斯蒂安·桑·忘记先生，这样我就不会忘记我叫什么了。有件事儿我学得非常快。那就是把上流社会的顾客招揽进来,像傻帽贝茨勋爵的女儿什么的。他们太傻了。你随便跟他们说什么,他们都会信。

有一天,维达尔对我发火了,把剪刀往空中一扔,刚好戳在天花板上,那把剪刀在天花板上待了一个月。我在那儿耍了几年的小把戏,维达尔炒过我三次。

维达尔·沙宣:很多时候贾斯廷本该在上班的,但他却在电梯里和我们的女顾客调情。

贾斯廷·德·维伦纽夫:我一般还会回去,因为他喜欢我。而且如果他不愿意和我和好,我就会和他妻子伊莱恩说。她会帮我把工作要回来。

那时候我是理发师了,不再只是给他递递发夹、发卷和剪刀。我手艺很差。但维达尔店里什么样的人都有。所有人都在聊他,所有人都想弄成他那样。不光是达官贵人的老婆、上流社会的人,就连你认识的人,都慕名前来,像迈克尔·凯恩[1]或是玛丽·匡特。那时候他们还没什么名气,但很有创造力,都想方设法出人头地。

---

[1] 迈克尔·凯恩(1933—),英国影星,以典型英国绅士派头的形象让影迷印象深刻,曾两度获得奥斯卡最佳男配角奖,另获金球奖、英国电影学院奖和美国演员工会奖,主演电影多达百部。2015年,以《年轻气盛》获得第二十八届欧洲电影奖最佳男主角奖,并被授予欧洲电影奖荣誉奖。

玛丽·匡特：我以前经常在哈罗德百货买布料。亚历山大的母亲就住那儿附近。她在哈罗德那儿有赊账记录。她说："你可以用我的卡,哈罗德很好说话,你可以赊一年的账,到不得不付钱的时候再结账。"我们也就这么做了。

所以我经常去哈罗德那儿,总能找到我想要的,比如男士西服毛料、威尔士亲王格和城市条纹西服毛料。我喜欢把这些和非常非常女性化的东西搭配在一起。荷叶边下摆,还有很短的束腰连衣裙。我喜欢以刚衬柔。哈罗德那儿有最好的缝纫用品。最好的纽扣和钻头。然后我会把东西捎回我们租的既做房间又做客厅的公寓,那里是我和两个缝纫机工工作的地方。我剪裁,她俩缝制成衣,然后我把成品拿到店里。

我们在店里举办服装秀时,格蕾丝·科丁顿[1]给我做过模特,把我的衣服穿在身上向顾客展示。模特得有一双漂亮的腿,而且台步要走得好。格蕾丝是个了不起的模特。她和我一样,也剪了个沙宣头。

维达尔·沙宣：站在服装行业或是手艺行业的角度看,我从玛丽·匡特那儿得到的帮助比从其他人那儿得到的都要多。有次她到我店里来,我夹到了她的耳朵;我此前和此后都没做过这样的事。血在流。"这个要额外收费吗?"她丈夫亚历山大问道,他当时正坐在美发厅里等她。

---

[1] 现在是《时尚》杂志创意总监。——原注

感觉伦敦,好吧,事实上是切尔西和梅费尔,好像突然就变成了宇宙的中心。伦敦是个大熔炉,汇聚了有创意的年轻人。突然间,来自外省的工人阶级的孩子都带着自己的想法,聚到我们的地方。突然间,他们的音乐和我们的时尚就融合起来了。

格雷厄姆·纳什(冬青树乐队,克罗斯比、斯蒂尔斯和纳什乐队主唱):我住在索尔福德,离曼彻斯特不远,离埃里克·斯图尔特的家乡也很近。这里是英国最大的贫民窟所在,但是他妈的,我竟然没尝过成长在贫民窟的辛酸滋味。我们四处晃悠,玩得很痛快,从来不会挨饿。

在我十三四岁的时候,我一个朋友为了见到埃尔维斯,骑自行车一路骑到了德国。我印象非常深刻。我也想要一辆自行车。这大概是在二十世纪五十年代。自行车或者吉他,我得选一个。我们买不起自行车,所以我选了吉他。等我十六岁左右时,我用压合板做了把吉他,仿造了芬德[1]的一款。那时候,我是真的喜欢上了音乐。

我和艾伦·克拉克[2]在校合唱队,一起唱歌唱了好多年。

---

1 芬德公司于1946年建立,全称Fender Musical Instruments Corporation,在过去的七十余年中,芬德已经成了美国的标志之一。通过率先推出商业化的实心电吉他、生产出第一把电贝斯以及难以计数的经典音箱,芬德乐器在爵士、蓝调、乡村、摇滚等许多流行音乐风格上留下了深刻印记。
2 冬青树乐队创始成员之一。——原注

我们学校里有位音乐老师，通过这位老师，我弄明白了音乐的真谛。

我和艾伦·克拉克在摄政街公共浴场外面的长凳上，用我们那两把廉价的小吉他，写了我们的第一首歌，歌名叫《嘿，我到底怎么了》。

1959年11月，在曼彻斯特阿德维克剧院，我们报名参加了一个选秀节目；你懂的，在一批当地小镇上的本土音乐家面前，参赛选手来段表演，然后一起上台，谁得到的掌声最响，谁就赢了。我和艾伦带着两把原声吉他参加了这次演出。我们赢了。

那次比赛有我和艾伦，后来我们组建了冬青树乐队；有弗雷迪·加里蒂，日后组建了弗雷迪与梦想家乐队；有罗恩·威彻利，也就是后来的比利·弗里；还有约翰尼和月狗乐队，就是约翰·列侬、保罗·麦卡特尼[1]和乔治·哈里森[2]，我们都他妈的参加了同一个节目。

比尔·怀曼：我有把自己做的贝斯。1961年做的。因为没钱，我就自己做了一把。后来我又做了一个扩音器。

从皇家空军退役之后，我就在伦敦斯特雷特姆给一个柴油

---

[1] 保罗·麦卡特尼（1942— ），英国歌手、词曲作者、音乐制作人，披头士（1960—1970）及羽翼（1971—1981）乐队成员。
[2] 乔治·哈里森（1943—2001），英国吉他手、歌手、作曲家、专辑制作人、电影制作人，以身为披头士乐队成员广为人知。

机工程师干活儿。当时我已经结婚了，儿子八个月大，住在肯特贝肯哈姆的一个破破烂烂的公寓，一周房租要三四英镑。我在一个叫克利夫顿斯的乐队演奏。我们不得不重新脱胎换骨去适应。习惯了"左右，左右；是，长官；没有，长官"，但是，突然间那些都化为乌有了。

艾伦·帕克爵士（广告文案撰写员；电影导演，执导过《龙蛇小霸王》、《名扬四海》、《贝隆夫人》、《烈血大风暴》）：征兵并没有影响到我，因为它在1960年就结束了，我们是刚好躲掉兵役的第一批人。我们没有意识到我们有多幸运，没有意识到我们差一点就要浪费好几年的光阴。

艾伦·琼斯（国际展览雕塑家、流行艺术家、皇家艺术学院院士，曾与霍克尼、基塔伊同窗）：我没有服兵役，因为我是全日制在读，所以免服兵役。不然我也得参加朝鲜战争。征兵制是1960年废除的。我有一封可以直升大学的信函。那一年，我们班二十个人，有一半去过朝鲜。那段时间，他们一直开枪射人，在堑壕战中九死一生。显然，他们是真正的男人。他们对权威的态度很不同。他们会立马把助学金挥霍一空，买兰美达[1]，载女孩子。我记得我当时纳闷："他们接下来去哪儿弄钱买必需品？"

---

1 意大利摩托车品牌。

我不像许多学生那样租房子住。我家人住在西伦敦，所以在艺术系读书时，我住家里，有钱出去旅行，也有钱买必需品。从某种程度上说，我不用勉强维持生计。所以，对我来说，所有的事情都让我振奋。霍恩西艺术学院的校区分布很分散：时装系在一个地儿，雕塑系在另一个地儿。爵士乐在当时很活跃。时尚和音乐互相吸收，很有活力。

玛丽·匡特：那时候没有适合年轻人的东西。衣服不是给年轻人设计的。我们是第一个这样做的。后来就普及开了，影响了每个人。大家都觉着快乐，觉得解放了。战争使每个人都活在忧郁的笼罩下。人们花了很长时间才意识到战争结束了。我用条纹西装面料搭配鲜黄色和亮紫色。这种结合是重点。我觉得我是用眼睛在生活。我经常把东西收藏在口袋里；我喜欢的质地或颜色，各种各样的东西。

人们似乎开始因为他们身上穿的衣服享受生活了。他们可以更加自由地跳舞。还有俱乐部！我们晚上总是去各种爵士俱乐部。这给了我们自由和解放的感觉。我们可以经营自己的生活了。

约翰尼·戈尔德（著名的夜总会老板，拥有伦敦流浪汉夜总会、洛杉矶流浪汉夜总会）：我当了三年兵，从部队出来后，我住在布赖顿。有个常参加伦敦赛狗比赛的赌注登记人问我，有个活儿愿不愿意接，就是开车载他来回伦敦，帮他拿钱、付钱。他有辆捷豹，很漂亮。于是我们经常来伦敦，参加赛狗大赛，然后去伯克利广场一家叫夜莺的俱乐部；这是在迪斯科舞厅出现之前。这些地方都有卡巴莱[1]和女招待。我们经常去那儿，和各种各样、各行各业的人混在一起，有华纳兄弟中的杰克·华纳[2]那类人。

我们经历了毫无生气的五十年代，突然出现了像维达尔和玛丽·匡特这类人。我以前常常去伦敦，只是为了感受下城市的热闹；这是能感受得到的，有点像今天的莫斯科。在俱乐部会碰到各种各样的人。我记得我见到了露露，就那个歌手，她那时候才十五岁。我还见到了才十六七岁的曼迪·赖斯-戴维斯。那时候她还没有因为和另一个女生一起与贵族、政府部长和俄罗斯间谍寻欢作乐而使得那届政府下台，落得声名狼藉。这起事件后来被称为"普罗富莫事件"，以战争大臣约翰·普罗富莫的名字命名。约翰·普罗富莫不得不引咎辞职，因为其中一个女孩，不是曼迪，是克里斯蒂娜·基勒，也和苏联驻伦敦海军武官发生了关系。你可以想象得出，这是一起巨大的丑闻。在冷战白热化的时候，我们的战争大臣与俄罗斯间谍在睡同一个女孩。谁知道他们的枕边人可能给他们传了什么样的枕边话。

曼迪·赖斯-戴维斯（模特、女演员、作家）：1960年，我在

---

1 餐馆或夜总会于晚间提供的歌舞表演。
2 华纳兄弟娱乐公司创始人。

伯爵宫车展上担任奥斯汀Mini车的车模。我就是这样去的伦敦。我从伯明翰坐火车到了那儿。"天啦！就是这儿！"之后我就不得不回家了。但我工作四天就赚了八十英镑，这在当时是一大笔钱。回到家，我说："爸爸，我真觉得我可以在伦敦做模特闯出一片天。"

我父亲说："在你满十八岁之前，想都别想。"我父亲曾在伦敦做过警察，所以他知道对一个年轻的小姑娘来说，伦敦是什么样的。但我心意已决。

我把我圣诞节收到的缝纫机卖了，把行李装进手提箱，然后把手提箱藏在树篱里，晚上偷偷溜出来，坐火车回到了伦敦。当时我十六岁。我父亲知道我去了哪儿。我上了火车，心想如果找不到工作，那么在钱花完之前我就坐火车回来，想法还是合理的。当天我就找到了一份工作。我买了伦敦当地的报纸《伦敦旗帜晚报》和《伦敦晚报》；有成千上万的工作。我看到了默里的广告。他们正在招舞者。是一家卡巴莱俱乐部。当天，我就得到了这份工作。

特里·奥尼尔：对很多年轻小伙子来说，最要紧的是即使没有获得学历或技术资格证书，他们也可以在十五岁时离开学校。他们虽然就这样一周又一周待着，但从不会毫无所获。女生也一样。有大把的工作机会，而且公寓价格便宜，数量又多。

茜拉·布莱克（歌手、电视节目主持人）：我当时在利物浦做办公室职员。那时候俱乐部在午餐时间会有舞蹈表演，所以在我个人的午休时间，我会在洞穴俱乐部当衣帽间服务员，虽然除了星期日去教堂，平日都没人戴帽子。午餐时间我把客人的外套挂起来，然后去看每个乐队表演，跟其中的一些乐队一起唱歌。十四岁起，我就一直在利物浦和周边地区唱歌。

在利物浦，我有很多亲戚在跑纽约的船上工作，回来会带美国的唱片给我们。我经常唱给我学校的朋友听，有一次是在一个叫铁门的俱乐部。我不太清楚为什么洞穴这么出名，因为当时这样的咖啡俱乐部有很多。女友们以前常常让我唱歌，不管哪支乐队在表演，她们都说："哎哟，让茜拉试试。"

也有通宵演奏的。我们经常去俱乐部，特别是铁门这家，晚上八点去，隔天早上八点散场。那时候，乳品店送牛奶，经常把牛奶丢在你家门阶上。在俱乐部玩通宵后，我们会在回家的路上从某户人家的门廊前顺走一瓶牛奶。

彼得·布朗（音乐产业企业家）：我当时在利物浦一家百货公司上班。二十一岁。和我一起上管理课的有个犹太人，我和他成了最好的朋友。他叫阿利斯泰尔。后来他介绍我认识了一些朋友，都是些犹太小伙子，我几乎成了这个圈子的一员。

圈子里有个人，是法律系的学生，当时在办二十一岁生日聚会，布赖恩·爱泼斯坦[1]也来了。我们一拍即合，成了朋友。

---

1 后来成了披头士乐队经纪人。——原注

我意思是，我们真的很亲密，但从来都不是男朋友的关系。我们相互吸引，但我们喜欢的类型不同，他不是我的菜，我也不是他的菜。我们在利物浦有个地下组织，里面是一些相互认识的同志，但不是公开的，你明白的。

我在百货公司干得很不开心，所以他们对我说："有没有什么你想做的？"我喜欢音乐，于是我说："嗯，你们有个唱片部，但经营得很糟。"于是他们就把唱片部给了我，我经营得很成功，让它生意好转起来并不难。

布赖恩以前经常来百货公司，每天早上和我一起在餐厅喝咖啡。当时布赖恩在马路对面经营家里的唱片店，真的就只是在路对面。

百货公司晚上五点半关门。布赖恩六点之前是不会关门的，所以如果我们要出去的话，我会到马路对面等他。我会环视四周，看看他在做什么。实际情况是，他的店非常成功，一家人决定再开另一家店。布赖恩问我愿不愿意过来经营他之前的那家店。

希尔顿·瓦伦丁（动物乐队吉他手）：我父亲从军队退伍后，做了公共汽车售票员，母亲养活一家人。煤矿上的工作是最好的饭碗。虽然工作条件很差，但薪水很高。

我哥哥比我大两岁，当时有买彗星乐队、吉恩·文森特和查克·贝里这些人的唱片。这是我第一次接触摇滚乐。我当时在后院表演。那时电视上还没出现过摇滚乐。我们家也没电视。看电视还得去朋友家看。

我们在后院表演,把本地的小伙子拉过来,收他们一便士。我们没挣多少钱,但也在慢慢步入正轨。乐队一开始叫领头人。起初我弹的是一个朋友的吉他。那个朋友是唯一一个有吉他的,而且还是把左手弹的吉他,不过没关系,我们不弹和弦。我们甚至连琴拨都没有,就用一便士的硬币弹。我们有支萨克斯管,只有一个音是准的,鼓是用饼干罐子做的,真是一支名副其实的噪音爵士乐乐队。我第一把吉他是妈妈买给我的。

1962年之前,我都在野猫乐队;乐队在纽卡斯尔附近人气很高。我当时是弹吉他的。我们乐队已经开始赚钱了。在纽卡斯尔市外的惠特利湾有个酒吧叫啤酒花,星期六晚上在那儿演奏能赚五英镑,星期二能挣两英镑。这笔收入是我们所有人的。我们所做的就是攒钱买新设备,分期付款。我们买了吉他,作为乐队领队,一旦一笔钱还清了,我就会有把新吉他,而我原来的吉他就会传给新乐手。我有了新的扩音器,旧的就会传给其他人。

即使在上学,我满脑子里想的都是回到家,拿着吉他站在镜子前,练吉他。我有件皮夹克,实际上是塑料的,我会站在镜子前唱歌。我喜欢查克·贝里、博·迪德利[1]。

---

[1] 博·迪德利(1928—2008),美国歌手。1987年,入选摇滚名人堂,并在好莱坞星光大道上留名。1998年,获得格莱美终生成就奖。

我只想表演，弹吉他，靠玩音乐为生。我去市政厅看那些大乐队表演，经常会看到大巴开来，乐队走进供演员或职员进出的剧场后门。我以前经常会想象乐队的吉他手病倒了，然后他们走出来说需要一个吉他手。

彼得·弗兰普顿（英国音乐家，词曲作者，牧群乐队、谦虚派乐队歌手）：我们这一代是在和平中成长、经济有望繁荣的第一代人。我父亲当时在读大学，后来他自愿参战，六年没见到我母亲。母亲经历了伦敦大轰炸，死里逃生。父亲亲身经历了每一场重大的战役。现在到了这个阶段，还活着在一起，他们就非常兴奋了。他们允许我做自己想做的事，这与他们的心态有很大关系。

八岁时，我有了把吉他。上面没牌子。很可能是日本产的。弹C和弦，手指都得按出血。后来我才意识到是吉他质量太差了。我主要是自学的。我对音乐已经到了着迷的程度。一放学我就直接回家，上楼。母亲会用扫帚猛敲天花板："关掉！"

我用最快的速度将原声吉他变成电吉他。父亲想出了一个办法，可以把吉他插在客厅的收音机上。那时我大约十岁。我喜欢影子乐队[1]。1958年或1959年我见过埃迪·科克伦、吉恩·文森特和巴迪·霍利。我不太喜欢埃尔维斯。

---

1 英国摇滚乐队，披头士乐队之前英国最为成功、最具影响力的乐队。

杰夫·林恩（英国音乐家、制片人）：十五岁到十八岁那段时间，感觉就像一辈子那么长，而不仅仅是三年。我是工人阶级家庭出生的孩子，住在英国伯明翰市政府建的廉租房里。前途无望，也许会被打发去汽车厂生产线上工作。十五岁时，我在朋友的衣柜里找到了一把吉他。是把很小的塑料吉他，上面印着埃尔维斯的脸，只有一根弦。就是这样。我让他把吉他借给我。那吉他不值钱。当时流行的每首曲子我都会去学，然后不得不借这一根弦弹出来。这也让我后来的风格比较独特。我把那把吉他带回家，什么都用它来学。我姐姐给了我一套琴弦。那时候放学后，我都待在木工店里，想做把电吉他，但一直都没做出来。我拿到那套琴弦后，把E弦装在了那把塑料吉他上。

帕蒂·博伊德（英国模特、摄影师）：我当时在伦敦南肯辛顿和五个女生一起合租了一套公寓，离国王路不远。我们都没什么钱，把床垫放地上睡。那时我十七岁，还没开始做模特。那套公寓真是不可思议，早上从来没有牛奶可以加在茶里，我们从来都不知道冰箱里有什么。公寓里感觉太乱了，每个人都借彼此的衣服穿。我的意思是，还蛮好玩的。

没有雄心壮志。每个人都玩得很开心。钱从来都不是问题。我只需要钱付房租、买鞋子和买衣服。这些才是重要的事。

感觉发生了很多事情，不过没什么比星期六在国王路上来回逛逛更爽的了。你会看到各种各样的人，你认识的以及你想认识的。有一种亢奋、蠢蠢欲动的氛围。

彼得·弗兰普顿：八岁时，我加入童子军。九岁时，我在当地士兵面前演奏了两首歌，拿到了音乐专科徽章。应该是佩姬·苏或巴迪·霍利的歌曲，在由童子军表演的音乐表演[1]上。我们当地有这种活动。那儿没有钢琴，鄙人被叫去给学校失物招领处的女士伴奏。我说可以可以可以，但我想表演自己的节目。

那就是场演出。圣玛丽教堂的童子军。我排了两首歌。最后我终于上台了，给失物招领处的女士伴奏《我的桶上有个洞》，我的表演真的挺受欢迎的。我说："谢谢，既然你们这么喜欢我，我想给大家带来一首我自己的作品。"全场都笑得前仰后合；这个九岁就表现不凡的孩子要掌控全场了。童子军领队已经在让我下台了。

此时此刻，舞台是你的，一旦你在台上，与观众互动，就没人能吩咐你做什么。舞台已经是你的了。就是这样。我很早就知道，那儿是让我最快乐的地方。没人冲上台来，没人吩咐你做什么。只有音乐和观众。到现在，我渐渐意识到我享受在人前表演。

我不自信。我内向，害羞，但我知我可以把一件事做得

---

1 才艺演出。——原注

很好。我觉得很多表演者都缺乏信心，害羞，就好像他们选了最差的职业，把自己晾在那儿，让观众审查。他们可以爱你，也可以讨厌你。这也叫"恐惧"，对未知的恐惧。但我的确有勇气。这是吉他带给我的。它就像我的宝剑。

杰夫·林恩：最严重的事发生了。我把E弦装在那把塑料吉他上，开始弹杜安·埃迪的歌，但是琴颈咔嚓一声断了。吉他是我跟路那头的家伙借的，所以我不得不在他家后门垃圾桶旁边伪造一起意外，这样他会认为吉他就是这样坏掉的，并且以为吉他摔坏的时候我还伤到自己了。我觉得这样会比我直接把弄坏的吉他装在塑料袋里还回去要好，即便他本来也永远不会弹那把琴。

之后不久，我们在街上踢足球，我那个哥们儿说："我刚看到有个家伙，在街上骑自行车，背着把吉他。"他看不清是谁，因为当时天已经黑了。回到家，我爸爸对我说："看墙角那儿。"墙角有把六根弦的西班牙吉他，我开心得要命，这玩意儿最让人激动了。我十五岁，还在上学。我有了把真的吉他，换掉了那把塑料的。现在我得学正规的弹法，得识谱。我爸爸看出我酷爱吉他。我再也没免费收到过其他任何东西。就是这样。那把吉他值两英镑，到现在我还留着它，它很漂亮。

格雷厄姆·纳什：这个时期，音乐是很重要的，不过如果很多音乐家更诚实点的话，他们不得不承认也是为了赢得女人。音乐让我们没那么寂寞，让我们有了朋友。弹吉他讨女孩子的欢心，这对我来说是件大事。

埃里克·克拉普顿：我真正关注并且有共鸣的是由个人以非科班和非商业化的方式做出来的音乐，所以我挖掘得越深，就越珍视在这样的困境中做出来的不依从任何规则的音乐。我很害羞，所以又有另一种共鸣。音乐中反映出来的孤立与孤独，我深有同感。音乐家会自己去旅行，一些有名的蓝调演奏者喜欢从一个地方转移到下一个地方。但他们并不追寻签约，也没有去追求名声和钱财。这些东西他们都可以拥有，但好像不合他们的胃口。

埃里克·斯图尔特：我想做吉他手。我喜欢吉他的声音。我经常把我们在曼彻斯特王子街的房子的前门打开，放上一张唱片，然后说："听听这个。"我哥们儿都会说："他他妈的怎么了？"

"听听这吉他声。你们听不出来这家伙在干吗吗？"我反驳道。我想干这个。我不想做主唱。我很乐意做个像埃里克·克拉普顿那样的伴奏乐手。我想做吉他手，这太让我兴奋了。

有位罗兰夫人住的地方和我家隔了两户人家，她分期付款给我买了第一把吉他。我母亲买不起，父亲那时候已经走了。我大概花了三周时间学习怎么调音。之后又学了和弦。我会弹一点钢琴。我已经能辨音了。我会唱歌。歌喉还不错。

听斯科蒂·穆尔给普雷斯利、詹姆斯·伯顿给里基·纳尔逊、克利夫·盖洛普给吉恩·文森特伴奏，是让人很兴奋的事。和基思·理查兹一样，我从没想过自己能挣些钱。我只不过想弹吉他，一起床就弹吉他。

当时觉得弹吉他不会是正职。我有个哥们儿，他有个扩音器，还有把电吉他。我们以前经常换吉他弹，经常在星期日下午去工人阶级俱乐部做些小演出，我们登台演出，俱乐部会付我们五英镑，但我们不是为了钱。带个扩音器弹吉他是件很刺激的事。这种感觉我没法解释给你听。现在这还是会让我激动到打寒战。当时我已经开始弹电吉他了，只不过没钱买一把。

某天有人敲我家门，他们说："听说你可以弹吉他。"我说："是，我会些和弦。"于是他们说："你想加入杰里·李和斯塔格·李乐队吗？我们吉他手结婚了。"我说："嗯，我很愿意，但我没有吉他。""哦，我们有吉他给你，是把电吉他。"于是我就去排练了，得到了演出的机会。那时我十六岁。

格雷厄姆·纳什：1959年，我和艾伦·克拉克在一起唱歌，埃弗利兄弟在曼彻斯特市中心的一家咖啡馆演奏噪音爵士乐。这家伙朝我和艾伦走过来，我们才唱完一组，三四首歌曲，蓝调。这家伙走到我面前说："你们需要杯Bocking[1]。"我说："我很喜欢，但是……"然后他说："不是！他妈的不是说那个，

---

[1] bock在英文中可指一杯啤酒，此处的误会源于同音词产生的歧义。

是皮特·博金。"

我们喜欢的每首独奏,每首巴迪·霍利和吉恩·文森特的歌,皮特都会弹。皮特太惊人了,他看起来就像个十足的书呆子,像个他妈的会计,而不是摇滚那一系的,但是,天啦,他会弹吉他。和皮特一起过来的还有鼓手乔伊·亚伯拉罕斯和布奇·梅珀姆[1]。从我和艾伦一起唱歌变成了我、艾伦和一个贝斯手、一个主音吉他手加一个鼓手的组合,谁知道我们他妈的在做什么。我们后来组成了四重奏乐队,尽管我们有五个人。

我们那时候在咖啡馆和成人礼上表演。报酬很低。没什么钱。我们签的有些合约是一整个晚上十英镑,那一晚就会玩得很爽。其实只要我们有钱付煤气和其他必需品就行,我们也不在乎这些钱。我们喜欢我们做的事,所以不在乎。

1961年或1962年,我开始赚得比我爸多,这时候我意识到这个也可以当作事业。这让我有点儿震惊。那时候,你爸爸干什么,你爷爷干什么,你就应该干什么,但我父母永远不会让我这样做。

克丽茜·莫斯特(英国音乐制作人、唱片公司老板):战后,我父母从伦敦移民到了南非。我妈妈卖二手家具,赚了很多钱;有很多被轰炸过的房子,还有很多回到家的士兵,他们需要坐的东西。我父亲是个音乐家。

---

1 喷气机乐队成员。——原注

十六岁那年,有次长假,我们回了趟英国。那是1959年。以前就有人告诉我要去咖啡馆,每个年轻人都泡在那儿。年轻人喝咖啡,弹吉他。我父母让我在苏荷2i's咖啡馆[1]下车,米奇·莫斯特当时也在那儿,带着把吉他。那时候,吉他手不管去哪儿都带着把吉他。我觉得那是因为他们永远不知道表演、挣钱的机会什么时候会出现。总之,我们一见如故,一见钟情。当时我十六岁,他十九岁。几个小时后,我父母乘出租车回来接我,米奇从咖啡馆跑了出来,他将身子探进车里,对我妈说:"我要娶你女儿!"

杰夫·林恩: 从小我们家客厅里就有架钢琴。但钢琴似乎束缚太多,比如要学怎么识谱,要接受正规训练,而吉他你可以自学,按自己的节奏来学。一拿起那把塑料吉他,我就爱上它了。我喜欢的音乐都以电吉他为特色。像罗伊·奥比森[2]、德尔·香农[3]、杜安·埃迪、影子乐队、杰特·哈里斯[4]和查克·贝里都是这样的。

---

1 2i's咖啡馆是很多现在的音乐界大咖第一次表演的场所。——原注
2 罗伊·奥比森(1936—1988),美国歌手、作曲家,作品有《奥比·多比》、《唯有孤独》等。
3 德尔·香农(1934—1990),美国摇滚歌手,1961年发行的单曲《逃跑》是他最著名的歌曲。
4 杰特·哈里斯(1939—2011),英国音乐人、贝斯手,影子乐队成员之一。

希尔顿·瓦伦丁：1962年，我十九岁。十五岁起，我就一直在野猫乐队。十三岁时，我有了第一把吉他。大部分都是自学的，只在街那头一个小伙子那儿学了三四节课。我以前不会识谱，现在还是不会。

我们最后买了辆面包车。我们从来没把这个当作一份职业。我在一家工厂做机工。几乎每天晚上，还有星期六、星期日的午餐时间我都弹吉他，甚至会偷偷跑出去做午间演出。星期六，纽卡斯尔在午餐时间有针对年轻人的玩意儿，叫大使馆舞厅。星期日，南希尔兹有俱乐部活动。

我当时工作很拼，四处奔波。有次演出后，我突然觉得胸痛，晕了过去。我哥哥告诉了爸妈，他们说我必须去检查下。医生说这两份工作我只能做一份。

特里·奥尼尔：有年轻人是真喜欢他们自己的音乐，像基思·理查兹或者埃里克·克拉普顿，但除此之外，还有年轻人是把音乐当作达到目的的手段，像戴夫·克拉克五人组。他们在美国和披头士一样红。他们乐队的歌手和键盘手迈克·史密斯是个不可小觑的天才，有一副极好的摇滚嗓音，但乐队里其他人都算不上是真正的音乐人。他们只是在舞厅里动静很大，演奏了一种一直重复跺脚类的流行乐曲，像《满心欢喜》这样的。

据说，他们组乐队只是为了给他们的足球俱乐部筹钱，拿起几把乐器，摆弄出一些声音。他们唯一的目标就是赚些钱。

他们在北伦敦的舞厅表演,那儿可不是什么音乐前沿,不比有滚石或新兵乐队的节奏蓝调俱乐部,那儿有的更多是大众化的、自娱自乐的音乐。

弗兰克·洛爵士: 不管怎么着,我们都希望能做出自己的成绩,反正不是走父母的老路,找一份无聊、缴养老金的工作。我们要的是刺激。说是在伦敦,说是做广告业的,其实我只不过是在收发室送送邮件而已。1960年,我去找了人事处处长,处长当然有个双姓名字[1]。我告诉她我想做主管。"啊,不行,"她说,"你没当过兵,而且三十岁之前,你是做不了主管的。"

那时我还不到二十岁。当时的英国真的很沉闷。是非……常……沉闷。所以我跟奶奶说,我想移居美国,因为这儿没有未来。我攒了些钱,剩下的钱是奶奶给我的。于是我登上了泛美航空公司的飞机,去了纽约,身上就带着二百五十英镑和一本《在纽约生活一天只要十美元》。我在百老汇大街第五十三街租了间房子,一周二十美元。房间谈不上豪华,我可以跟你打包票。房间在薄荷酒吧对面,霓虹灯广告牌的灯光透进卧室窗户,没完没了地闪烁着,所以睡得不舒服。我记得第一天晚上我走到了时代广场,心里想:"我的天哪,我在时代广场,以后的日子会很精彩的。"

---

[1] 有连字符的名字,表示上层阶级的出身。——原注

艾伦·琼斯：巧的是，在皇家艺术学院，我们班就有一群艺术家，他们引领了二十世纪六十年代的艺术，也就是后来的流行艺术。其中最著名的有霍克尼、彼得·菲利普斯、德里克·博希尔，当然还有我。但是，当时还没有自成一派的概念，到了三年后我们离开学校，我们才聚集在一起。这就是1961年到1964年年初所发生的变化。1964年，流行艺术运动已经颇具规模，轰动一时。

彼得和霍克尼来自约克郡；无一例外，我们都来自工人阶级家庭。罗恩·基塔伊的存在就是一个催化剂。他的风格没有影响我，但正是他的存在，一个活生生的美国人，影响了我。有一个这样的自由人在我们中间：在那儿安静地画着牛仔和印第安人，来自另一个星球而且活力四射。之前还从来没有人找到过他们的特色和语言。

帕蒂·博伊德：离校时，我们从来没有讨论过事业的问题。那时候，人们普遍认为：女孩子就应该上学，随便做点什么事，然后找个人嫁了，一辈子就这样。我一离开家，就穿上了牛仔裤；我继父总是不准我在家穿牛仔裤，他认为牛仔裤就等于无法无天。

杰弗里·克鲁格（夜总会老板、娱乐场所经理）：我是一个不得志的爵士钢琴家，自我感觉良好，直到听到像汤米·波拉德这样的音乐家弹奏的乐曲，我才知道我没法比。但我喜欢爵士，每次带女孩子出去，想带她们去爵士乐俱乐部时，我们都会去伦敦的51工作室，但那里酒气熏天，根本没法带好姑娘去那儿。

所以我决定试试，开一家不喝酒、纯音乐性的俱乐部，给那些我聊得来的、想成为一伙的人提供盛装出席见见同道中人的机会。一群仅仅因为他们在音乐或服装上的品位就被认为是反社会和反正统的人，尽管他们中有很多都成了政界的大人物和其他行业有声望的人物。

有天晚上，我带了个女孩去威尔士亲王剧院，之后我们去考文垂大街莱斯特广场附近的梅普尔顿吃饭。我下楼去男厕所的时候，看到一个很大的空房间，于是我问经理托尼·哈里斯，一个很有魅力的男人："那个房间是用来干什么的？"他回答说："除了共济会会员在这儿聚会以外，其他时间门都关着的。"

"你听我说，"我说，"我想把它租下来。你来开个软饮料酒吧？"——那时候警察不会给一家通宵营业的俱乐部发酒类营业执照的——"让我在这里经营爵士俱乐部。"火烈鸟俱乐部就这样成立了，在那个星期六的午夜。我们从一周营业两个晚上到后来每晚营业，无论我派谁上场，位子都能卖光。

曼迪·赖斯-戴维斯：我只在默里的卡巴莱俱乐部跳了一小段时间。就是在那时候遇到的克里斯蒂娜·基勒。我和她一起住进了一间公寓，见了所有的人。斯蒂芬·沃德等人。[1]达德利伯爵之前已经向我求婚了；埃里克当时六十岁，我十六岁。他认真得不得了，追我追了很长时间。我们没发生关系，这很奇怪。他送我香槟，然后到我这儿来喝。我不喝酒，不抽烟。但我不是处女。我的第一次给了一个很好的男生，在伯明翰。

有天晚上达德利伯爵打电话给我，当然咯，他想把他关系比较好的几个朋友介绍给我认识。他说："不要把睫毛刷得太长了。"我的理解是，让我不要涂睫毛膏。我来到他的公寓，见了一个女人。"我想让你见见温莎公爵夫人沃利斯·辛普森。"她人非常好。

帕蒂·博伊德：我们感觉，我们正步入一种焕然一新、截然不同的状态，以前从来没有发生过。我们就站在中间，被这种焕然一新的感觉包围着。伦敦是个大熔炉，人人都因其他人而兴奋，没人觉得受到了威胁。当下的事实是，来自下层社会的人也开始赚钱了，所以他们没有觉得自己不如别人。他们也能够做些什么，摄影、绘画、拍电影，或是他们决定要做的任何事。

杰姬·科林斯：我总觉得没有我做不了的事，我知道这很少

---

[1] 斯蒂芬·沃德后来把这两个女孩子介绍给后来普罗富莫事件中的政治家和贵族。——原注

见,结婚前,我差不多把整个镇子的人都搅得心烦意乱。我几乎住在了火烈鸟。

克丽茜·莫斯特:我父母护女心切,不会让我去夜总会的。他们认为我和米奇不过是假期里的一场艳遇。坐船回南非的日子到了,他也早就策划好了:他会到南安普敦给我们送行,抢在他们收舷梯那一刻,我从舷梯跑到码头,把我父母留在船上,我们俩一起逃走。

米奇到了之后,时间还早,于是他为我妈妈弹了会吉他。一定是有什么地方拨动了我妈妈的心弦,她说如果米奇对我是认真的,就应该到南非来找份工作,如果几年后我们感觉依然没变,就可以结婚。

米奇的爸爸是军人,是个准尉副官,非常严格。我觉得米奇在北伦敦的童年过得并不开心,他很小就离开了家,所以他在这儿既没有根,也没有家人。

几个月后,他真的带着吉他出现在南非。他在莱昂内尔·巴特[1]那儿借了机票钱。他没工作,我建议他教吉他。当时南非还没有摇滚乐,但许多年轻人已经迫不及待地想要找个去处,找个圈子,所以我说:"你为什么不组建一支乐队呢?"

---

[1] 莱昂内尔·巴特(1930—1999),英国作曲家,被誉为"英国现代音乐剧之父",曾为许多音乐剧作词作曲,其中包括根据狄更斯的《雾都孤儿》改编的《奥利弗》。

"跟谁啊?"他说。

"你正在教他们啊!"我告诉他。

我们把人口超过一万的地方的市镇集会所租了下来,然后我让人把海报印刷好,"米奇·莫斯特和纨绔子弟",我把海报贴在了斯普林斯[1]的大街小巷。我们不得不大半夜出动,把海报贴在树上和商店的窗户上。我们擅自这样做,是很不像话,但我们没多想。

杰弗里·克鲁格: 火烈鸟经营的关键在于通宵场,正是因为这个,我才把一些名人吸引了过来,比莉·哈乐黛[2],还有埃拉·菲茨杰拉德[3]。他们会在自己表演结束后来这儿放松放松。

那些歇班的美国大兵[4]到我这儿说:"开通宵场吧。"

"要是我们开通宵场,会惹上麻烦的。"我告诉他们。

"不会的,"他们说,"我们保证。我们会为俱乐部提供保护,而且如果因为我们中任何一个人造成了任何损失,都由我们承担。"

美国大兵觉得这儿是第二个家,因为他们可以和所有的

---

1 约翰内斯堡市外。——原注
2 比莉·哈乐黛(1915—1959),美国爵士歌手,与埃拉·菲茨杰拉德、莎拉·沃恩齐名。
3 埃拉·菲茨杰拉德(1917—1996),美国爵士歌手,被誉为"爵士第一夫人"。
4 美国驻英国空军基地的士兵。——原注

人混在一起。他们是黑人,但他们可以和白人女孩跳舞,没人打扰他们。他们会收到父母和家里的朋友寄来的音乐,但他们没地方播放。而这里就是那个既安全又可以让他们玩通宵的地方,火烈鸟就是那样发展起来的。

乔治·法梅: 我十六岁在伦敦找到了一份职业音乐家的工作,和埃迪·科克伦、吉恩·文森特一起巡演。我给比利·弗里和蓝色火焰乐队弹钢琴,但后来伴奏的乐队离开了比利,我们就把名字改成了乔治·法梅和蓝色火焰乐队。

1962年3月,我开始在伦敦的火烈鸟俱乐部上班。我们开始做通宵场,从午夜到早上六点。当时其他俱乐部没人敢放我们的音乐,也压根没电台播我们的音乐。我每次都能让这地方爆满,全是美国大兵。气氛很嗨。

杰弗里·克鲁格: 后来有名人会来火烈鸟。第一个来的是约翰·李·胡克[1]。他当时在美军基地做巡回演出。他们没地方可去。他说:"你要是愿意的话,我就联系杰里·刘易斯和查克·贝里。我们可以在这儿表演吗?"我觉得我请不起这些人,但钱并不是他们看重的,他们要的是气氛和音乐,这才是最重要的。

---

1 约翰·李·胡克(1917—2001),美国蓝调音乐家、吉他手,代表作品有《布吉孩子》《我的心情》等。

火烈鸟俱乐部入场门口（Getty Images）

乔治·法梅：火烈鸟和其他俱乐部截然不同。美国大兵经常光顾这里，都是从基地过来的；他们进来的时候总是带着许多瓶波本威士忌，就这些黑人。火烈鸟是他们周末在伦敦的家。我们总是待在一起，因为他们没有睡的地方；他们经常和我们一起回家。他们睡椅子或者地板上。有个叫卡尔·史密斯的美国士兵，来自密歇根，是个黑人，这人之后我就再没见过了。他是从纽伯里空军基地过来的。他总是睡椅子或者地板上，再放上一张新唱片，莫斯·艾利森的，过一个月，他又会带另外一张唱片过来。

杰夫·林恩： 我在伯明翰每周都得上班。没得选择。我会把吉他带到工作的地方，躲起来练，学的时候尽量不被人逮到。

对我影响比较大的是德尔·香农和罗伊·奥比森。我没学过音乐，以前不会识谱，现在还是不会。我认识的人当中就没有会识谱的。我是看伯特·威登的《一天学会弹吉他》[1] 学会的。

我会把我姐姐的唱片拿来放，然后试着弹开头的几小节。我一张唱片都没买过。没那个钱。都是向别人借的。我当时一门心思学吉他。我曾经有机会去迈克·谢里登和黑夜骑士乐队以前经常表演的那个社区活动中心。他们是我最喜欢的乐队。我爱他们。他们穿着高档的西装，看起来真的很酷。虽然他们非常受欢迎，但我还是和主音吉他手说上话了。我自己挤到了老阿尔·约翰逊面前。

我问他："结束之后，有没有可能让我试试你的吉他？"他答应开着扩音器。我心说："妈的。"意思其实是："哦，我的天哪！我现在亲手握着这玩意儿！"把那把吉他拿在手上，感觉太奇妙了。这样一把专业音乐家的乐器，就像一件艺术品，一根金条。

我以前不管在哪儿都会练吉他，用我父亲给我买的那把：

---

[1] 一本影响了二十世纪六十年代众多杰出吉他手的经典教材。——原注

在车里，在街上，在街角的角落。有时候，女孩子会跟着一起唱。我当时住在当地政府建的住宅区。就弹弹吉他，四处闲荡，非常酷。

不过，女生没那么重要，我心里只有吉他。起床，脑子里想的是吉他；睡觉，想的还是吉他。我做的就这些，想想我能做什么，想想我要怎样才能学会写歌。我进入了状态，非常在状态，然后真的做出了和我想要的一模一样的音乐。要制作出一张唱片，总是会有些不一样的地方。每次将一首歌的录音回放一遍，都会有些差别。你不可能总是做出和你想要的一模一样的音乐。有时候，音乐本身也是有主见的。

我拿不定主意我是想做鼓手还是想做吉他手。我喜欢一边听着唱片一边打鼓。我有一张钢琴凳和几把刷子，我会把我姐姐的所有热门唱片都拿出来播放。当然，是趁她不在家的时候。最终，我意识到我最大的兴趣是弹吉他，狂切和弦能让我找到乐趣。

杰弗里·克鲁格： 那是你听过的最有见解的音乐。我被那些黑人美国士兵说服了，选择了更劲爆的音乐。我们第一次听到金杰·贝克的鼓声的时候，鼓声碰到墙壁都产生了回声。乔治·法梅，克里斯·法洛[1]，还有年轻的埃里克·克拉普顿，他

---

1 克里斯·法洛（1940— ），英国摇滚、蓝调、灵歌歌手，代表作为《过时》，曾在1966年获得英国单曲榜第一名。

们是唯一几个在乎音乐而不在乎钱的人。我们有观众愿意听以前没听过的新音乐。

特里·奥尼尔：有认真的音乐家，这些年轻人受到只想精益求精的伟大的蓝调和爵士乐演奏家的影响，对音乐有了兴趣，后来又有了像戴夫·克拉克五人组那样的。戴夫是个真正的企业家，一直都是。虽然他现在过起了深居简出的生活，但对他来说，从一开始，他就是为了赚钱。他天生就是做商人的料，而不是做鼓手。

有很多传闻说他为了得到演出还打印了名片。滚石永远都不会打印业务名片。他们靠的是口碑和才能。很明显，戴夫·克拉克印的那些名片中有一张最后传到了白金汉宫，然后他们就受邀到王宫的员工舞会上表演。

克丽茜·莫斯特：在南非时，我爸妈都说："不带上我们，你们不准演出。我们负责收票看门。"

我们都上了一辆车。我们有辆旅行车，所有的设备都放在里面。我爸爸有根手杖，里面藏了把剑，所以他是安全主管。我们第一次演出就有三百个青少年到场支持。第一晚我们就赚了一笔。给乐队的每个人付了两英镑，我和米奇第一场表演挣了三英镑。年轻人是看到海报过来的。他们也没其他地方可去。看得出效果不错，所以我就预定了更多的市镇集会所。我不管那些地方在哪儿，就给他们打电话，然后安排巡演，突然

为了赢取关注度，戴夫·克拉克五人组模仿1963年披头士乐队所引发的新潮流：清新新鲜的面孔（特里·奥尼尔摄影作品）

1963年夏天，戴夫·克拉克五人组。这支乐队是以队长名字命名的，但为乐队赢得信誉的是键盘手和歌手迈克·史密斯（后排左一）（特里·奥尼尔摄影作品）

间我们就开始饱受欢迎。

后来我们去了钻石之乡金伯利。很多黑人和有色人种[1]都来了。本来是不准让他们进场的,但我们还是让他们进来了,就因为这事,米奇还收到了驱逐出境的文件。

我预约了见亨德里克·维沃尔德总理的时间。那时候可以这样。当时我十七岁。我和我爸爸一起去的,我对总理说:"看,这些文件已经送交给了我丈夫,但您没意识到我们给年轻人带来的好处吗?他们什么都没有。是我们让他们不再上街闲荡。"我说的这些话起作用了,总理说:"把那些文件撕了。"于是我们就出去了。

直到那时,学位等级制在英国依然存在。要是没上大学,你就得去工厂上班。我们认为这是胡扯。你不需要文凭,也不需要接受教育,你只管去做。有一件事我们是知道的,我们永远不会给其他人打工。结婚时,米奇说我俩以后就是五五分成的合伙人了。从我们结婚的那一天开始,我们就是生意上的合伙人。

彼得·弗兰普顿: 我父亲是南伦敦布罗姆利技校艺术系主任,是个大人物。他当时在制作一出期末联合音乐会"布罗姆利技校星期日之夜"。我有个乐队叫小渡鸦:乐队有个钢琴演奏家,是弹古典乐的;有个低音提琴手,古典音乐低音提琴手;没有

---

[1] 土著非洲人和亚洲移民。——原注

鼓手。我们给学生表演一场,再给父母表演一场。

挂头牌的是乔治和龙乐队,乐队成员是乔治·安德伍德[1]和戴维·琼斯。戴维会唱歌。他们是我最好的兄弟。他俩十三四岁,我十一二岁。我们没有把彼此看作竞争对手。早上,我父亲会把门半掩着,我们把吉他带到学校,放在他办公室。午餐休息时间,我们三个就坐在楼梯上弹吉他。

基思·理查兹:我那时候刚刚离开家,搬出了爸妈的房子,实际上是和伦敦的哥们儿一块住了。这种自由的感觉让人有些不敢相信,如果我们能挣够钱付房租的话。

那时候在英国,如果你去的聚会足够多的话,你可以捡啤酒瓶、空瓶子,然后把瓶子拿回酒吧,每个瓶子可以卖两便士。所以我们以前经常去各种聚会,就为了收啤酒瓶。我们会把空瓶子拿走,数下多少个,说这是这周的租金。好吧,除了这事,其他的都很有趣。这种生活非常疯狂。

吃的?哦,我们偷来的。我负责"借"培根,布赖恩负责土豆。是啊,我们以前是职业小偷,商店里的扒手。我们从未被逮到,从未。现在诉讼时效肯定也过了。

比尔·怀曼:1962年,滚石刚成立时,成员一直在变动。是布

---

[1] 音乐家、艺术家、专辑(封面)插画家。——原注

赖恩·琼斯的乐队,是他组建的。他带来了各种各样的人。米克,然后是基思。还没有鼓手。1962年7月到12月期间,他们从我的克利夫顿斯乐队找了个鼓手。一个月做两三场演出,这就是滚石。

我鼓手对我说:"来吧,试一试,看看你有什么想法。"他们玩的是慢节奏、几小节的蓝调。我们那时候一直在演奏胖子多米诺和拉里·威廉姆斯,全都是当时黑人节奏蓝调的东西。蓝调,我了解很少。12月8号我去试音了,他们没怎么和我说话。米克跟我打了个招呼。我见到了键盘手伊恩·斯图尔特。布赖恩和基思在吧台,不太想搭理我。

我把我所有的设备都带过去了。我有把自己做的贝斯。1961年做的。后来又自己做了个扩音器,再后来又做了个扩音器机箱。那次排练我把这些全都带去了。一开始让他们眼前一亮的就是这些设备。我有这么多设备,而且我有香烟,他们一根都没有。然后他们和查理·沃茨说了会儿话,最后把我的鼓手解雇了。

第二章 雄 心

> 我们去摩城试了音。试音结束后,贝里·戈迪跟我们说:"你们几个女生的声音真的挺好的,但是等你们高中毕业了再过来吧!"
>
> ——玛丽·威尔逊

1960年,约翰·菲茨杰拉德·肯尼迪当选总统时,美国经济已空前发展了二十年。二十世纪五十年代,受婴儿潮的推动,美国人口增长了20%。在东海岸的校园和格林威治村的咖啡馆,中产阶级家庭出身的白人大学生为了追求社会改革,唱着受传统的英格兰、爱尔兰和苏格兰民间哀歌所启发的歌曲。在公房区[1],歌曲一直是非裔美国人争取平等斗争中

---

1 即政府为贫困家庭所营造的住宅区。

不可或缺的一部分，但现在有种新音乐有助于阐明黑人日益坚定的民权运动。

玛丽·威尔逊（至上女声组合成员、创始人之一）：我母亲说我从生下来就一直在唱歌。我经常哼着歌，听各种音乐剧。我一门心思放在音乐上，但从来没做过任何和音乐相关的事。再到后来，刚满十三岁，我就报名参加了一个才艺大赛。我借了我哥哥的靴子和黑色皮夹克。我这样穿是因为我喜欢弗朗基·莱蒙和青少年乐队，他们就相当于那个时代的杰克逊五兄弟乐队。我喜欢他们那首《我不是少年犯》。我跟着那首歌的节奏旋转起来，观众都疯狂了。

弗洛伦丝·巴拉德，戴安娜·罗斯，还有我，我们三个都住在底特律布鲁斯特－道格拉斯的公房区。弗洛伦丝在才艺竞赛上唱了《圣母颂》。我们互相恭维。我说："你的声音好洪亮，好好听！"她说："体育馆里每个人都在欢呼'玛丽加油！玛丽加油！'"这发生在1956年或1957年。放学后我们一起走回家，我们就是从那时开始成为朋友的。

阿尔·库珀（美国音乐家、制作人）：我是1944年在布鲁克林出生的，不过我被曼哈顿迷住了。我一有条件就去那儿。我从小就很喜欢音乐。六岁就会弹钢琴了，完全迷上了。幸运的是，我妈妈用收音机放音乐，所以屋里一直都有音乐。

我是从保姆那儿了解到摇滚的。她住在客厅。当时我大概十来岁,她十四五岁。我父母走后大概十分钟,她朋友就会过来,放音乐、跳舞。她听频道乐队和企鹅乐队的歌,都是杜沃普摇滚乐。我听得入迷了。我想:"我真的很喜欢这种音乐。"

有时候,父亲会带我去小餐馆吃饭,我就在自动点唱机上点这种音乐。然后他就知道了我在听巫毒音乐。二十世纪五十年代中期,埃尔维斯出现了,弹吉他要更时髦点,所以我也开始弹,而且我入门很快。上帝给了我音乐的天赋,不过我花了些时间才意识到。

卡罗琳·赫斯特(美国民谣歌手):1954年或1955年时,我们很多人都十七八岁,快到当兵的年纪了;这让我们变得很激进。我父亲是个律师,他是得克萨斯州立大学毕业的,和林登·贝恩斯·约翰逊一届,后来他被乔治城大学法学院录取了,我们就去了东海岸。我们住在华盛顿。

高中毕业后,我到了纽约,努力地想挤进民谣的圈子。我母亲想让我去见见她认识的诺曼·佩蒂[1],所以她给他写了一张面值一美分的明信片,后来他给我母亲打电话了。

诺曼·佩蒂说:"我对民谣不太了解,但她可以试下音。"他问我:"你的歌够录一张专辑吗?"当时我二十岁,录了我的第一张专辑。专辑是1958年发行的。我爸爸在那张专辑里吹了

---

1 巴迪·霍利的制作人。——原注

口琴。他想我做个民谣歌手。

我录音时,巴迪·霍利也在录音棚里。他过来见了我,问我愿不愿意和他一起去见查克·贝里和胖子多米诺。其间,我发现他正在唱一首我的歌。

亨利·迪尔茨(美国音乐家、摄影师):我母亲是环球航空公司空姐。我们的生活像流浪一样,驻扎过不同的地方。我父亲在二战中去世了。他当时是在陆军航空兵团。后来我母亲改嫁了,继父在国务院工作,1947年,我们搬去了东京。我在那里生活了五年。到1958年还是1957年的时候,我继父被派驻德国。我喜欢上了古典乐和爵士乐。我家人都很有音乐天赋。我那时已经弹钢琴了,我继父拉大提琴,母亲弹钢琴。我喜欢音乐。后来我有个弹吉他的朋友,他带着我喜欢上了乡村音乐。

阿尔·库珀:那是爵士乐的辉煌时期。爵士乐完全吸引了我的注意。那就是我所喜欢的。在某种程度上,爵士乐触动了我。那种可以跟着跳舞的杜沃普音乐,它就相当于那个时代的朋克音乐。它是蓝调和福音音乐精华的浓缩。最开始都是黑人在做,后来白人也欣然接受了这种音乐,慢慢参与其中。

我有个玩乐队的朋友,签了唱片合约。我周末经常待在他家。有次我们去曼哈顿,我就去他那家唱片公司试音了;当时我十四岁,试音居然过了。

我朋友那支乐队在当时,1958年,有张唱片销量全美排名第一,《热裤》,他们叫皇家青少年乐队。我经常偷偷溜出去;要是辍学的话,我父母会杀了我的。乐队里其他成员都十六岁以上。我会宣称自己是去布鲁克林的朋友家过周末,但实际上可能是在宾夕法尼亚州,或芝加哥,或波士顿,和他们一起演出。这大概持续了两年半左右。那期间我一直在写歌,和一个出版商,还有两个写词的家伙一起搭档。我们后来成立了一个创作团队。那时我高中快要毕业了,要上大学了。那是在1959年。

我想学音乐,但当时没有摇滚,他们教的音乐都不是我感兴趣的。过了一年,我告诉父母我要休学,这不是件好事。如果不上大学,就会被认为是无业游民。但我就是不适合读大学,我就是做不来。所以我说:"给我两三年的时间,如果我没法谋生,我就回来读书。"

玛丽·威尔逊:我和弗洛伦丝·巴拉德走得非常近,有天在操场上有个人朝我走过来说:"有个人想组建个女子团体。"我们俩回到家和戴安娜·罗斯碰了头,我们仨住在同一个小区。我们去了那伙人的公寓,里面有保罗·威廉姆斯、埃迪·肯德里克斯,还有一个人,是他们俩的经纪人。他们是个叫至上乐队的团体,后来组成了诱惑乐队。

"哦,我的天啦,我在这些家伙的公寓里,他们都比我们仨大,我母亲会杀了我的。"我想。

其中一个家伙说:"你们会唱歌吗?"

我们从来没有一起唱过，但是戴安娜已经开始唱雷·查尔斯[1]的歌，到了和声部分我们俩就跟着唱，听起来真的蛮好听。戴安娜唱歌非常自然流畅。这时候我们压根不知道自己在做什么；我们才十三岁。我们就这样自然而然地做了。

那家伙说："好。可以。你们就叫妙龄女子组合，你们几个女生由我经理。"我们每天都到他们公寓去。戴安娜唱了一首流浪者乐队的《我的心肝宝贝离开了》，然后我们俩接进来，唱和声，接着我唱了一首民谣，感觉很自然，没有半点突兀。我们成立了一个女子团体，我意识到我比从前更快乐。这让我有种圆满的感觉。我们放学后经常见面，然后排练，我们就是三姐妹。我们自己指导自己的歌。

亨利·迪尔茨： 在人生的岔路口我又向西迈出了一步。我在慕尼黑美国中学的所有朋友都想考西点和安纳波利斯[2]，女生和男生加一起有上百个。后来我看到已故老兵的儿子一律可以参加考试的消息。于是我写了封信，他们同意了。1958年，我必须飞到伦敦体检。我在海德公园的一家小旅馆住了下来，有天晚上，我去了一家俱乐部。当时他们正在演奏噪音爵士乐。我当时完全不懂，但是被这种音乐迷住了。

---

1 雷·查尔斯（1930—2004），本名雷·查尔斯·鲁滨逊，美国灵歌音乐家、钢琴演奏家，开创了节奏蓝调音乐，弗兰克·西纳特拉称他为"音乐界唯一的天才"。1986年，入选摇滚名人堂。
2 西点为西点军校所在地，安纳波利斯为美国海军学院所在地。

我被西点军校录取了，院长说："孩子，恭喜你！多么难得的机会啊！"头三个月都是强身健体的体格锻炼和训练活动，我因此练出一副好身材。不在学校时，我加入了哥伦比亚唱片俱乐部。我会收到那些邮购的唱片。我听到了班卓琴的声音。班卓琴有五根弦。我一定要弹班卓琴。我想方设法离开西点。那是陆军部队啊！噢，天哪，要在里面待四年！西点是工科院校。一星期要上六天数学。还要上数学分析和微积分。于是我买了把班卓琴，去夏威夷了。

阿尔·库珀：我在皇家青少年乐队时，他们还举办过赤袜舞会，那种广播电台赞助的。他们主要是在学校和体育馆举办。他们把录制唱片的艺术家请到学校来，对口型假唱，唱给学生听，这对提高唱片的销量很有帮助，对广播电台也有好处。

皇家青少年乐队曾经在皇后区的某个地方办了场赤袜舞会，我在那儿遇到了汤姆和杰瑞乐队，他们有张唱片很受欢迎，销量排名前十，叫《嘿，女学生》。那应该是在1959年。我们发现我们仨都住在皇后区，于是成了朋友。他们跟我差不多年纪。

我当时并不知道他们会大红大紫。他们就是西蒙和加芬克尔[1]!保罗·西蒙的父亲是个乐队的领队,不过是在婚礼、成人礼和元媛舞会[2]上表演的那种。有次保罗打电话给我说:"每隔四十分钟,我就站起来唱一首扭摆舞风的歌曲,不知道你愿不愿意站在我后面弹主音吉他。报酬不错,五十美元。"于是我们俩就拿着电吉他坐在舞台上。保罗的风格转向了民谣,但他一开始是玩摇滚的。我俩是朋友,一起表演。

玛丽·威尔逊: 底特律有周末舞会,我们会接工会的舞会,不接夜总会那一类的,因为我们还太小。我觉得我们没拿酬劳。我们有经纪人,他会给我们买衣服,他女朋友会带我们去购物。我们起步和那些街头驻唱的不一样。

我们父母很高兴,因为他们随时都能知道我们在哪儿,而且他们知道我们在做自己喜欢的事情,这事儿也不会让我们惹上麻烦。我们一直做到1961年,直到我们决定想有进一步的发展。

我们唱流行音乐。我们喜欢和声。我们经常一起排练。学校里有些特别的课程,比如给女生开的家政学,给男生开的木

---

[1] 西蒙和加芬克尔是摇滚音乐史上最著名的民谣组合。1965年,凭借一曲《寂静之声》迅速走红。1967年,为经典电影《毕业生》配唱插曲进一步成就了他们的辉煌。1970年,因音乐上的意见分歧而分道扬镳,但此后多次同台表演。他们的音乐以充满诗意的歌词与优美的和声著称于世,代表作如《寂静之声》、《斯卡布罗集市》等历经几十年依旧美妙如昔,为人乐道。2003年,获得格莱美终身成就奖。
[2] 为首次进入上流社交场合的富家年轻女子举办的舞会。

工课。我们就利用这些特别的课做我们自己的事情,也就是唱歌。那时候时代不同了。

我们参加了一个比赛,国际比赛,在加拿大,我们赢了。我们唱的是流浪者乐队和雷·查尔斯的歌。

阿尔·库珀:我买的第一张唱片是什么? 1955年或1956年的时候,有张唱片很热门,卡普唱片公司旗下罗杰·威廉姆斯的《秋天的落叶》。后来又有一张杜沃普曲风的频道乐队的《你离我越近》。这两张唱片我都想买,但我只有一美元。当时我大概十三四岁,甚至还不到。我去了商店,必须得做个取舍,于是我买了那张黑人唱片。这就是我买的第一张唱片,45转的。这种黑人音乐一直影响着我,改变着我。我到现在还是很喜欢那张唱片。

尼尔·塞达卡(美国歌手、词曲作者):我拿到了奖学金,打算做一名古典钢琴家。十六岁时,我赢了一场比赛,进入了顶尖的中学生钢琴手之列。我当时在布鲁克林的林肯中学读书。刚开始歌曲创作是意料之中的,我的偶像是乔治·格什温[1]和欧文·伯林[2],还有罗杰斯和哈默斯坦、罗杰斯和哈特这两对创

---

1 乔治·格什温(1898—1937),美国作曲家,代表作品为《蓝色狂想曲》。
2 欧文·伯林(1888—1989),美国作曲家、流行音乐词作家,代表作品为《白色圣诞节》。

排练中的尼尔·塞达卡（Getty Images）

作伙伴。

在林肯中学读书的时候，我听到了摇滚乐，当时就被迷住了。我并不是一个明星学生，我就是个书呆子，不是唱片节目主持人那一款。我弹的是肖邦和巴赫，聚会是不会邀请我去弹奏的。我很小的时候就想得到认可，就想出名。我被人嘲笑，所以我想证明我并不普通。我组了个乐队，取名"象征合唱团"，翻唱了《今夜狮子睡着了》。我从一个无名小卒变成了校园里的风云人物，因为我有个乐队，我们玩摇滚。

十三岁时，为了成为在音乐会上演奏的钢琴家，我每星期六开始在茱莉亚学院学习。霍华德·格林菲尔德[1]的母亲听过我弹肖邦,霍华德就住在校园正门对面,他问我想不想写歌。我说我不知道怎么写。我们最后一起写了三百多首歌。

罗伯特·克里斯戈(美国摇滚乐评人):1962年6月,我已经满二十岁了。我想当个作家,当时住在曼哈顿。我进了家经纪公司,这家公司没有量力而行,后来破产了,不过我在的时候还没破产。我太幸运了,我老板是个画家。鲍勃比我大十岁,他一直是我最好的朋友,直到他去世那天。他是个非常聪明的人,审美很开放。

我当时没钱。有时我会坐在村门俱乐部[2]旁边,听约翰·克特兰[3]和塞隆尼斯·蒙克[4]唱歌,爵士乐,我就是个爵士迷。但同时我又非常喜欢艺术。当时收音机上一直在放排名前四十的歌曲,我房间里的收音机一直都开着。我有台小电唱机,大概有十几张唱片,多半都是爵士乐,雷·查尔斯的,不过我听音乐基本上还是用收音机。从1962年算起,我身上发生的最重要的事要数流行艺术。先是利希滕斯坦,再后来是沃霍尔。

---

1 词作者、格莱美奖提名作曲家。——原注
2 纽约格林威治村汤普森和布利克街口的一家夜总会。——原注
3 约翰·克特兰(1926—1967),美国爵士乐史上最伟大的萨克斯管演奏家之一,同时也是一位优秀的音乐革新家,对二十世纪六七十年代的爵士乐坛有着巨大的影响。
4 塞隆尼斯·蒙克(1917—1982),美国爵士乐作曲家、钢琴家。

1962年10月或11月,我走进了第五十七街的绿色画廊。我经常去,不需要花钱的。在这个画廊里,我听到了康妮·弗朗西斯[1]唱的《假日》。"这音乐从哪儿来的?我想不出来。这可是个画廊啊!"

我弄清楚了,其中一幅画里面有个收音机,收音机接通了电源,正在播放音乐。我茅塞顿开。我去看约翰·克特兰的演出,当时艾瑞莎·弗兰克林[2]先开唱的,听上去非常可怕,但是克特兰唱了首安可曲,这是爵士乐历史上的重要时刻之一。如果舞台气氛不错,他们真的会返场。我内心一阵狂喜。没隔多久我就有了两个顿悟,音乐上的和画廊里的;这改变了我和我老板鲍勃对音乐和艺术的看法。

尼尔·塞达卡: 我搬进了百老汇大街上的布里尔大厦[3]。每个人每天都在那儿给唱片公司和艺术家写歌:《你已经没了爱的感觉》[4],《总有一天》[5],还有迪西杯子乐队唱的《去教堂》。《明天你

---

1 康妮·弗朗西斯(1938—),美国歌手,以声音清越著名,代表作为《现在谁难过?》《男孩们都去哪儿了》。
2 艾瑞莎·弗兰克林(1942—2018),美国歌手、作曲家、钢琴家,被称为"灵歌女王"。1987年,入选摇滚名人堂,成为第一位进入摇滚名人堂的女性艺人。1994年,获得格莱美终身成就奖。
3 美国的"歌工厂",给许多词、曲作者和出版商提供了安身之所。——原注
4 正义兄弟演唱。——原注
5 薄纱合唱团演唱。——原注

是否依然爱我》是卡洛尔·金[1]写给谢利斯合唱团的。这是小型音乐发行公司的天下。小型音乐发行公司可以说是遍布了这条街，从百老汇大街1619号原来的布里尔大厦一直到1650号都是，这是为了迎合年轻的听众和创作人。

在布里尔大厦里，我们每个人都有个配备了钢琴和书桌的房间。写了一天后，我们都会来到那个大办公室，演奏自己的歌曲，彼此之间竞争。不过是良性竞争。最好的那首歌胜出，然后就会有像薄纱合唱团那样的乐队灌录这首歌。我们在那儿从早上十点写到下午五点，一周写五天。有时候一整天过去了，歌还没写好，隔天就接着把它写完。

我是第一个演唱自己歌、灌录自己歌的人。那是在1958年。我去美国广播唱片公司试音了。他们才用《伤心旅馆》这首歌签下了埃尔维斯。

当时我在和卡洛尔·金谈恋爱，但我们没有一起写歌。我的确写了一首《啊！卡洛尔》，是献给她的。她回了一首与之相媲美的《啊！尼尔》。那首歌不红，但它情真意切。她母亲不喜欢我，因为是我带得她不上学、不学习的。

弗兰克·洛爵士：纽约并不是黄金遍地。它很脏很邋遢，但我记得曾经经过一家音乐商店，店里传出来的是让我感觉相当舒

---

[1] 卡洛尔·金（1942—），美国歌手、作曲家。1990年，入选摇滚名人堂。2013年，获得格莱美终身成就奖。

服的音乐，他们在放阿克·比尔克[1]的《情迷单簧管》[2]。

我找不到工作，于是就去找了我母亲以前认识的一个家伙，乔克·埃利奥特。他在奥美广告公司负责壳牌的广告项目，是个成功的生意人，也是个大人物。我约了时间和他见面，对他印象很深刻。他说："回家里喝一杯。"我还记得他的车牌号，全是J。他的电话号码是巴特菲尔德八号，就是那部因伊丽莎白·泰勒的演出而名声大噪、劳伦斯·哈维参演的精彩的电影。

我找到了一份工作，在第五大道的一家店里卖地毯。我做得非常成功。英格兰人对纽约人来说还是相当稀奇的。后来我在第八十五街买了个房间，褐砂石公寓里的一间地下室，和几千只蟑螂挤一块儿。乔克·埃利奥特觉着好奇，就打电话问我："工作找得怎么样了？"我说："我现在在卖地毯。"

"好吧，"他说，"本顿-鲍尔斯广告公司有份工作。"于是我就去了那家广告公司，美国国会议员创办的一家大公司。我在那儿做初级管理人员。那时，我二十一二岁。当时是1961年。我在那儿上班，在纽约过得很开心。我年薪一万美元，有足够的钱做自己想做的事，吃得起牛排馆。那时候1.99美元就可以吃顿好的了。挺有意思的。周末经常去汉普顿，就睡在沙滩上。

---

1 英国单簧管演奏家。——原注
2 位居英美排行榜榜首的一支单簧管独奏曲。——原注

卡罗琳·赫斯特：我当时在格林威治村表演，经常出入纽约的圈子。格林威治村和很多地方都很像：年轻人都泡在播放音乐的咖啡馆里，如果那些供应酒的俱乐部他们还不能进的话。我们吸引了一大群观众，各种各样的人都有，没有代沟。有从市里来的，也有从郊区来的。突然我就开始在常春藤盟校表演了。东海岸也在仿效格林威治村的场景，音乐家和喜剧演员一块巡回演出。1960年，我二十三岁。

有许多人参加了复兴运动[1]，汤姆·帕克斯顿，埃里克·安德森，还有巴菲·圣-玛丽。因为演出的缘故，我经常碰到卡莉，还有她姐姐。西蒙姐妹花。所以从她们俩组合出道的时候，我就认识她们了。有卡莉在的地方都很欢乐。她是一个地地道道的纽约客。能一起聊聊音乐上的事情，一起闲荡，很有趣。我们会去咖啡店，就像你们现在一样。我们会稍微聊一聊政治，但我们都知道我们在政治上志同道合，所以我们会分享巡演上的音乐和故事。

1961年，我在格林威治村见过鲍勃·迪伦。有天晚上他来俱乐部了，我正在表演，他听我唱了一首歌；这首歌巴迪之前教我唱过。鲍勃听我唱歌就是冲着这一点，他喜欢巴迪·霍利。一切就是这样开始的。我跟迪伦在俱乐部和街上偶遇过很多次。迪伦想要认识我，但我当时并不知道。我跟他说："我

---

1 指二十世纪六十年代的美国民谣复兴运动。

已经有个吉他手了，但是如果你愿意的话，我下一张专辑你来吹口琴可以吗？"他说："这是我的电话号码，别弄丢了。"

第一次听他演奏，我只记住了他和他的吉他，不记得他的乐队。我在观众席。观众都很年轻，很开心。各种各样的人都有，和我们的观众一样。大家对政治的心态是一样的。有些年纪大些的带着孩子过来了。第二天我打电话给他。他在我的专辑里吹了口琴。这是他第一次录音，之后他又为哈里·贝拉方特录了一场。

他很自信。不怯场。他就像一个很有经验的独奏者。他说我是他和巴迪·霍利之间的纽带。我们经常聊到巴迪。我有很长一段时间没看到迪伦了，有天他来我房子里过夜，整晚都在写歌，而我在外面演出。等我到家时，发现他给我留了张字条："卡罗琳，多谢了。——我，鲍勃。"

我也在英国演出。那儿有许多民谣俱乐部。在当时的英国，民谣更像是一种生活方式。每家酒吧都有民谣。有大批的热心听众。在瑟比顿的时候，有五百个人来听我演奏。多诺万也会来，当时他还是个小伙子。还有很多英国的艺术家。在剑桥有一个全国民谣音乐节，我在英国广播公司有固定演出时间，半个小时。

玛丽·威尔逊：十六岁时，我们在加拿大赢了一场比赛。我们就是那时候出道的。我们在底特律和当地的电台主持人一起做了许多节目，有很多广播电台。我们说："哇！我们可以做这行！他们需要给我们找个录音的地方。我们到处找唱片公司。"

摩城[1]就是我们找的公司,这家公司旗下有斯莫基·鲁滨逊&奇迹乐队。通过斯莫基的妻子克劳德特,我们得到了和斯莫基·鲁滨逊&奇迹乐队试音的机会;克劳德特也是奇迹乐队的成员。我们唱给他们听,然后问:"我们唱得怎么样?我们想进摩城。"他说:"我可以让你们试下音。"

我们去摩城试了音。试音结束后,贝里·戈迪跟我们说:"你们几个女生的声音真的挺好的,但是等你们高中毕业了再过来吧!"那是在1961年。我们有自己的着装。当时我们自己给自己做衣服。我们穿了短裙、网球鞋和短袜。贝里没签我们,我们很失望;公司里有许多男的,他只是不想年轻的小姑娘在公司里跑来跑去,他是要负责的,这就是他拒绝我们的原因。但我们觉得他不喜欢我们。

阿尔·库珀:我这辈子只想做音乐。除了音乐我不知道还有什么东西能让我坚持下去。所以我努力在我力所能及的各个方面进行自我教育。现在回想起来,我真的很高兴我之前那样做了。随着时间的推移,我想:"我现在做的事情很好,如果他

---

[1] 即摩城唱片公司,1959年1月12日诞生于美国汽车城底特律,由非洲裔美国人贝里·戈迪创建。作为首个由非洲裔美国人拥有的唱片公司,摩城唱片公司签约的歌手主要是黑人音乐家。二十世纪六十年代,正是美国黑人民权运动如火如荼的时候,诞生并成长在这个时期的摩城唱片公司致力将黑人音乐介绍给世界。

们不愿意雇我写歌，我可以在录音棚做吉他手；如果他们不愿意雇我弹吉他，我可以在乐队演奏。"我当时只想在音乐行业干下去，能糊口就行了。

玛丽·威尔逊： 当时那些人都在摩城。马文·盖伊[1]才进来不久。是那儿的氛围，和那儿富有的创造力在起作用。每天放学后我们都搭便车在摩城附近闲荡，没过多久我们就成了内部人："嘿，斯莫基！""嘿，玛丽！"每个人我们都认得了。那是所大房子，里面有接待员。我们就在那里。某天有个人说："我们的和声不在。"于是我们说："我们来做。"我们就是这样进的摩城。

后来贝里·戈迪说："你们得换个名字。"他不喜欢妙龄女子组合这个名字。我们太想要这个机会了，就同意了。我们见人就问有没有什么想法。我们不太想改名字。我们觉得改了名字就没人知道我们了，不过当时也没人认识我们。很快我们就签了合同，有了新名字。小纸条上潦草地写了几个名字，其中有一个写着"至上女声组合"。我和戴安娜都不喜欢这个名字，但不用新名字的话，他们是不会签我们的。当时我们不知道原因。直到很久以后，我们才意识到，原来是因为取的新名字将归摩城所有。我们当时没有注意附属细则，上面用小字写着：日后所用的任何名字都将归摩城唱片公司所有。直到几年之后

---

1 马文·盖伊（1939—1984），美国歌手、作曲家，有"摩城王子"之称。

我们才意识到这一点。名字就是一个品牌。名字属于谁？嘿，这可是我们的名字！

亨利·迪尔茨：我到了夏威夷之后，要找个人，这个人是我在纽约认识的，叫赛勒斯。我四处打听。"对，他是戏剧班的，他开了一家另类的咖啡馆。"

我把我的班卓琴放在韦士柏摩托上，然后骑着车就过去了，他们说："哇，班卓琴！"赛勒斯成了我一生最要好的朋友。他拿着吉他爬上了一个大梯子，我就坐在下面，我们一起唱歌。后来我们就一起创作歌曲，在角落里搭了个舞台，就这样我每天晚上过去，在那儿唱歌。很爽。我们都赤着脚，穿着短裤和T恤，还有许多女生，好几百个女生，很美的女大学生。

当时许多民谣歌手都闯出了一片天。金斯顿三重奏乐队让民谣变得大众化。还有埃弗利兄弟。最后有个家伙说："我们一块学些歌吧，然后组建一个三重奏乐队。"我们叫列克星敦三重奏，赛勒斯加入之后，我们就叫列克星敦四重奏。我们一周就赚几美元。但是我们愿意每天晚上去那儿演奏。如果有个地方可以每晚演奏，我们的弹唱功底会越来越好的。我们有几首超级棒的歌曲准备演唱，后来为了发迹，我们去了加利福尼亚。我记得头几个晚上，我们是在一个妓女的公寓的地上睡的。那是1962年年底。1962年12月。后来我们就留在了好莱坞，在国会唱片公司附近的一个小公寓住了下来。

阿尔·库珀：为了糊口，我在纽约努力工作；我父母也会贴补我。我努力摆脱这种困顿，想方设法地找出音乐行业挣钱之道。同时，我也给录音棚弹吉他。大多都不值一提，我的意思是，都是些名不见经传的唱片，没人听过的。

我第一次在录音室工作！太激动了！我做了那么多事情，现在想来很奇怪。我在百老汇大街1615号一家录音室上班，做杂活，因为那儿的录音师会教你东西。

我做的第一场录音是迪翁·沃里克的广播节目。这场是我录的，当时我十九岁，只是一档广播节目。我就那么干了。后来我也会剪醋酸胶片；在录音室上班的人，要请人包装激光唱片，个性定制，于是他们就教了我。

对我来说，1960年到1964年这几年的记忆一片模糊，因为我当时工作真的很拼，做过许多不同的事情。我想我是在1963年发现了一家非常赞的夜总会，黑手党经营的，在第八大道和第九大道中间的第四十七街，叫甜蜜马车，他们那儿只有福音音乐。我真的很喜欢。所以，那里就成了我晚上经常光顾的地方。那地方真的很奇特，我有生以来去过的最奇特的地方之一。

玛丽·威尔逊：我不知道英国的房子是什么结构。在美国，通常都有地下室。摩城的房子也有地下室，这个地下室最后就成了录音棚。从街上走进去，就到了接待区，有几间可能是卧室的小房间，不过用作了办公室，还有财务处。贝里·戈迪的姐姐，他有好几个姐姐，都在那儿任职。这是家族企业。罕见的是他母亲和父亲也在那里工作。总是会看到他父亲在那儿修东西。老人当时年纪很大了。

摩城不是工厂，但所有事情都在内部进行。他们甚至请人来做午饭，歌手、音乐家和工人在内的每个人都在那儿吃。是真正的家族企业。后来他们开始收购那一带附近的其他房子，然后我们公司就拥有了这条街上或街对面的其他房子。

我们经常泡在里面，如果可以的话你也会想住在那里。你之所以想去那儿，是因为那儿有许多让人为之激动的人。很兴奋。那些人长得很帅，而我们还只是青少年。你就身处其中，而且还有机会在那儿成长。

摩城在艺术家的发展规划上是很先进的。我们会去那儿录几首歌，接着是舞蹈的编排，然后鲍威尔夫人做动作指导[1]。全世界可能只有这个地方会这样做。你走进门，就有这些有才之士帮你规划发展和成长之路。

鲍勃·格伦（美国摇滚摄影师）：我喜欢广播里播放的音乐。我有几张专辑。从二十世纪五十年代末摇滚刚出现还被称为"不良青年的音乐"和"魔鬼的音乐"时开始，我就被它吸引住了。我不觉得自己是个罪犯。我喜欢这种音乐，我是个青少年，这种音乐影响了我，因为它让我感觉自己像个流浪者。

---

1 台风和舞台动作。——原注

尼尔·塞达卡：奇怪的是，英国人非常尊重最初的美国摇滚歌手，我就是其中之一，还有罗伊·奥比森、巴迪·霍利、吉恩·皮特尼、小理查德，尽管吉恩·皮特尼在美国已经过气了。

几年后，1972年或1973年，我们在伦敦的萨维尔街买东西，我遇到了米克·贾格尔，他说他买的第一张专辑就是我的专辑。我受宠若惊。他说他小时候就买了。

玛丽·威尔逊：至上女声组合一直都很有魅力。我们的表演现场总是掌声雷动。我们经常去伍尔沃斯百货买塑料珍珠。我们看上去总是很优雅。我们父母就很优雅。戴安娜有位美丽耀眼的母亲。我母亲是个身材修长、长相俊美的女人。我们在舞台上很有气质。虽然一派我行我素的作风，但我们很优雅。

我们有编舞老师鲍威尔夫人，她教你如何转动身体、举止优雅、节制有度这一类事情。她也教男生。我们这些跟着她学习的人一直跟她说她为我们做了很多。有些东西是我们与生俱来的。她是个三十来岁的女人，有家模特学校。我们很崇拜她。男生也是。作为一个人，要怎样表现得得体，这就是她教给我们的。无论什么时候，摩城的艺术家登台，你都能认出他们是摩城的。甚至有些坏孩子都学着举止要得体。

鲍威尔夫人在摩城说过："将来有一天，你们是要在国王和王后面前唱歌的。你们是天然的钻石，我们只需要把你们打磨一下。"

尼尔·塞达卡：我当时一直在洛杉矶听地方广播,听到了一首歌,是一个不出名的乐队的歌,那个乐队叫表演者乐团。这个乐队在当地很受欢迎。那首歌的曲子、制作和歌词给了我灵感,让我写了《分手很难》这首歌。霍华德·格林菲尔德对这首歌没什么把握,但我很坚持,于是他就填好了词。这首歌词是虚构的。大部分歌词都是虚构的,不过我当时不知道这个现象有多普遍。

这首歌我写写停停,花了几周时间。我想到了一句歌词,"嘟比—嘟—当—当",用它作整首歌的第二声部,然后我再用吉他弹唱。我去了录音棚,就按照这个样子录了。这是在1962年。这首歌大火,后来我把这首歌改编成了慢民谣,它又火了一次。这说明好歌就是好歌。

"嘟比嘟和特拉拉之王"成了我的招牌。我把这个当作我的商标,把这些歌曲称为"三明治歌曲"。以前奏开始,相当于一片面包,然后就是歌曲的肉,最后再以一片面包结束。我取了这个名字,同事都觉得很有趣。

玛丽·威尔逊：我们到处跑,不过主要是在南方。[1]坐巡演大

---

[1] 摩城滑稽剧由玛莎·里夫斯、诱惑乐队、斯莫基·鲁滨逊、小史蒂维·旺德和其他人组成,在被称为"黑人戏院"的地方表演。"黑人戏院"是指非洲裔美国人在实行种族隔离的南方能够安全表演的一些场所。——原注

巴。破破烂烂的那种。条件太差了。不过很有趣。真的很有趣。他们很疯狂,打一晚上的牌,我们通宵配和声;这些人很多都是音乐老师,都有爵士乐背景。

我挣的第一份工资我都没印象了。我们从来没拿过工资。我们的表演没有报酬。零酬劳。我们甚至连每周的零用钱都没拿。所有的钱都被贝里·戈迪拿了。只给我们一点点钱,买个人用品。能在那里我们就很开心了。这件事我们从来没想过。现在回想起来,他们以前真的是在压榨我们,不过我们不需要付任何钱。这就像老式的学徒。我们当时还没成年。我父母不认得字也写不来字。我们没有代理人。我当时真应该嫁个律师。

卡罗琳·赫斯特: 约翰·哈蒙德[1]之前签了我,他来到格林威治村的一间公寓听我和鲍勃·迪伦唱歌。厨房里有一张大野餐桌,哈蒙德和迪伦并排坐着,他立马就喜欢上了迪伦。[2]迪伦才刚开始写歌。我那时候就知道他很适合。

亨利·迪尔茨: 1962年年底,我们到了洛杉矶,没过几天,就去了行吟诗人俱乐部,那儿每个星期一都有业余文艺晚会。我

---

1 哥伦比亚唱片公司执行制片人和备受赞扬的艺人经纪人。——原注
2 迪伦在赫斯特的第三张专辑中表演完后,哈蒙德就把他签约到了哥伦比亚唱片公司。——原注

们上去表演了三首歌，猛秀和弦。我记得当时全场都震惊了。他妈的这是什么？哦耶，从来没人听过这种。

大多数人都得先在小俱乐部演奏，为进入行吟诗人俱乐部铺路。但是我们就砰的一声空降那里了。结果就是，当晚我们就找到了一位经纪人，国际精英经纪公司的本尼·夏皮罗，一周之内我们就和华纳兄弟唱片公司签约了。

在那个时候，民谣很火。那是1963年年初。他们想让我们加盟电影《棕泉春光》，康妮·史蒂文斯和特洛伊·多纳休出演的。我们必须得去华纳兄弟公司见导演，不过我们迟到了。"额，小伙子们，你们迟到了。导演已经去吃午饭了。"

于是我们就毅然走进了员工餐厅，导演和一些领导都在那儿，我们齐刷刷地走到桌子前。"嘿，我们来开会了。"不，我们没上头。

我们在行吟诗人俱乐部表演的时候，现场很热情。很多经纪人都对我们有兴趣，其中包括鲍勃·迪伦的经纪人。他从东海岸飞过来见我们，我们当时在赫比·科恩[1]旗下工作。这是在1963年。我们曾经和小理查德一起演出过，那感觉太棒了。我们全沉浸在现场的音乐里了。我们在华纳兄弟旗下发了两张专辑，和菲尔·斯佩克特合作了一首单曲。我们有几首单曲在自动点播机上都点得到。其中有一首是《好年华》。先有的我

---

[1] 赫比·科恩后来带过的艺人还有弗兰克·扎帕、琳达·伦斯塔特、汤姆·沃茨。——原注

们这首,后来才有西纳特拉的《美好的年华》。后来我们又唱了《通向自由之路》。我们当时没有注意到现实世界发生了什么,比如民权运动,直到很久以后越南战争打击到了我们。

卡罗琳·赫斯特:那时候,即便是有名的艺术家,只要是黑人,都住不到酒店。我当时还不知道我内心深处对民权的那些真实感受日后会形成某种体系。这完全在意料之外,因为我并不是一个激进的人。我还不知道我日后会影响到别人,还不知道我日后会参与到声势如此浩大的事件中去。多亏了格林威治村和纽约。

在美国,我们一直在把我们的所想所悟传达给我们同代人。我们抑制不住内心的愤慨。有时候晚上会睡不着,因为太激动了,也因为当时的政局很吓人。炸弹就袭击过英国。在政治方面,英国的例子已经摆在那儿了。

尼尔·塞达卡:作为一名演艺人员,我没有任何偏见。我最喜欢的歌手是埃拉·菲茨杰拉德和萨拉·沃恩。我住在北方,并不知道其他地方那种偏见有多深。

盖伊·特立斯(美国记者、作家):对于很多人来说,写越南战争的并不是很多。那是核武器的时代。太空时代,苏联人和美国人竞争灼热。我当时一直在追踪核弹的发射新闻。我们和苏联人之间存在竞争关系,因为苏联是第一个先将狗,后将人类送上太空的国家，他们领先了。两国都有核弹，都在考虑建核辐射避难所。原子弹让人们忧心忡忡。所有年龄段的人都受到了影响。

弗兰克·洛爵士： 我在格林威治村待了一段时间，遇到了一个非常漂亮的女孩。是个空姐。她是英格兰人，很讨人喜欢。我们保持着联系。有天晚上她来村里了，我们去了先锋村俱乐部。那天晚上是伦尼·布鲁斯表演。我当时不知道他是谁。那是我有生以来度过的最尴尬的夜晚。如果你还记得伦尼·布鲁斯的话，他当时一直在说我们从来没有听说过的词语和语言。

我们的友谊经受住了那一晚的考验。她觉得很尴尬。她来自英格兰萨里郡，很漂亮。后来发生了一件让我又惊又怕的事情，我收到了政府寄来的一封信，请我到纽约当地的征兵办公室报到，进行体检，因为我有资格应征美国军队。

我去体检了，一切顺利。我是个体格强健的年轻人。他们给我发了封信函，把我划为一等。我跑去问我朋友乔克·埃利奥特："我该怎么办？"

他说："离开这里。如果他们向你送达了文件，你就入伍了，到时候如果你不去报到的话，就是擅离职守。文件可能明后天就到了。离开这里！"相关的政府机构在四十八小时内就把我移送回了伦敦，送到了骑士桥办事处。

罗伯特·克里斯戈： 当时的美国有点离经叛道的味道，而它反叛的其中一种途径就是希望享受更多的乐趣，比世俗所允许的乐趣要更多些。就重要次序而言，这个比政治因素要重要得多。

鲍勃·格伦：我曾经去过一次肯尼迪参与的群众集会，我挨得超近……他走过来时我拍了照，他不小心踩了我的脚，于是他停下来说："对不起！"那句话很有人情味，很有礼貌。我看过一次马丁·路德·金发言的集会。我相信肯尼迪，相信他的观点：形势会焕然一新，越来越好，人们会和睦相处，问题会解决的。

盖伊·特立斯：文学和法律法规都变了。以前被视为淫秽和色情的书籍，像《查泰莱夫人的情人》和《北回归线》这些书以前都是地下出版的，现在可以公开买到了。

琳达·盖泽（瑞士女演员）：我来纽约的时候，二十六岁。我是1962年10月来的。要在电影工作人员面前露胸这件事并没有困扰到我，他们很有礼貌。我知道在电影院看到女人的胸部这是第一次，会有争议。

《典当商》是一部关于大屠杀幸存者的电影，不是讲我胸部的。我们知道这是一部重要的电影，因为人们想要把一些镜头，我的镜头剪掉。但西德尼·吕美特是一个非常坚定的导演，他不会让人把他的电影剪掉的。

记住,我是从瑞士来的。我当时已经做了十年的演员,裸体这种事我不会感到羞愧。我认识一个很好的经纪人,他把我引荐给了西德尼·吕美特。我有了自己的公寓。我在西村的一家小店皮纳塔派对找了份工作。这家店做墨西哥进口生意,老板走私秘鲁古董。我用他从秘鲁买来的布料做衣服。所有的东西都是我们创造的,这感觉很好。你可以创造你自己的生活。

第二部分

> 听
> 有个秘密你想知道吗?
> 你能承诺不说出去吗?
> 喔—噢—噢
> 靠近点
> 让我在你的耳边低诉
> 把你渴望听到的话讲给你听
>
> ——披头士乐队[1]

阿道夫·艾希曼因其所犯下的战时罪行在以色列被处以绞刑。世界已然躲过了古巴导弹危机。詹姆斯·邦德系列电影的第一部《诺博士》已经上映。民权抗议活动声势日益浩大。1963年来临时,英国受困于人们记忆中最糟糕的一个冬天,虽然性丑闻事件已经让政治问题升温。阿盖尔公爵夫人离婚一案,在法庭上曝出了一组照片,照片中一丝不挂的公爵夫人正给一位"无头的男人"口交,谣传这个男人是小道格拉斯·范朋克。媒体正在紧跟一起涉及应召女郎、政治家和贵族的丑闻,这起丑闻就是后来的普罗富莫事件。

在音乐界,布赖恩·爱泼斯坦正忙于推动披头士乐队事

---

[1] 披头士乐队《你想知道一个秘密吗》中的歌词,原歌词为:Listen / Do you want to know a secret? / Do you promise not to tell? / Whoa-oh-oh / Closer / Let me whisper in your ear / Say the words you long to hear。

业的发展。他们的第一支单曲《爱我吧》最佳成绩冲到了英国排行榜第十七名。录制第一张专辑《请取悦我》期间，他们也在为他们的第一次全国性电视直播作准备。

鲍勃·迪伦多次在酒店大堂抽大麻，因而被要求搬离英国广播公司为他预订的房间。英国广播公司已经把他空运到伦敦，让他去一场比赛上唱歌，这场比赛就是在披头士乐队电视首秀的那晚播出的。披头士乐队的兼职公关很快就会在茫茫人海中发现一支叫滚石的摇滚乐队，这支乐队与一位名叫埃里克·克拉普顿的年轻吉他手都在郊区酒吧和俱乐部的舞台上演出。

在电视播送他们的表演之后，迪伦和披头士乐队都问鼎英国排行榜榜首。二月，《请取悦我》成了一首大热的单曲；三月，同名专辑发行。哥伦比亚唱片公司当时正准备发行专辑《自由不羁的鲍勃·迪伦》，专辑封面照是迪伦和女友苏西·罗托洛在格林威治村的琼斯街和西四街的街角顶着刺骨的寒意紧紧依偎的照片。罗托洛后来说道："这张专辑随性、淳朴的自然和感性，是当时的文化标志事件之一。当时，大多数专辑封面都是精心筹划、完美设计的。无论是谁选了那一张照片，那个人对于新风格真的很有鉴赏力。"

年轻人亦是如此。

第三章　行　动

> 在利物浦,披头士并没什么特别的。我和披头士在洞穴俱乐部一起同台唱过歌。不过他们并不是利物浦最好的乐队。
>
> ——茜拉·布莱克

从利物浦到伦敦,连音符都不识一个的音乐家们,自学成才,开始创造自己的音乐。他们用讨要来的、借来的,或自制的吉他,从邻居那儿召集了一批听众,找到了空置的地下室和后院。这些地方成了他们创造力的温床。他们部族的、富裕的追随者寻求新的服装在跳舞时穿,既为了引人注目,也为了表征自己的身份;艺术家、作家和媒体的反应,就好像是发现了一个新物种。

茜拉·布莱克：布赖恩·爱泼斯坦话很少，很腼腆的男人，很完美的绅士，一个十足的绅士，穿着很讲究。不过，话说回来，他有钱，家境富裕。他在利物浦怀特查佩尔有家唱片店，当时垮掉兄弟的唱片《我的邦妮躺在海洋上》一张难求，垮掉兄弟是披头士那时候对自己的称呼。

但事实上，垮掉兄弟当时不过是给另一个人伴奏的。好像是托尼·谢里登把《我的邦妮躺在海洋上》改编成摇滚版的，我不确定，你得去查历史书确认下。这是一首苏格兰民歌，布赖恩的原话是："垮掉兄弟是何方神圣？我得去会会他们。"他们当时在洞穴俱乐部表演午休场。

埃里克·斯图尔特：我的第一支乐队是斯塔格·李乐队，后来把名字改成了节奏之王。我们去了朗赛特区的英国广播公司，曼彻斯特一个改建的教堂里面的一个演播室，为工人俱乐部演出试音，给北方舞蹈管弦乐团伴奏。参加试音的有披头士，还有我们。我们当时表演的都是自己的东西。我们唱的多半是影子乐队的组曲，还算可以的流行音乐，模仿美国人那一套，电视上西装革履的那些人都想表演的那种。

后来披头士出场了。一开始我觉得他们有些邋遢，但他们把我迷住了。他们穿的是在汉堡穿的行装，不是布赖恩·爱泼斯坦后来包装他们用的天鹅绒衣领那一类的。他们穿着牛仔裤。保罗穿了一件小小的皮革背心，唱了首《直到有你》，这原来是首流行曲调。约翰唱了首《孟菲斯，田纳西》。他们还唱了一首歌，我认为是他们自己写的，因为那首歌我从没听过。

他们试音没过。我们过了。我们四个人，不，五个人，拿了大概十五英镑的报酬，不过我们不在乎。有人付钱让我们尽情狂欢，真是太爽了。

茜拉·布莱克：在利物浦，披头士并没什么特别的。我和披头士在洞穴俱乐部一起同台唱过歌。他们之前在汉堡演出过，去时他们还是一支艰苦谋生的乐队，回来时却经验十足了。不过他们并不是利物浦最好的乐队。我是利物浦另一支更受欢迎的乐队罗里·斯托姆和飓风乐队的特约歌手。林戈[1]是这支乐队的鼓手。

利物浦和曼彻斯特有很多很多乐队，其中有些真的真的很好。我们待在那儿，思想很狭隘，有些心高气傲，你知道，就是那种："谁还需要伦敦啊，在这儿我们有自己的一套。"

彼得·努恩（赫尔曼的隐士们乐队[2]歌手、词曲创作者）：我当时在曼彻斯特音乐学院上夜校。我爸爸是玩乐队的。一支二十世纪四十年代的皇家空军乐队。休吉·吉布，就是比吉斯兄弟

---

1 林戈·斯塔尔（1940— ），原名理查德·斯塔基，英国音乐家、演员、鼓手，大英帝国勋章获得者，披头士乐队成员，2015年入选摇滚名人堂。
2 赫尔曼的隐士们乐队成立于1963年，共五人，领队是彼得·努恩。

的爸爸，也是这支乐队的成员。我当时一直在模仿巴迪·霍利和埃弗利兄弟。我们以前演奏巴迪·霍利的歌时，我经常戴有些大大的角质框眼镜。我当时觉得只要戴上这样的眼镜，我就可以像巴迪·霍利，这种想法真的很奇怪。当时我十五岁。我们已经有了许多乐队。我当时在旋风乐队，有天晚上心跳乐队的歌手没出现，于是他们说："彼得·努恩是歌手。他可以上。"那时候，要做个歌手，唯一要做的就是要知道许多歌的歌词。

我们当时一直在酒吧、俱乐部和成人礼上表演。有很多这样的场合、这样的地方可以表演。那些地方有一股活力。我们年纪都太小了，还不能喝酒，但是可以抽烟、喝茶。我们有张名片，上面写着"舍曼和隐士们"，因为打印的那家伙写错了。还写着"婚礼、成人礼和俱乐部"。我的电话号码印在名片上，因为我家是唯一一家有电话的。

我当时还在上学，但我知道的音乐比我老师要多，因为我家人对音乐都很感兴趣。每出歌剧我都知道。在夜校，到处都是排练室。有次我在那边，他们正在用原声吉他弹查克·贝里的歌。"这是什么？"我心想。我是弹钢琴的，但吉他改变了一切。弹钢琴是个无聊的差事。你妈妈要你弹钢琴，还要坐得笔直，诸如此类。

毫无疑问，弹吉他是泡妞的一种手段，但这并不是我弹吉他的原因。对我而言，那纯粹是在胡说八道。我相信吉他手睡的女生要多些，因为他们有乐队，但我喜欢比我大的女生。这种情况很难。二十一岁的女生不会想找个十六岁的男朋友的。

我记得当时有个女生在演奏琼·贝兹[1]的歌。真没劲!那歌唱的是什么?当时大家都接触到了新音乐。我接触的全是白人的音乐。对年轻人来说,这是一场大冒险;有各种各样有影响力的人或事。

乔治·法梅: 1962年,我已经在伦敦的火烈鸟俱乐部上班了。我从没休息过,直到最后经理给我放了一周的假。我回兰开夏郡我妈妈那儿。有个在工厂上班的家伙,曾经和我一起在当地的一支乐队里表演,他说:"今晚出来喝上一品脱,有支乐队来表演,乐队还有些名气。"

我们俩去了当地的舞厅,坐在楼座后排,每个年轻的女孩子都在尖叫。披头士在台上表演。每个年轻人都跟发疯了一样。这个时候他们还没有大红,还没找到唱片公司签约。

彼得·布朗: 他们以前经常来我店里听唱片,约翰,保罗,还有乔治,因为那时候有唱片店。他们买不起那些唱片,所以美国有什么新音乐,他们就来听。

所以他们会来我店里。我发现他们在街上的洞穴俱乐部

---

1 琼·贝兹(1941—),美国民谣歌手、作曲家,在波士顿的咖啡馆开始其演唱生涯,1959年因纽波特民谣音乐节的表演开始受到瞩目,此后又现身于大学、音乐厅、电视唱歌,并录制了很多唱片。出版作品有《破晓》《歌唱人生》等。

表演。布赖恩曾经去过那儿,看过他们表演,吃晚饭时他跟我说:"我想我要签他们了。"

茜拉·布莱克: 他们看起来很帅,与众不同。看上去很迷人。他们拥有青少年想要拥有的一切,而且还有得选,他们有四个人呢!

彼得·布朗: 茜拉说,在她记忆中,我就是开唱片店的。据她所说,我摆出一副让她滚开的样子,因为她也想听唱片,但是这件事我不记得了。

显然,布赖恩看中了披头士身上的某种特质。毕竟,音乐布赖恩确实是有所了解的,因为当时我们在经营唱片店;我们标榜,如果你想找某张唱片,我们会在二十四小时之内给你弄到,诸如此类的,那时候还是比较稀罕的。

所以有关新兴的唱片公司摩城和摇滚乐的一切,我们都知道。他是真的觉得披头士身上有独特、特别之处。我觉得他也喜欢他们的态度,你知道的,那股自诩聪明的劲儿。不过这得从利物浦人的角度来看。你应该很了解利物浦人,知道他们专门挑刺;我们还懂幽默。

茜拉·布莱克: 1962年,布赖恩见到披头士时问约翰·列侬:"你有没有其他人推荐,或者其他乐队?"约翰说:"哦,有比利·J.克雷默和达科塔乐队、巅峰乐队、格里·马斯登、格里和引导者乐队,还有很多。"布赖恩又问:"有女生吗?"

"有,茜拉。"布赖恩就是那个时候找到我的。

我和林戈走得最近,我说:"谢谢你把我推荐给布赖恩·爱泼斯坦,太感谢了。"他说:"不是我,我没推荐你。"他差不多是这个意思:"我初来乍到的,没那么大能耐。"我说:"那是谁呢?"他说是约翰。

我和披头士一起去布赖恩那儿试音,不过不是在洞穴俱乐部,是在伯肯黑德的一家舞厅。这家舞厅在默西河对面。

当时我十八岁。布赖恩不喜欢我。我唱得很差。我用约翰的调唱的。我唱了萨姆·库克版的《夏天》,这首歌对我来说音太高了,我可能太紧张了。我真的就走下台直接坐下一班渡轮回家了,甚至连等都没等。我知道我唱砸了,但我仍然对自己有信心。我知道总有一天,无论有没有布赖恩·爱泼斯坦,我终会成功的。当时我就是那么的心高气傲、自信十足。那还是在1962年。披头士只在利物浦有些名气。利物浦与外界是隔离的,不像伦敦。

彼得·布朗:布赖恩觉得,凭着我们有几家非常成功的唱片店,我们对唱片公司来说就很重要。我们可能是最大的唱片买家之一,他觉得这一点可能对他们签到约多少有些作用,后来证明并不是这样。他每次坐火车去伦敦见百代或迪卡或派伊这些唱片公司,大都失败而归。

乔治,约翰,还有保罗,他们会在车站等他;而且他如果回来,我通常都和他一起吃晚饭。这一切蛮让人沮丧的,真的。我有点矛盾,我不确定关于这一切布赖恩是不是对的。

我当时经营着两家店,很卖力。总得有人去订购唱片、监督销售、制定预算和所有诸如此类的事。而与此同时,布赖恩又不在,他带他们去参加下一场演出了。我们一块吃晚饭时,我才知道要拿到唱片公司的签约是不可能的。伦敦的唱片公司不懂这种音乐。

乔治·马丁真正签约给他们制作唱片,是1962年。[1]这也是他们第一次走进录音棚,乔治·马丁说,鼓手皮特·贝斯特不够好。林戈就是在这时候加入的。

茜拉·布莱克:你首先会喜欢上保罗,然后是乔治,再然后是约翰,最后才是林戈。但谁能想到现在他变得非常迷人?我觉得他看上去真的很帅。前几周我还看到他了,我的天哪,他看上去太帅了!

彼得·布朗:这支乐队真的很尊重布赖恩。他知识渊博,懂音乐,有渠道接触到那些重要的人物。我觉得他们喜欢他。他当然是个很坦率的人。在他们认可的领域内,他就是权威,不过当然是利物浦的那套,那种"别跟我胡弄"的态度。我觉得约翰确实是这个乐队的头儿,这一点毋庸置疑,他知道布赖恩喜

---

[1] 一开始马丁判定这个乐队没什么前途。——原注

欢他，他可以影响布赖恩的决定。

保罗也同样有见识，而且更加迷人。他选择扮演弹奏潇洒的那个角色，而约翰则充当指上功夫比较厉害的那一个。两个人都很成功。乔治嘛，我总觉得因为他在乐队里最小，不像其他三位那样受尊敬，总是会发出像"我和林戈呢"这样的抱怨。

特里·奥尼尔：报社给我的待遇实在不错，当时拍摄温斯顿·丘吉尔从医院出来或者肯尼迪前往柏林的照片，其间又出入音乐场所和俱乐部。那时候要立足报界真的只能靠你拍到的下一条新闻，所以我总是忙得团团转。把胶卷送给图片编辑，然后离开，再去找下一条新闻，有时候一天多达七八条。想都不想就把底片交过去了。能不能挣钱就看下一条新闻了。我不敢想象那个时代得有多少惊人的照片就这样丢了，就因为我们从来没想过有一天重印这些旧照片会很值钱。

让我去拍那些开始引起轰动的年轻人，是报社编辑的想法。我到处去找，总是有事发生，大街上洋溢着一股兴奋感，有些事情好像正在改变：音乐，时尚，玩得很开心的各地的年轻人。这些事都让老一辈人不舒服。这就是新闻，我在正确的时间、正确的地方择取了正确的态度。我也是唯一的年轻摄影师。其他摄影师年纪都要大些，对于拍喜欢音乐和时尚、只做自己的事而引起人们关注的年轻人这一想法都嗤之以鼻。对他们来说，新闻就是空难、银行抢劫案和地震。

我有个想法，去拍我之前听过的一支年轻的乐队。在伦敦，我知道很多乐队和俱乐部。但这支乐队是从利物浦南下来到伦敦的，在艾比路录音室录单曲和同名专辑《请取悦我》，制作人是乔治·马丁。大约是1962年年底，我在那个录音室给他们拍照，乔治也在。当时是有工会的；穿着衬衫、棕色工作服，打着领带的技术人员，要拿加班工资，要有茶歇。有次集体休息期间，我把披头士带到后院，拍了张半身照。约翰好像是乐队的头儿，但是那张照片中保罗的脑袋在约翰的肩上。

奇怪的是，我的图片编辑把这张照片保留了好几周，后来在无事发生、没有新闻的一天，他把这张照片刊登在头版上。

迈克·彭伯顿（夜总会老板、休闲产业企业家）：1963年，我才二十岁，不过我已经在离纽卡斯尔不远的森德兰开了家自己的夜总会，叫11号俱乐部。海伦·夏皮罗是当时很大牌的年轻歌星，她正在巡演，二月在森德兰帝国演出。演出之后，她带了支乐队到夜总会来了，那是她巡演的助演乐队，叫披头士。我把他们赶走了，因为他们穿着皮夹克，而且还没系领带。作为一家正派的夜总会，我坚持男性必须系领带。两周后，他们携单曲《请取悦我》问鼎排行榜榜首。

基思·理查兹：在那段特定时期，滚石唯一想做的就是让人们对起源于芝加哥的不可思议的电子蓝调音乐产生兴趣。我们当时对真实发生的事情一无所知。但是因为没人做过这种音乐，我们的态度就是："大家伙儿，你们都应该听听这种音乐，这

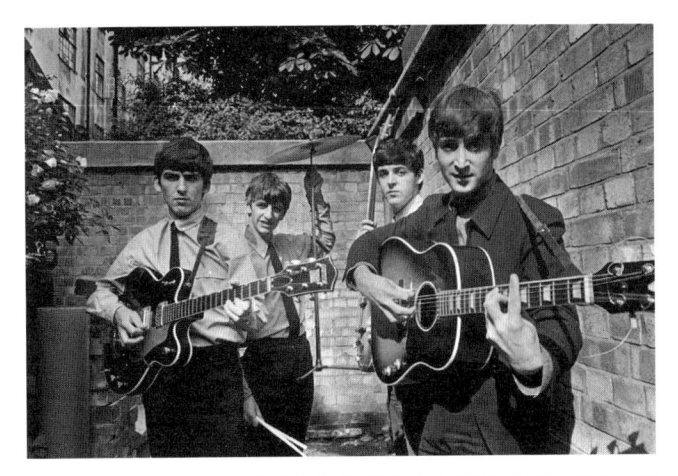

1963年1月,录制第一张热销单曲《请取悦我》期间,披头士乐队在艾比路录音室的后院休息(特里·奥尼尔摄影作品)

披头士乐队在录制《请取悦我》期间与享有盛名的制作人乔治·马丁爵士(左二)讲笑话。(特里·奥尼尔摄影作品)

乔治·哈里森在给吉他调音（特里·奥尼尔摄影作品）

林戈·斯塔尔用他的鼓声给披头士乐队和乔治·马丁爵士注入了新活力（特里·奥尼尔摄影作品）

披头士乐队和乔治·马丁爵士在做文案工作。《请取悦我》这张专辑录了三场,每场录三个小时,耗资四百英镑(特里·奥尼尔摄影作品)

披头士乐队正在听录音回放(特里·奥尼尔摄影作品)

样你们可能就会听像穆迪·沃特斯和嚎叫野狼这些真正厉害的家伙，他们都是我们的偶像。"

比尔·怀曼：我加入滚石后，我们做了一些演出，我和其他人配合得很好。坐火车去伦敦，然后再坐巴士去排练或演出，所花的钱比我挣到的钱还多。但我不是为了挣钱才做的。它让我兴奋。真的很刺激。

我们甚至没想过发唱片。这种可能性太遥远了，你甚至想都想不到。我们无法想象我们会上电视、上电台，去美国简直是异想天开。做这事，只是因为自己喜欢玩音乐。他妈的所有钱加一起，五先令！我一天到晚都在上班。查理·沃茨也是。米克在伦敦经济学院上学，剩下的两个都是游手好闲的人。他们俩都快饿死了，靠米克的助学贷款接济。

埃里克·克拉普顿：就年龄和阅历而言，基思和滚石其他成员都排在我前面。他们还是新人，乐队还没拧成一股绳，才刚成形的时候，我就经常去看他们演出了。他们的公寓还在西伦敦伊迪思路的时候，我经常和他们待在一起，经常和他们一起演奏一起唱歌。他们从来不换床单。太恶心了，难以置信。但我当时觉得蛮正常的，真的。工人阶级家庭出身的孩子长大后不太会打理好自己。

乔治·法梅：我们经常在伦敦附近的俱乐部或者就在市外的美

军基地表演，然后晚上十一点的时候，我们就把所有的装备扔上面包车，开车回伦敦，开始通宵场。我们到之前会有一支爵士乐队表演。我们一晚上挣三英镑。我们每周表演十场，这样每周就能挣三十英镑。

我们一天到晚都在表演，整周都在听各种各样的音乐，然后排练，我们表演了许多组乐曲。然后我们会去火烈鸟，在那儿表演两组。不过我们从来没有重复过。

火烈鸟的表演结束后，可能还会在那儿待一两个小时，和美国大兵一起喝杯葡萄酒或者波旁酒，然后睡到下午三点。晚上七点之前，我们是不用工作的。

乐队成员做什么都在一起。我们在西伦敦伯爵宫租了个住的地方。那一块也住着几个妓女。很多次早上六点钟，我们从火烈鸟出来，打不到的士，不得不走回家。

附近没什么深夜餐馆。我们在北方小巨蛋或是什么地方碰到了滚石。这是西伦敦唯一一处可以买到咖啡的地方，除非你跑到机场去。

我们四五个人住在同一个地方。那是栋连栋房，有几间带单人床的房间，妓女住在楼上，我们经常放唱片。我们对音乐很痴迷，以前经常是一边走一边谈音乐。我们的房东让我们搬到了奥林匹亚展厅对面的罗素路。那是间糟糕、冰冷、潮湿的地下室。

有天晚上，火烈鸟场结束后，我们回到了罗素路上的住处。有人在捶门，然后房东进来了，让我们搬去拉德布鲁克格

埃里克·克拉普顿（左二）（Getty Images）

罗夫。我们不得不走到那里。我们没什么行李，只有几个小手提箱和一台唱片机，我们所有的破东西之前就已经被扔进新房间了。这就是接下来几个月我们要住的房间。

埃里克·克拉普顿：那时候我刚从金斯顿艺术学院退学。十七岁。有时候有几场表演。有一群非常强大的地下组织。我更是偏地下一点。滚石或布赖恩·奥格或乔治·法梅的心态，我深有感触，我很喜欢这种心态。

艾伦·帕克爵士： 我以前经常在十字街的阿尔唱片店买唱片，这家店是北伦敦伊斯灵顿区第一家唱片店。买巴迪·霍利和埃弗利兄弟的唱片。托特纳姆皇家舞厅是跳舞首选，从伊斯灵顿坐公交过去的话很近。还有斯特兰德大街的兰心剧院，但那儿总是会有打架斗殴的事情发生，很讨厌。那些穿着尖头皮鞋的疯子，把彼此打得屁滚尿流，还打断了音乐，我们都蹲着跑到一边，这很讨厌。

首选的发型是在安杰尔的一种叫佩里·科莫的发型——沿着埃塞克斯路继续往前走——同样的发型又叫大学生头。我的衣服主要是自己买的，因为我上学时星期六都会打零工，有零用钱。我曾经在卡姆登镇的乔利熟肉店上过班。我负责卖熟鸡排。回到家，我会泡在浴缸里把身上洗得干干净净。有一次，在托特纳姆皇家舞厅，我正和一个特别漂亮的女孩跳着舞，她突然说："天哪，你身上没有一点鸡肉的味道！"

我刚开始上班的时候，第一套西装是在多尔斯顿一个裁缝那儿做的。现代主义是当时的潮流：短外套、尖头鞋。我选了一种黑色的粗呢面料，而且坚持裤子也要用这种面料。那种面料太粗糙了，经常把我膝盖上的皮都擦破了。所以为了不磨膝盖，我不得不在下面再穿条睡裤。

星期六在托特纳姆皇家舞厅，有一支现场演奏的本土乐队，戴夫·克拉克五人组。这支乐队是用鼓手的名字命名的，这很奇怪。主唱是键盘手迈克·史密斯。不过戴夫·克拉克身兼经纪人。

特里·奥尼尔：伦敦和郊区到处都是专门演奏音乐的俱乐部、舞厅和酒吧。每一支新乐队一开始都是在酒吧的地下室和后院，在五十或百把个年轻人面前演奏以获得一些经验。当然，弹吉他的男生得到了女生的广泛关注，这会让她们的男朋友不高兴，所以有时候这些乐队不得不从后门跑掉。

像罗德·斯图尔特和朗·约翰·鲍德里这样的组合，还有和十字军乐队一起演奏的吉米·佩奇[1]，吉米·佩奇后来组建了齐柏林飞艇[2]，他们都在这些酒吧和俱乐部做学徒，表现好的也开始在驻英美国空军基地表演。这对他们的影响很大，因为他们是在有音乐素养的听众面前演奏。我们很多年轻乐队都会听基地美国空军士兵在自动点唱机上播放的唱片，那些都是在英国听不到的让人惊艳的唱片。士兵会想要乐队演奏那些歌，许多节奏蓝调歌曲就是这样在英国流行起来的。我觉得或多或少地我们都受到了美国的影响，音乐、电影、汽车、经济繁荣，这些我们都想拥有一部分，不过我们想用我们的方式、我们的风格去做。

每个年轻人都想用这样或那样的方式打破成规。不仅仅是音乐，艺术也是如此。我之前想做个爵士乐鼓手，最后这个梦想以每周两天去艺术学校学习如何拍照而收场。学校在伊林，

---

1 吉米·佩奇（1944— ），英国吉他手、作曲家、音乐制作人。
2 齐柏林飞艇是英国摇滚乐队，在硬摇滚和重金属音乐的发展过程中占有相当重要的鼻祖地位，同时也是二十世纪最为流行的、拥有巨大影响力的摇滚乐队之一。

就在滚石、埃里克·克拉普顿和那些很好的乐队曾经演奏的那个俱乐部附近。在艺术学校，你会发现十六到十八岁这个年龄段的人，在找到合适的工作之前就在那儿消磨时间，但是不管怎么着，那儿没有规矩、没有约束的氛围让他们能够尝试和探索自身和兴趣。你可以去所艺术学校，在那儿弹两年吉他，没人会拦着你。

艾伦·帕克爵士：我读了一所很好的文法学校。我艺术和英语都很好，但那时候每个人都在为新技术时代作准备，所以我最后学了理论及应用数学和物理学。没上大学我不后悔，但我好希望当时能够读艺术学校，好像一切有趣的东西都源自那儿。几乎每一个我认识的稍微有趣一点的人都上过艺术学校。五十年代，艺术学校逐渐发展成这样一个地方，为那些不能或不想读大学，但又不想从事一份无聊的职业的年轻人所开设的院校。他们可以选择去艺术学校读两年，适应适应环境。

艾伦·琼斯：有一个艺术展，"同时代的年轻人"，是专门为学艺术的学生办的。这个展览由三大学院的学生组织举办，展览的作品是由一批高素质的评论家和学生选出来的。

"同时代的年轻人"首次展示了英国当时所谓的流行艺术。于是你开始意识到，在艺术领域，有些与艺术教育无关的事情发生了。[1]

以前我们经常工作到很晚,因为满腔热情。我们会进教师休息室,用他们的水壶。霍克尼总是会看管理员的信件。但我们都在逃避现有的艺术圈。我们被召唤到一起,接受警告:"实验得等到最后一年。第一年,你们的重点是自然风景和实物写生。"

夏季学期期末时,学校说:"我们要杀一儆百,维护校方权威。"这个被"杀"的恰恰是我。我被皇家艺术学院开除了。

曼迪·赖斯-戴维斯: 从我们这一代开始,女生在婚前能够离开家。我们的影响力不可小觑,因为找工作太容易了。每个人都有工作。1963年,我十八岁,已经在伦敦待了两年左右。我十六岁就离开伯明翰的老家了。一下火车,当天就能找到一份工作,如果不喜欢的话,就走人,再找其他的。一周花几英镑就可以租个套间。

你住得越好,就得吃得越少。青少年有史以来第一次有了影响力。我们有两百万人。影响力就是购买力。就是这样。我们从没这么爽过。尽情放肆,玩得痛快。

穿着很重要。玛丽·匡特已经在时装界树立了自己的地位。我们第一次可以买到不是妈妈辈穿的衣服。青少年到处玩

---

[1] "同时代的年轻人"展览过琼斯、霍克尼、基塔伊、德里克·博希尔、彼得·菲利普斯和彼得·布莱克的作品。——原注

乐。我在电视上给牙膏或者促销的东西做广告。

杰姬·科林斯：十五岁起，我就感受到了无限的自由。在一个有名人出入的家庭长大，意味着我从没有受到任何人的威胁。我一直都觉得自己占有优势。我从没有任何恐惧，就一个劲地向前冲。从没退缩过。

我很早就结婚了，所以二十世纪六十年代到来时我相当镇定。但我能看得出伦敦发生了什么。忽然间，人们可以想穿什么就穿什么，想做什么就做什么，想睡谁就睡谁。

帕蒂·博伊德：没有人真的把模特当作一份职业。模特就是一份活儿。职业应该是在办公室上班。我已经入了这行。我只是觉得这行很好玩，是我结婚之前挣房租的一种途径。但是，摄影师要三个月才付我们工资，所以我们不得不从经纪公司借钱，所以我们总是欠他们钱。

我们都想变苗条，都想穿新衣服很好看。当时还没有"厌食症"和"贪食症"这些词。如果我们想要的话，医生会给我们开"减肥药"。超市里可以买到让你产生饱腹感的那种饼干。是啊，我会吃这些小饼干，这样我一整天都不用吃东西了。

彼得·弗兰普顿：我和乔治·安德伍德、大卫·鲍伊在艺术学校只同窗了一年，因为有几个和我爸爸互相看不顺眼的孩子，他们拿我当出气筒，虽然我爸爸是个非常受学生喜爱的老师。

曼迪·赖斯-戴维斯（Getty Images）

苗条的帕蒂·博伊德（Getty Images）

当时我十三岁，学业成绩比转学后更好。我上了文法学校，但我失去了在技校时的自由。在技校，所有有创造性的事情，你都可以做。

我父母说："弹吉他这种原没什么人关注的活动越来越受重视了。你得开始考虑考虑音乐学院。"我开始去布罗姆利的一位女士那儿学古典吉他。我学了四年。我相当厌学，但这些课程教会了我识谱。

乔治·法梅：我们做兼职挣了点钱。星期五是发工资的日子，这天我经常会碰到查理·沃茨。在沙夫茨伯里大道有家叫塞西尔·吉的店，在那儿你可以买到纽扣领衬衫、常春藤夹克衫，我们会花钱买一些。除此之外，我们还有房租、吃饭和打车的开销。我们会拼个车，三四个人一起。有时候我们会一路走回来。后来，当我们有了热销唱片，我们会把钱挥霍在一些不必要的饰品上。我买了件旧夹克，是迈克尔·菲什为米克·贾格尔做的，但是他不要，所以我买了。那夹克太可怕了。

希尔顿·瓦伦丁：艾伦·普赖斯小乐队——又一支来自纽卡斯尔的乐队——的查斯·钱德勒过来看野猫乐队的演出，最后他对我说："你有多认真？"还问了句："你去伦敦吗？"我说："我的票呢？"

野猫乐队和艾伦·普赖斯小乐队的粉丝群体不一样。野猫乐队演奏的是约翰·李·胡克、孟菲斯·斯利姆和穆迪·沃特斯的作品。我们是东北地区很受欢迎的乐队。他们的风格被宣传为节奏蓝调。他们演出的场所在阿戈戈俱乐部，和我们当时演出的工人俱乐部比起来要豪华些。

我们一场演出的收入在两英镑到五英镑之间，他们一周十五英镑。所以我加入了艾伦·普赖斯小乐队，后来它改名为动物乐队。这是1962年年底了。

特里·奥尼尔：我并没有远离爵士俱乐部和节奏蓝调的圈子。我对舞厅不感兴趣，但是对于像戴夫·克拉克五人组这些想挣大钱的乐队来说，就不得不在舞厅演出。托特纳姆皇家舞厅是伦敦和全国各地许多交谊舞厅中的其中一家，他们爸爸妈妈以前经常在这些地方跳舞。星期六晚上舞厅里会突然挤满两三千年轻人。全国的舞厅每周可以招待一百多万来消费的年轻人。

他们需要好几百支乐队把人吸引到这些舞厅里来，这些乐队的酬劳通常在十五到二十五英镑之间。设想一下，一晚上表演三个小时，每周表演两到三次。乐队真的能从中学到很多，不仅能学到怎么演奏一首歌，还能学到如何应付听众，而且还能使乐队不致懈怠偷懒。

希尔顿·瓦伦丁：我遵循医嘱，放弃了机工的工作。我们当时已经在赚钱了，而且还是现金。我在加入艾伦·普赖斯小乐队之前，一直和四五支不同的乐队演奏。我加入乐队挣的钱和我在工厂挣的一样多。我觉得这钱挣不长久。我当时还年轻。玩乐队很刺激，我想做。想找份像样的工作，以后总是可以找到的。

当时还没有毒品，也没有追星族，不过有啤酒，什么啤酒都有。一箱啤酒，一副纸牌，然后再在路上睡一觉，就是巡演。他们叫我"人肉时间机器"。我总是一上面包车就睡着，然后一直睡到我们演出的地方。我哪儿都可以睡，要下车了，就刚好醒了。这个时候，乐队没有领队。埃里克·伯登是主唱。普赖斯管钱，他就是税务员。这有点算是他的乐队，艾伦·普赖斯小乐队。但没人觉得乐队是自己的。没人对其他人指手画脚。

克丽茜·莫斯特：我们在南非巡演了一年多。米奇去了一家做非洲音乐的小唱片公司，他就是在那儿学会做制作人的。他去录音室剪辑唱片。我们做得很好。我们做了十一张问鼎排行榜榜首的热销唱片，而且在全国巡回演出。他们尊称米奇为"南非摇滚之王"。我们琢磨着去罗得西亚。我们去了那里，我召开了一场新闻发布会。我当时十八岁。

我们受到了广泛关注。我们预订了很多大厅，我们去布拉瓦约演出，引起一片骚动。陆军部队进来了，但他们没有阻止我们演出。他们不得不让演出照常进行。

士兵们真的很嫉妒米奇，因为他受到了所有女孩子的喜爱。有传闻说有些士兵要把他毒打一顿，所以我们邀请了军队的头儿做我们的嘉宾，我们把他安排在前排，这样所有的士兵都尽在他的眼皮子底下。我们经常要灵活地应付一些事情。事情出岔子了。在莫桑比克,我们差不多是"越过了一个悬崖"。我更喜欢他演奏快歌,而不是民谣,因为这帮人跳舞就会觉得热,这样我们就能卖出去更多的饮料。

那时,我父母知道拦不住我们了,我们已经结了婚,住在一间公寓里。我们很成功,米奇买了辆保时捷。后来我怀孕了。那是在1962年。是时候回伦敦了。

但是米奇犯了个大错误。他痴迷吉恩·文森特,希望吉恩做我们南非告别巡演的主角。我们找到了莎伦·奥斯本的父亲唐·阿登,他是吉恩的经纪人。我们挣钱是为了回英国。但是,吉恩·文森特和那次巡演,在机票和酒店上花了我们一大笔钱,我们把所有的钱都投进去了。吉恩·文森特对巡演门票的销量没产生丝毫的影响。没多卖出去一张票。

回到伦敦,我们就破产了,在北伦敦租了间小公寓。一周要七几尼,没有热水。脏兮兮的。唐·阿登之前对我说过:"你到了伦敦,打电话给我。我正在做跟团旅游,到时我会预约米奇的。"

埃里克·克拉普顿:1963年,我们只不过是关上了过去的大门,像雪莉·巴锡[1]或马特·门罗,战后流行的这一类偶像已

---

1 雪莉·巴锡(1937—),英国流行音乐歌手,以声音粗犷、个性豪放而著称。

经过气。人们都在模仿弗兰克·西纳特拉。

我们出现之后，做的有点儿像朋克摇滚。朋克的概念，就我的理解，是动态的，因为它能让我们清除所有，重新开始。我们差不多是在1963年做那种音乐的，但没有用毁灭性的方式。我们只是不理睬它[1]；我们忽视它，直接做芝加哥蓝调和黑人摇滚。那是当时所流行的。我当时听穆迪·沃特斯、查克·贝里；基思也一样。我们的偶像就那么几个。都在芝加哥。

艾伦·琼斯：我拿到了一家美术馆的合约，这是相当罕见的，所以我的第一次作品展举办之后，事情进展得很快。艺术家开始被视作一种流行，一个实体，但并没有被当作发财之路。你希望它是通向大型博物馆展览之路，希望自己能由此坐在主桌上。

我的印刷商彼得·科克伦带回了从美国买的流行艺术品。我们坐在某栋豪华的房子里，彼得·布莱克在那儿，德里克·博希尔，彼得·菲利普斯，还有霍克尼、基塔伊都在那儿传看那几张黑白照片。有一张利希滕斯坦的作品，是张油画，上面画着一个脚踏垃圾桶，脚朝上，下一张照片是脚朝下。

这真是一种释放啊！我们不应该受是非对错的约束。没有节制。这绝对是第一次。我们所有人都在理解吸收。它让我开了眼界。毫无疑问，人们存在的唯一限制就是他们自己的

---

[1] 大众化的流行音乐。——原注

限度。

维达尔·沙宣：无论在哪儿都能找到工作。待遇还不错的工作。人们一旦有了收入，就有了一定的影响力，如果成千上万有影响力的年轻人能自己想怎么花钱就怎么花，而不是取决于妈妈想怎么花，那么他们就有改变事物的能力。

安德鲁·卢格·奥尔德姆（发掘滚石乐队、开拓音乐行业的经纪人）：不是披头士，也不是滚石，而是维达尔·沙宣，是玛丽·匡特、大卫·贝利[1]、模特这些人，是从他们开始的。

费莉西蒂·格林（时尚编辑）：1961年，我加入了《每日镜报》。这是家很有影响力、至关重要的报纸。它有五百万份的销量，主要卖给工人阶级家庭。我开设了时尚版块，这是个全新的版块。

我的直觉是我们需要图片。一张图片胜过千言万语。1962年，我引荐了约翰·弗伦奇、大卫·贝利和特里·奥尼尔这些摄影师。在特里这些人之前，摄影师拍的都是足球明星和电影明星。我所做的是，开始雇时尚摄影师给一家全国性的报纸工作。图片的再现质量有了巨大的变化，读者很喜欢。它有了从未见过的美感。

---

1 大卫·贝利（1938— ），英国导演、摄影师，2016年获得无限奖终身成就奖。

特里·奥尼尔是最优秀的摄影师之一，我们处得跟双胞胎一样。我们俩很聊得来。摄影师们专门拍一种类型的照片，特别性感，却又是可以接受的尺度，从未有过半点不得体，但照片中的美女确实让人兴奋。

帕蒂·博伊德：人们开始给房子和公寓刷油漆。那是一种色彩的喷发，一种喜悦的迸发。颜色代表情感和情绪，我认为就是这样。一会儿一切还是灰色的，一会儿又变成彩色了。这几乎是一夜之间发生的。模特这行也一样。

男孩子头发开始留得更长，我们开始穿些不一样的衣服，更自由、更不拘一格的衣服。一切突然变得更性感了一点。你注意到，《时尚》杂志上的妆容很不一样了。

曼迪·赖斯-戴维斯：我带着健康的力比多来到伦敦。我在一些有趣的圈子里出入：演员，黑帮，和这行的同龄人。伦敦是个大熔炉。

不管我那时候做过什么，都不及后来所发生的十分之一。不光是我，其他人都是如此。按今天的标准，这算不上什么。1961年3月底，我和彼得·拉赫曼[1]同居了，直到1962年10月才搬了出来。我一直都和他在一起。我是他的情人。他四十多岁了，我十七岁。我真真切切是个有着大好青春年华的姑娘。

1　臭名昭著的恶劣房东。——原注

我爱这一切。我肯定不是唯一一个有着健康力比多的年轻女人。这就是青少年群体。这就是当时所发生的。

彼得有几家夜总会。其中一家叫迪斯科舞厅，在火烈鸟上面，在那儿你会遇到黑帮、朱莉·克里斯蒂[1]。我可以和特伦斯·斯坦普[2]跳舞，因为他为了饰演一个角色[3]把头发染成了金色，所以彼得没有吃醋，因为他觉得特里肯定是同性恋。

我那时候演戏，跳舞，还做模特。我上过《小萨米·戴维斯秀》，而且在他生前和他关系一直不错。我拍了一支牙膏广告。1962年，我给罗伯特·米彻姆[4]工作，当时他在伦敦拍摄电影《最长的一天》。我的工作是：上午八点到萨沃伊饭店，然后去邦德街给他买一瓶苏格兰威士忌，有时两瓶有时三瓶。还要给他买威尔金森刀具公司的刮胡刀刀片，美国款的；偶尔要出去找些其他东西。最重要的工作是坐在套间里，让门一直开着，任何一个路过的人，只要外貌是他喜欢的，他就请进来。一旦人够了，我就必须把他们弄出去。罗伯特是个很有魅力的男人。

---

1 朱莉·克里斯蒂（1941— ），英国演员，1966年凭借电影《亲爱的》获得奥斯卡最佳女主角。
2 特伦斯·斯坦普（1939— ），英国演员，1963年获金球奖最佳新人奖，1965年获戛纳电影节最佳男演员奖，代表作品有《蝴蝶春梦》、《英国水手》等。
3 电影《比利·巴德》中的青年水手比利·巴德一角。
4 罗伯特·米彻姆（1917—1997），美国演员，以主演黑色电影著称，代表作品有《百战英雄》、《恐怖角》等。

约翰尼·戈尔德：我有个朋友蒙蒂·马克斯，他和一个在股票市场上赚了几百万的人合住一间公寓。每个星期日我都去伦敦，我们聚在一起打扑克……我们还和一个叫布莱基·西格尔的美国人打牌，还有一位，奥斯卡·莱尔曼。奥斯卡来伦敦是为了甩掉一个女生，结果就在这里生活了二十年。

奥斯卡有家俱乐部叫即兴，这是所有年轻音乐家、摄影师和演员聚会的场所；他们都是些放荡不羁的公子哥。这地方最让人兴奋。后来有一天奥斯卡说："你想怎么做这行？我打算再开一家俱乐部。"我认为这对话就是扯淡，因为俱乐部我懂啥？但是六个星期后，我就在看营业场所了，突然我就在签文件了，我做了俱乐部这行。我们开了家多莉俱乐部。

帕蒂·博伊德：我们开始一起出去，去小酒馆和咖啡馆还有像多莉这样的俱乐部。我们有一群人：奥斯·克拉克、大卫·贝利、大卫·霍克尼、琼·施林普顿。你能感觉得到当时正在显现出来的放纵，我想这一点你在时尚版面上可以看得出来。贝利的照片开始越来越前卫，越来越性感，越来越大胆。他总是会引诱你一下，你会觉得很棒很性感。他是个美男子。

这就像课间休息，真的。我有那种权利感，年轻人的权利，无视其他事情。

在时装摄影上，模特看起来要更亲和些，更亲切些，更像个邻家女孩，与这个时代之前的模特形成对比。以前的模特看起来完全就是一副接触不得的贵族气派，就好像你永远都见不到他们一样。这种转变更多的是与那些可能就是你朋友的女生有关，贵族家庭的女生不得不放下那副傲慢的架子。

我刚开始给大卫·贝利当模特的时候，有些害怕，因为我知道《时尚》杂志的那个女人爱上了他。《时尚》杂志的编辑，戴安娜·弗里兰，真的觉得他就是传奇。之前从来没有一个这样年轻的摄影师这样傲慢，大摇大摆地走在《时尚》杂志社的走廊上，要求苛刻，而且得到了他想要的一切。之前从未发生过。但我知道他真的蛮腼腆的。

那时他正在和琼·施林普顿谈恋爱，我们经常去国王路一个叫炖锅菜的地方。我记得其中一次晚餐，那是我第一次吃鳄梨。鳄梨看起来奇怪，吃起来超赞。贝利一直在说："这是会让你越来越喜欢的新蔬菜品种之一。"这是一种新型蔬菜吗？在英国算。

玛丽·匡特：有位母亲带了一个叫安德鲁·卢格·奥尔德姆的男孩子到我店里。"我想让你雇用他。他以后不上学了，我不知道该怎么办。我没法让他发迹，他想给你打工。你得雇他。"

安德鲁是个笨手笨脚的家伙。我说我不需要他，但他说无论我要什么，他都愿意做。任何！虽然我从来没雇过他，但他还是每天早上都来。他给我们工作了大概有两年。跑来跑去，拿东西。你让他做任何事，他都会做。

《时尚》杂志摄影师大卫·贝利和他的缪斯女神琼·施林普顿,他们代表了1963年伦敦作为世界时尚之都的崛起(特里·奥尼尔摄影作品)

安德鲁·卢格·奥尔德姆:我给玛丽·匡特干活儿的同时,晚上也在一家爵士俱乐部打工,每星期六,我还在一家真的有几分像黑社会、叫火烈鸟的地下室俱乐部上班。我的工作就是端上可口可乐瓶子装的苏格兰威士忌,因为这家俱乐部没有酒类营业执照。如果警察来了,我就是那种看上去就天真无邪的人。

玛丽·匡特:安德鲁在一家爵士乐场所工作,我们与他有个协定。如果美国爵士歌手要到伦敦来,就给我们打电话,告诉我

曾就读于女修道院的琼·施林普顿是二十世纪六十年代收入最高的超级名模，出身于伦敦东区的叛逆的大卫·贝利是世界上最抢手的摄影师（特里·奥尼尔摄影作品）

大卫·贝利在时尚摄影界少年得志，不可一世，他身上流露的工人阶级魅力和无所顾忌的那股劲儿让美国《时尚》杂志编辑戴安娜·弗里兰欣喜不已（特里·奥尼尔摄影作品）

们去看他们演出。很开心。那是一段很美好的时光。

大概一年后,可能有十八个月,安德鲁在去法国的途中,写了一封信,从机场寄过来。他说:"非常感谢,一直很开心,我发现所有你和亚历山大能做的,我现在都可以做了,所以我觉得是时候离开了。"

安德鲁·卢格·奥尔德姆: 我精神有些崩溃了,第一次这样。太累了,我是说,我当时十七岁,打三份工。太累了,所以我之后去了法国。

我在戛纳待了八个月,在克鲁瓦塞特大道上向英国游客乞讨。生活很安逸。后来我卷入了一起绑架事件,没捞到什么好处。非常简单,不危险。有人对我说:"听着,有个女孩希望自己被绑架。"就像《我的子弹会转弯》[1]一样。一切都大错特错,不过很有趣。

后来,我又回到了英国,玛丽·匡特说:"安德鲁,我给不了你工作。你之前就那样撒手走人了。但我可以送你到一个能给你工作的人那儿。"那人是给女王的裁缝诺曼·哈特内尔做公关的。他给哈迪·埃米斯[2]工作过,自己也有一家模特经纪公司,在骑士桥的博尚广场的尽头。

我的工作基本上就是给报社送东西,你知道,就是模特照

---

1 根据1969年的同名小说改编的电影。
2 英国女王伊丽莎白二世御用时装设计师。——原注

片之类的东西，还有就是给模特遛狗。基本上是这样。我就是个跑腿的。后来我母亲说："你应该找份像样的工作。"所以我就跑去给一个叫莱斯利·弗雷温的人工作。应该是1962年春天或夏天。莱斯利·弗雷温是做工业公关的，他维护像英国男装协会这些机构的利益。

给他打工我受不了，办公室下午六点关门之后，我就开始想方设法接流行音乐客户。第一个客户是个高高大大的美国舞者，叫佩佩。我真的不记得我是怎么争取到他的。但他是我的第一个客户。我给他做宣传，收费五英镑；那场演出很棒。

我想见某些人的时候，比方说想见雪莉·巴锡的经纪人，我就去敲他们的门，从中我谋到了一条出路。这份工作我没拿下来，但是这些人一旦发现有人对他们所做的事感兴趣，引起他们的好奇心，他们就会让你进去。有个叫马克·温特的家伙，以前是被莱昂内尔·巴特，创作《奥利弗》的那个人发掘的，他是我真正意义上的第一个客户。一位真正的歌手，有唱片签约，快要出名了，我给他做宣传。他有两首歌风靡一时，一首是《穿蓝色牛仔裤的维纳斯》，应该是在1962年9月，后来又有了另一首《走吧，小姑娘》。

突然间我就成了这个圈子的一员了。

费莉西蒂·格林：我和维达尔成了朋友，我在《每日镜报》上特载了他的照片。我们之间有一种情谊在。我们一起打破常规，这会让你有种非常兴奋的感觉。那段时间伦敦大震动，各个领域都有了重要突破，都是以青年人为主的；始于伦敦，然后波及全世界。玛丽·匡特已经成功了。整个舞台上，她就是女王。她设计出她想穿的衣服。她在国王路开了一家店，媒体蜂拥而至。后人称之为"青年震动"。坦白地说，确确实实就是这样。

时尚就是生活。时尚影响着人们的生活。人们可以通过穿着表达他们的个性。在那之前，你穿得和你妈妈差不多。然后突然就有了专门为你设计的衣服。它给人一种个人主义的感觉。它让人自我感觉不错。

芭芭拉·胡兰尼基（时装设计师）：我还在布赖顿上艺术学院的时候，就对时尚很感兴趣了。我会花几个小时努力找到像奥黛丽·赫本穿过的鞋子，我会买衣服回来裁。在艺术学院时，我是学插图的，后来从家里搬了出去。搬去伦敦后，遇到了我丈夫弗里茨，又在1963年年初搬到了西伦敦克伦威尔路的公寓。

费莉西蒂·格林：所有的变革者都是从艺术院校破茧而出的。艺术院校是能量、创新和勇气的源泉。他们都厌恶墨守成规的生活。他们不想沿着前人走过的路走下去。他们想转个弯，去没人去过的地方。

特里·奥尼尔：我有一种感觉，一些特别的事情发生了，我早就下定决心要做那个记录一切的人。1963年,贝利和琼·施林普顿在《时尚》杂志上备受推崇,从纽约到巴黎再到伦敦,所以我拍过工作中的他们,后来又在国王路和琼的父母的农场拍过她。特里·斯坦普[1]因他的第一部电影《比利·巴德》提名奥斯卡。迈克尔·凯恩当时正在拍后来让他一炮走红的电影《祖鲁战争》。这两个人住在一起,我们都是哥们儿。

我拍过他们和他们的女朋友。音乐,时尚,文化,电影,作家,艺术家;你想干什么就干什么。没人质疑,也没人看资历,他们会放手让你去做。

我努力把这一惊人的变化当作一则新闻故事记录下来;有一阵骚动,我们不知道那是什么,但我们都觉得这长久不了。

对于我们这些工人阶级小伙子来说,这种变化让人惊喜。突然工人阶级家庭出身的男孩子,像凯恩、斯坦普、贝利,甚至包括我,都变得很酷。上流社会的姑娘想要他们。她们有避孕药,我们有口音。那时候性还没有耗尽你的全部精力。俱乐部开张了,我们这些工人阶级小伙子可以进去,和那些纨绔子弟、音乐家混在一起,甚至连王室成员都与黑帮和吉他手有往来。

埃迪娜·罗内(女演员):1963年,我在皇家戏剧艺术学院读书,之前已经拍了几部电影。当时我十九岁或二十岁,还住在家里,和特里·斯坦普约会。一切都很纯真无邪。我十八岁

---

[1] 即特伦斯·斯坦普。

吧，当时我觉得他极其俊俏，我自己条件也不差。我已经非常习惯人们盯着我们看了，但人们总是会看他，不看我！

特里很迷人。他和迈克尔·凯恩合住一层公寓，我们经常和凯恩，还有他当时的女朋友四个人一起出去。

我非常喜欢特里，他有点像是我哥哥。我并不知道迈克尔对我一见钟情。他绝对不是我喜欢的类型，金发，金睫毛，粉嫩的脸蛋，而且很高。在特里之后，我和一个非常好的法国人谈了第一段认真的恋情，不过这段恋情显然是不会有结果的，因为他住在巴黎，而我住在伦敦。分手的时候我们真的是痛哭流涕。

我记得去过一次聚会，特里哥哥克里斯·斯坦普的聚会，他是谁人乐队的经纪人。他长得真的很好看，说实话，甚至比特里还要性感：非常时髦，酷酷的，摇滚范儿。聚会上还有迈克尔·凯恩，他直接朝我跑了过来。他没钱，身无分文。他说他以前不敢约我出去，是因为他请不起我吃饭。我记得有一天他来学院接我，毛衣上有几个大洞。特里当时正在拍《比利·巴德》，所以收入不错。但特里真的很羡慕迈克尔。我和特里在一起的时候，迈克尔拿到了《祖鲁战争》的角色；这是他的重大转折点。[1]

---

1 1956年至1962年间，迈克尔·凯恩出演了一些小角色，但并没有引起太大关注。这种状况直到1963年拍摄影片《祖鲁战争》后才发生根本变化，迈克尔·凯恩在众星云集的影片中担任了主要角色，这使他在英国影坛开始小有名气。

我们经常去餐馆或者俱乐部,报纸开始报道我们,把我们称作"那一咖"。那时候,我们经常去匹克威克、即兴或多莉。我们一走进去,人群就立马安静。我记得有一次和琼·科林斯[1]在匹克威克,她说:"我们不会笑,因为我们不想有皱纹。"于是我们就用某种方式说话,不笑。

杰姬·科林斯:伦敦发起了整场革命。音乐和时尚是活力的爆发,但1963年对我来说,只剩下一片模糊的记忆。我不觉得自己是其中一员。我的第一任丈夫华莱士·奥斯汀当时在精神病医院。关于1963年,我清楚地记得一件事:我丈夫的精神病医生给他吃美沙酮,这让他成了一个瘾君子。他有躁郁症,但他们不知道躁郁症是什么;那时候,他们认为这是抑郁症,把他关在精神病房里。很可怕。他会把毒品藏在浴室的瓷砖下,我的生活就是花时间扮演侦探,找出那些毒品,因为我家里有小孩子。

我记得有一次我走进医生的候诊室,大声地喊:"如果这个医生再给我丈夫开毒品,我就去报警。"

那时,我全部的生活就是往返医院,我母亲又死于癌症,所以直到后来我才真正意识到自己也经历过二十世纪六十年代。不过其间我丈夫的时尚业务做得很棒,我会给他做模特。

---

[1] 琼·科林斯(1933—),英国演员,代表作品有《极乐餐桌》等。2014年12月30日,琼·科林斯被英国女王伊丽莎白二世授予女爵士头衔。

我觉得自己有些受冷落，但我有很多朋友，有时我会找个保姆，然后去即兴俱乐部。

即兴俱乐部很惊人。披头士，滚石，克拉普顿，那儿的每个人都小有名气。这家俱乐部很大，坐电梯上去时，你会觉得自己是要参加一个大型的私人聚会。真的很有趣。你去那儿见见朋友，人们想和谁上床就和谁上床，想什么时候就什么时候；除非你像我一样结婚了，有孩子了。我最终在1964年离婚了。

我想你要是一个年纪轻轻的女人，处在我当时的处境，丈夫生病了，还拖着个孩子，你就会明白作为妻子和母亲的我要担负多少责任，但我身体内还住着另一重人格。那时我每天都在写作。写作一直是我的避风港，是我想去的地方。我总是开始写一本书，写五十页，然后想法又换了，再换一个。

我对性革命很感兴趣。我喜欢二十世纪六十年代，因为女性彰显了自己的价值，而且在性方面可以想干什么就干什么，这也是《已婚男人的世界》[1]的主题之一。这一切我都看在眼里，全都吸收进来了。1963年，一切都在我的作品中酝酿出来了。

避孕药带来了很多改变。它让女性获得了自由。这种自由传播到了世界各地。你拿起一份美国报纸，上面都在谈论伦敦所发生的事。

---

1 科林斯的第一部小说。——原注

约翰尼·戈尔德： 多莉是家纯粹的迪斯科舞厅，只能容纳一百二十人，很小，但很有活力。会员一年五英镑。来这里的人并不是自己想融入某个圈子，他们只是被卷入其中了。他们创造了自己的圈子、自己的生活方式、自己的时尚。公立学校的男学生选择说伦敦东区口音，因为这种口音很时尚。我会让穿着条纹西装的股票经纪人松开领带，然后他们就会脱下夹克和吊裤带，久而久之，他们就开始穿着牛仔裤和T恤衫进来了。

我们没有着装要求，坐在他们旁边的可能是一家大公司的董事，也可能是王室成员，也可能是披头士或滚石的小伙子。很快就变得没有阶级之分。庸俗的价值观也消失了。上流社会的人想和工人阶级在一起，因为他们过得最开心。像迈克尔·凯恩这样的工人阶级的小伙子，和特里·斯坦普、阿尔伯特·芬尼这些刚刚崭露头角的年轻人住在一起。奥斯卡·莱尔曼就在那儿遇见了他妻子。他在房间对面看到了她，就跟我说："我要娶那边的那个女孩子。"那个女孩子是杰姬·科林斯。

有两个人，詹姆斯·汉森和戈登·怀特，创办了我们在英国见过的最大的联合大公司。他们以前是军官，后来两个人都封了勋爵。戈登和奥黛丽·赫本交往过一段时间，他们带电影明星来过这儿。我记得有天晚上我和约翰·韦恩[1]喝了个烂醉。

---

[1] 约翰·韦恩（1907—1979），美国演员，以出演西部片和战争片中的硬汉闻名，其作品《关山飞渡》蜚声世界影坛，一生共出演一百八十余部电影，影响极大，是好莱坞有史以来最伟大的影星之一。

我们也不得不对付许多无赖。有一个人，以前经常来，个头不大，但他是最残暴的恶棍。传闻他是某个帮派雇的职业杀手。他们以前经常说他不仅仅是朝你开枪，而且会开到枪里没有子弹为止。太有魅力了！

他以前只喝加了白兰地的牛奶，出于某种原因，他一眼就看上了我；他救了我，因为流传着一个谣言，是关于布赖顿一个叫约翰尼·戈尔德的，有些人认为说的就是我。他都找那些人谈了，让他们弄清了真相。

这就是一个熔炉，氛围好极了。你永远都不知道你会遇见或碰到谁，每晚都是一场演出。我和塔维斯托克侯爵在多莉成了朋友，他父亲是贝德福德公爵。他们有栋豪华大宅沃本庄园。俱乐部关门之后我经常会开车去那儿，早上五点到。他们按头衔入座，所以塔维斯托克会坐在上座，然后是公爵和爵士。我说："我坐哪儿？坐马桶上？"我会和他们的赛马经纪人坐一块，那是个反犹的笨蛋。在那种环境里我没觉得尴尬，我没觉得我不应该在那儿。1963年就是那样，但在六十年代以前这是不可能发生的。

埃迪娜·罗内：我觉得我应该属于上流社会那一类女孩儿。我的家庭是中产阶级，住在伦敦霍兰公园。当我把一个工人阶级出身、失了业还说着一口伦敦东区土腔的演员带回家时，我父亲震惊了，他很不舒服。

如果我不是演员的话，我不会和工人阶级出身的人有瓜葛，我就会待在自己的舒适区。那些带我出去的上流社会的英国男人，我一直认为他们很无聊。我都无聊死了。工人阶级出身的男孩子却很有趣。

作为演员，迈克尔·凯恩就真的有过这种困扰：他演不到上流社会的角色，可是当时电影全都是关于上流社会的。事实上，他们让他在《祖鲁战争》演了一个军官，这样的演员阵容就很奇怪。当然这个角色成就了他。他可能是我人生中遇到的最有雄心的人，无论发生什么事，他都能挺过去。同时身边也有像贝利这样的人。事实上，琼·施林普顿成了我很要好的朋友，因为在她和贝利分手之后，特里·斯坦普和她交往过。所以在工人阶级中，这些事时有发生，但是很奇怪，因为对于这些小伙子来说，肯定也包括迈克尔，抽大麻是绝对不可能的，还有喝醉酒之类的也是，他们都有些保守。

芭芭拉·胡兰尼基：工人阶级有了发言权。每个人都涌向伦敦，那时候我丈夫决定我们应该把价位瞄准这个新兴市场。我们需要给我们的商店取个名字，后来取名为比芭。我想要女性化一点的店名，比芭是我妹妹的绰号。没什么含义。没有褒贬之说。于是我们把这个名字拿给周围人看，有个家伙说，这听起来像清洁工女儿的名字。这就是我们想要的效果。

我们是从邮购和口头上的商品目录做起的。他们会谈到从商品目录中买这些衣服。所有的东西我们都不得不提前生产，很难做。我们边做边学。

帕蒂·博伊德：我记得有人告诉我，说有一家叫比芭的小店很好，在阿宾登路，就是一家店铺，一个门面，不过衣服简直堪称一绝。颜色和当时玛丽·匡特所做的完全不同，玛丽的衣服是色块和几何式样的设计。芭芭拉做的是李子和鼠尾草的那种颜色，暗色系。

杰姬·科林斯：我记得一点：每个人都想要有一件玛丽·匡特的迷你裙和比芭的白色靴子。

艾伦·帕克爵士：1963年，我十九岁，是马克斯韦尔·克拉克公司的一个初级撰稿员，住在家里，和父母一起住在战后建成的第一批政府出租房里。那时候我每周挣十英镑。我父亲坚持要我上交一英镑十先令给我母亲。这件事他管得很严，只不过母亲总是会趁他不注意的时候，偷偷地再把钱塞回我上衣口袋。

我的工作是转递稿件，拿着广告的校样去给各部门审阅。我和那些撰稿员，还有"视觉大师"[1]是朋友，他们以前经常给广告让我晚上写。他们总是打分说："满分十分，给你五分，你要更加努力。"最后他们说服了老板，同意让我做个初级撰稿员，每周十二英镑。

---

[1] 即格雷·乔利夫，幽默作家、插画家、漫画家。——原注

碰到格雷就像是上了一门艺术速成课。他让我见识了一切视觉性的艺术，从卡蒂埃-布列松[1]，到勒内·马格利特[2]，再到乔治·路易斯[3]。突然之间，全世界到处都是图像；有可能以前没有，也有可能它们一直都是存在的，只不过我以前没看见！

我们每天做五个广告，没过多久我的作品就足够装满一个中号的手提箱了。我去美国一家热门的新公司PKL面试的时候，编辑部主任彼得·梅尔[4]就算对我做的广告的质量没留下什么印象，也被我做的广告数量之多打动了。

"你要多少工资？"他说。"十三英镑。"我说。我是说每周十三英镑的意思。"这份工作付你十五英镑。"他说。我接受了。拿到第一个月的薪水时我很惊讶。我想的是周薪十五英镑，他说的是年薪一千五百英镑！

特里·奥尼尔：两年吧大概，最多两年，我们都是这样认为的。我们会玩得开心，会笑得痛快，我们会捞上一把，然后我们都得安顿下来，在银行找份像样的工作。

直到1966年，《时代周刊》说琼·施林普顿是六十年代的

---

1 卡蒂埃-布列松（1908—2004），法国摄影师，玛格南图片社创始人，"决定性瞬间"理论的创立者，被誉为"现代新闻摄影之父"。
2 勒内·马格利特（1898—1967），比利时超现实主义画家，其最为代表性的超现实主义画作为《这不是一只烟斗》。
3 乔治·路易斯（1931— ），美籍希腊裔广告人，1960年与弗雷德·帕伯特、朱利安·凯尼格创办PKL广告公司。
4 后来写了《普罗旺斯的一年》这本书。——原注

门面,才创造了"摇摆伦敦"这个短语。他们晚了三年。戴安娜·弗里兰称之为"青年震动",而1963年的英国就是震中。

弗兰克·洛爵士: 1963年对我来说是有决定性意义的一年:离开美国,躲过了服兵役,没去越南,然后回到了这里。比芭、芭芭拉·胡兰尼基、玛丽·匡特和琼·施林普顿这些人及整个事业都才刚刚起飞。我有一套公寓,就在克伦威尔路,我和一个很棒的艺术总监一起工作,他说:"来吧,你得加入CDP[1]。于是我就去了CDP,当然,还有戴维·帕特纳姆、艾伦·帕克和里德利·斯科特在那儿做广告。

这个国家在我离开时看上去疲惫不堪,我回来时却似乎变得振奋人心。发生了什么,这件事真让人好奇。广告是你衣衫尚整时做的最开心的一件事。你可以走进一家餐馆,你可以认识很多人,没有"我很出名,你很出名",也没有"我很重要,你很重要"的感觉。这是一段非常特别的时间。

费莉西蒂·格林: 当时商店陆陆续续地开张,都在效仿玛丽·匡特。年轻人可以买到他们从来没见过、以前买不到的衣服了。其他设计师也就着玛丽的那股风潮流行起来。一大堆年轻的设计师蜂拥而出,开起了店。

玛丽的第一家店开在切尔西,但是突然就有了卡纳比街分

---

[1] 即科利特、迪肯森、皮尔斯&合伙人。——原注

店。一家店接着一家店。当然还有音乐,音乐创造了这整个的气氛。我们去听音乐,音乐是如此的能量满满、振奋人心。所有的一切都是为年轻人准备的。老一辈要么和我们是同道中人,玩得很痛快,要么就会说:"太可怕了,英国再也回不到从前了,他们这些人都会大不如前的。"

芭芭拉·胡兰尼基:之前时尚是为老一辈人服务的。买两件像样的衣服,穿上一季,这很重要。因为当时根本就没钱周转。此刻物价跌了,此刻他们每周都想买件新的去跳舞;穿过一次就扔了。婴儿潮那一代人此时开始挣钱了,他们每周可以挣个,比方说,八英镑,然后他们就想花掉。首先他们从家里搬出来,用三英镑租一个房间。在吃上没什么开销。都花在衣服上了。年轻的女生,她们非常年轻,十五六岁,非常反叛。为所欲为。

一切都是给年轻人服务的:很紧身,很短。他们自己有钱,不住在家里,没有爸爸在旁边说:"你穿着那件上衣做什么?"

埃迪娜·罗内:我一开始在玛丽·匡特那儿买东西,但她家非常非常贵。真的是些高端的东西。比芭是一次大变革,非常时尚,东西不错,价格却低得出奇,难以置信。所以她是让时尚大众化的第一人。应该对芭芭拉·胡兰尼基大加赞赏。

艾伦·帕克爵士：女孩子们都在忙着追求男生，片刻都歇不住，而且很乐观，让人难以想象，结果证明大部分都是不值得的。剪完头发，理发师说："周末有安排吗，阁下？"这时候就像是获得了荣誉勋章，很了不起。这也意味着要一包三只装的避孕套。到1963年年底，杜蕾斯不再放在柜台下面，而是放到了柜台上面。这也预示着一个性交泛滥、史无前例的十年的到来，因为每个人都身处其中。

埃迪娜·罗内：不管什么时候，你只要和男生出去，他们就想和你上床。我只希望可以和男人出去，但又不会面临必须和他们上床这样可怕的威胁。他们总是一副狩猎的状态。

许多女孩子，特别是那些男人，到处跟人睡觉，很疯狂。不过我没有。迈克尔·凯恩一直很绅士。在很多方面，我很羡慕那些人，我觉得自己有些守旧。我很忠贞，但很多女生并不是这样。

约翰尼·戈尔德：1963年，整个感觉就是解放了，但最让我惊讶的还是避孕药。突然之间你就可以和女生上床了，还不用担心。你可以出去，期待和一个女生上床；更重要的是，女生也在期待这件事。她们决心要享受她们的性自由。取消这些禁忌和当时的氛围有很大关系，因为我们觉得我们可以随心所欲，不用担心后果。我们没有露出任何恐惧。最坏的情况也不过是得一场淋病，然后打针青霉素就能治好。

曼迪·赖斯-戴维斯：我不得不说我结婚就是为了买到避孕药。那时只有已婚女性才能买到。但是很多女人都有成功买到避孕药的良机。那时我十八岁，没结婚，有性生活，我是个威胁。

第四章　炼　金

> 有天早上六点半或者七点钟左右，我听到了吉他声。我穿着睡袍起来，就看到了他，鲍勃·迪伦，坐在楼梯顶上，给我家的两个保姆唱《在风中飘荡》！
>
> ——菲利普·萨维尔

这场革命就此开始。1963年1月13日晚上，纯属巧合，并非有意安排，一支大部分人都不曾听过的叫披头士的乐队和一位艰难谋生的叫鲍勃·迪伦的音乐家分别出现在英国两家互为竞争对手的电视台上。这拉响了警报，一年以内，两大洲古老的阶级文化体制就会被扫除一空。

比尔·怀曼：当时你有选择的余地。要是没吉他的话，你就做一把。汽车也一样。我第一辆车子是我自己做的；我爸爸和叔叔帮了忙。你只能自己做。后来我发现每一个蓝调吉他手都做过这事儿。

为了活命，基思不能再开车了。大概弄坏了八辆车后，查理再也不开车了。他戴上头盔和手套，还有围巾和护目镜，在车库里假装自己在开车。他一生再也没开过车。

我们去演出的时候，坐的是一辆没有窗户的面包车。两人坐在前面，其他人坐在后面，黑漆漆一片，没有窗户。你要是开到边边角角的旮旯里去，东西会全都砸你身上。最后你就会坐在滚烫的发动机上，屁股都烫伤了。

基思·理查兹：当时没人知道1963年是关键性的一年。当时的气氛有一点点迹象，我觉得特里·奥尼尔大概也和我一样感觉到了，不过看的角度不一样。特里是在镜头后面，无论在什么时候，什么地方。

诺曼·乔普林（英国音乐评论家）：1962年，安德鲁·卢格·奥尔德姆在圈内已经颇有名声了。那一群亲切、专业的商贩同人，他们——通常喝上一杯——和任何一个能够给他们各自的客户承诺版面的记者都有着互惠互利的关系。

安德鲁·卢格·奥尔德姆：我八九岁开始就被"由……制作"、

没什么名气的鲍勃·迪伦在格林威治村的一家民谣俱乐部被一位英国制片人发掘,继而飞到英国参演一出电视播送的戏剧,排练之后,在伦敦的民谣俱乐部磨炼自己的表演(Getty Images)

"……推出"这些词迷住了。我在伦敦地铁的演出海报上看过这些词,我迷上了鲍勃·迪伦的经纪人阿尔伯特·格罗斯曼。我听说过他,不知道为什么。

英国广播公司的一个制片人在格林威治村见过迪伦,心想:"哦,我想让他参演一部剧。"然后把他带到了英国,那时他还是个无名小辈。

菲利普·萨维尔(英国演员、制片人、导演):我记得我去过

鲍勃·迪伦和苏西·罗托洛为《自由不羁的鲍勃·迪伦》拍摄的专辑封面中没有选用的镜头，图片摄于格林威治村的琼斯街和西四街的街角。这张专辑在美国排名第二十二位，但在英国荣登排行榜冠军宝座（Getty Images）

疯帽人[1]，那儿有个地方叫什么托尼·帕斯特爵士俱乐部之类的，当然咯，这个俱乐部在地下室，我在那儿听一个人唱歌，他姓齐默曼。

我坐在那儿，这个年轻人、他演唱的风格、演奏的方式，让我完全无心吃午饭。我完全忘记吃了。还有，他把口琴系在身上，他演奏得很棒，唱着那些半政治性的歌曲，但是是用那

---

1 纽约西四街上的一家酒吧，也是日后《自由不羁的鲍勃·迪伦》专辑封面的拍摄地。——原注

种老蓝调的方式唱的。不管怎样,我或多或少向他介绍下了我自己。鲍勃几乎没说话,所有的话都在他的音乐里。

几个月后,我要为英国广播公司制作一部剧。那是在1962年。我们当时正在谈论一部剧,一个住在出租屋、对尘世的一切感到厌倦的男人,他下定决心要在自己的房间待着,再也不出来。这部剧叫《城堡街上的疯人院》,剧里有一个无政府主义的诗人角色,我想起了鲍勃,心想:"他就是我心中演这个诗人的人选!"

我费了很大力气联系上了阿尔伯特·格罗斯曼,和他说了事情的原委,他说:"好,我想鲍勃会很愿意的。"于是我们把鲍勃请了过来,将他和格罗斯曼安置在伦敦的梅费尔酒店。这是1962年秋天。鲍勃,和大多数年轻人一样,喜欢抽一些玩意儿,因为他极度信奉无政府主义,所以他常常坐在大厅里,坐到深夜,把脚翘得高高的,抽根大麻烟卷。酒店经理当然暴跳如雷。

约翰尼·戈尔德:伦敦有很多大麻烟,后来又有迷幻药,不过没有可卡因。有些药,还有硝酸戊酯这种可怕的东西,本该是用来促进性高潮的,但气味太糟糕了,像臭鸡蛋。我不会在俱乐部用,我们也尽量制止使用。我和一个美国爵士歌手有过一段关系,她搬来和我一起住,她什么都吸。我不知道发生了什么事,我神志不清了六个月。但1963年并不是毒品文化,它真正的文化内核是玩得痛快,无忧无虑。

安德鲁·卢格·奥尔德姆: 你只有看了《旋律制造者》这份报纸,才会知道迪伦是谁。他的第一张唱片告诉你有事要发生。[1]一个重大的变化,一种契机。倒不是说他的音乐很新鲜,只是说这个传达者在为我们发声,而不是像老一代的民谣歌手那样劝诫我们。我查到了他住的地方,然后敲门,他们让我进去了。

鲍勃·迪伦和阿尔伯特·格罗斯曼在。迪伦后来说:"他来了,你可以感觉得到。"嗯,那天他们感觉到了彼此,我也觉察到了他们的潜力。人们很少会记住改变一生的愉快的对话到底说了什么,或者真实的情况是什么样的;但这是客观存在的事情,一起密约,一桩结合。格罗斯曼就像是丈夫,迪伦像是年轻、无所不知、魅力四射的妻子。无论说什么,他们都知道对方想说什么,接下来要说什么。他们有他们自己的暗码。无论他们有的是什么,我都想要。我大概只在那儿待了二十分钟,但正是这二十分钟改变了我的一生。因为四月份我碰到滚石时,我就知道我能和他们一起做什么,就因为之前和迪伦还有阿尔伯特在一起的那二十分钟。

我得到了公关这份工作,因为英国没人知道鲍勃·迪伦。他是什么样子的?其实他和现在一样,特别不爱社交。他已经

---

[1] 1962年,哥伦比亚唱片公司已经发行了迪伦的第一张专辑《鲍勃·迪伦》,但仅在英国发行。——原注

知道他是什么样子的人。后来,很后来,你才意识到,如果他们和其他人玩不到一块去,他们就会和他们的内心玩。

菲利普·萨维尔:我们安排了第一次会议,其他演员,摄像、化妆和服装的负责人,许多自称制片人的人,当然还有编剧,都来了。不管怎样,我们在对剧本,一切都很顺利,轮到鲍勃了,每个人都转过身子:"这个年轻人是谁?"突然,他当着所有人的面说:"这玩意儿我说不来。"

于是我说:"我们喝杯咖啡休息一下吧。"他说他说不出"这玩意儿"。这都是原话,没什么贬义,他就说他做不来。所以我们把鲍勃带到一边,说:"你之前说你想做。"他说:"这个……我不是演员。"我说:"你怎么不早说!"他不想做演员。我意思是,大部分人,要是他们有机会参与任何一种表演的工作,他们都会喜欢站在镜头前的。

他十九或二十岁,有很多台词要说,我不记得是编剧还是我,还是我们俩一起,我们说:"我们为什么不分出两个角色呢?两个朋友,像学生那样,合住一间房,我们可以把所有的台词都给一个演员,鲍勃可以偶尔弹弹他的小玩意儿,只要说'哦,对'就行了。"当时有一个叫大卫·沃纳的年轻演员,在皇家莎士比亚剧团的位子越爬越高,他吐字很清晰,个子高高的,笨笨的,于是我们冲了过去,真的就在当天下午,把这个故事告诉了他。他不知道鲍勃是谁,但最终他们成了非常好的朋友。

最后，鲍勃因为各种原因差不多是被请出了梅费尔酒店。我在汉普斯特德有栋很大的房子，所以我说："你要不过来和我们一起住？"于是他带着他玩音乐的那些玩意儿过来了。那时候我有两个西班牙保姆，因为我有两个很小的孩子。

有天早上六点半或者七点钟左右，我听到了吉他声。我穿着睡袍起来，就看到了他，鲍勃·迪伦，坐在楼梯顶上，弹着吉他，对着我家的两个保姆唱歌，她们俩从楼梯下面往上看。你猜他在唱什么？《在风中飘荡》！

我从来没听过这首歌；几乎没有人听过那首歌。我是为数不多的其中一个，这之后，我们吃早餐时，我说："我真的很希望你在片头和片尾的时候弹奏那首歌。"

诺曼·乔普林：某个周末晚上，在去曼彻斯特广场百代唱片公司的路上，我碰巧遇见了安德鲁·卢格·奥尔德姆。快到百代的时候，我惊奇地看到那儿挤满了欣喜若狂、几近疯掉的女孩子。好像是那天晚上披头士在。虽然我和安德鲁去百代和披头士无关，但是那壮观的场面还是有些惊人。在那之前，我见过许多疯狂的粉丝，但这批人不一样。他们容光焕发。我们站在那儿，盯着那些女孩子看，然后互相看了彼此一眼。我们立马知道发生了一些神奇的事情。大概一周以后，我听说安德鲁在给布赖恩·爱泼斯坦做公关，他很适合。

安东尼·考尔德（滚石乐队宣传人员）：我在苏荷区波兰街的

一个路灯下遇到了安德鲁。我们聊了会儿天,约定我们俩要一起干,后来我们合开了一家公关公司,但当时我们俩还都是新手。

有一家俱乐部叫火烈鸟,通宵营业,许多从那儿起步的演出团体后来都成功了:朗·约翰·鲍德里,乔治·法梅,罗德·斯图尔特,还有曼弗雷德·曼乐队成员保罗·琼斯。

人们来找我们只是为了宣传。并没有行动计划。什么都没有。就那样爆发了。你要是想做什么,你就只管去做。我们会竭尽全力宣传。

安德鲁·卢格·奥尔德姆: 1963年1月,我正和马克·温特录制节目《幸运之星》,披头士也在。[1]

我走到约翰·列侬跟前,问:"你们乐队是谁在管理?"走出电视演播室的时候,我就成了披头士在伦敦的代理人。

他们当时正在宣传专辑《请取悦我》。我能得到这份工作,原因很简单,因为利物浦离伦敦很远,没人愿意打长途电话,所以请个人在伦敦替他做宣传的这个主意,布赖恩·爱泼斯坦很喜欢。

要知道,我让这些人都喜欢我的一个很重要的原因是我以前给玛丽·匡特打过工,我知道怎么进格罗夫纳广场的《时

---

[1] 节目是1月13日星期日录制的,就是迪伦出演《城堡街上的疯人院》、登上英国广播公司电台的那晚。——原注

尚》杂志社。我说:"我或许可以让你们登上一些时尚杂志。"但我不知道我是否真的可以。结果证明我可以。而我当时只是胡说八道、虚张声势,对吧?

哦,我现在也还在给披头士做宣传;我以前给鲍勃·迪伦做过,只做了十天,因为当时没人知道他是谁。我能让他登上的报纸也只有《旋律制造者》。

菲利普·萨维尔:我把鲍勃当诗人看,而不是音乐家。看着这个满头卷发的年轻人说着这些新奇的东西。他和我说过一句很美的话:"为什么不和我一起踏上征途,去发现生活的真谛呢?你的理智牵绊了你。"

鲍勃在英国广播公司排练的那会儿,有一档叫《跟踪调查》的艺术节目。我给负责人打电话说:"喂,我和一个叫鲍勃·迪伦的年轻诗人一起共事。"那档节目当时由那些说话拿腔拿调的人管理。"噢,好,我会给你回电的。"十分钟后,我接到了一通电话:"谢谢你的提议,但我们已经制作了一部迪伦的纪录片。"几年后,我发现他们说的是狄兰·托马斯[1]。

我做那部剧的时候,因为鲍勃·迪伦,也因为那部剧的反抗权威,引起了巨大的轰动。那部剧不同寻常,与众不同。那

---

[1] 狄兰·托马斯(1914—1953),英国作家、诗人,被称为"疯狂的狄兰",代表作有《不要温和地走进那个良夜》、《死亡与出场》等。鲍勃·迪伦本名叫罗伯特·艾伦·齐默曼,因为崇拜狄兰·托马斯,所以把自己的姓改成了Dylan。

时候的戏剧还是舞台剧。这是挑战正统。那是一段让人大为惊奇的时光。我带我妻子去玛丽·匡特那儿。我认识维达尔·沙宣,他给我剪过头发。几个小时后,我带一瓶香槟进去,特伦斯·斯坦普和迈克尔·凯恩也在那儿。

有股令人难以置信的活力。披头士激励着每个人,特别是年轻人。

我记得我采访过一个年轻演员,刚满二十岁。他没什么经验。我问他:"你做什么的?"他说:"我很年轻。"年轻就是资本。

特里·奥尼尔:第二天,在艾比路拍摄的那张半身照登上了头版,我们发现那期报纸全卖光了。编辑大吃一惊,一个流行乐团,不是飞机坠毁,不是战争,也不是女王,而是一个流行乐团,让报纸卖光了。之前没人听说过他们,但这些弹着吉他、长得好看的男孩子一定是触及了某些要害。年轻人买报纸,谁会信?编辑把我叫进去说:"再去给我找些这样的。"这件事不难。好像每个年轻人都想加入乐队。

彼得·弗兰普顿:我遇到了另一个人,特里·尼科尔森,我们组了支乐队;我们给乐队取名叫真节奏,基本上就和影子乐队差不多。我太喜欢汉克·马文[1]了,所以我去伍尔沃斯百货买

---

[1] 影子乐队主吉他手。影子乐队是披头士之前英国最成功的乐队。——原注

了眼镜，然后把镜片敲下来，为了看起来更像汉克·马文。我有张照片，我是照片中间的那个小孩子。那张照片很有趣。当时我十三岁，那已经是我加入的第二支乐队了。后来披头士就红起来了。

艾伦·帕克爵士：1963年全是披头士。从二月份发行的单曲《请取悦我》开始，我就被迷住了，其他的就听得很少，除非是他们四个推荐的。1964年，他们在英国，而后又在美国流行起来的时候，我每天下班之后都会买份报纸，看看他们做了些什么。不管是什么傻话我们都照单全收。

罗伯特·克里斯戈：我还没听说过披头士的时候就看过关于他们的报道。《星期六评论》上有一则对这个英国流行乐队的报道，由此我知道了这个厉害的团体。这些人以前上过艺术学校，现在组成了一支摇滚乐队。我想："他们是我可能会喜欢的那种人。"但我之前没听说过他们。我买了《她爱你》，现在还保留着。这首歌我是在电台上听到的，1963年在唱片店买了它。直到今天，这首歌仍然是披头士所有歌曲中我最喜欢的一首。但它并没有造成我思想上的任何改变，因为我身处其中。

诺曼·乔普林：我喜欢分析流行音乐的潮流，我对1963年节奏蓝调的看法，和我大多数流行乐理论一样，很简单。大概是这样：我那一辈有很多英国年轻人没有接触到足够多的摇滚乐，换句话说，是真正的摇滚乐；节奏蓝调满足了这一需求。

在英国，节奏蓝调有附加的标签：黑人音乐，时髦，地下，之前并没有真正地被发掘。它也可以照搬照用。节奏蓝调，从1963年开始，成为主流音乐之一。

乔治·法梅：这就是卡罗琳电台（也被称为海盗电台）创办的原因。当时根本没人播送这种音乐，所以罗南·奥拉伊利说："我要创办一个我自己的电台。"

他第一次来火烈鸟时，他妈的怕死了，那里全是些美国兵、威士忌酒徒和妓女。有些白人以前常来，有些贵族以前也常来，但百分之九十还是黑人美国兵。

罗南出身于一个富裕的爱尔兰家庭，他有一些以前的丹麦渡船的建筑图纸。他说："这艘渡船停在挪威峡湾。我要把它从峡湾拖过来。我要把它停靠在北海，播放我们最喜欢的音乐，因为没人播。"每个人都以为他是个疯掉的爱尔兰人。

罗南·奥拉伊利（爱尔兰企业家、俱乐部老板、卡罗琳电台创始人）：我以前开了家俱乐部，叫现场，因为当时没人演奏我喜欢的那一类音乐。埃里克·克拉普顿，乔治·法梅，还有滚石都在那儿表演过。我在伊林的一家俱乐部看到了他们，我说："在这儿，你们算是支乐队。如果你们想花些时间排练，来真的的话，就来找我。"

布赖恩·琼斯是个非常非常好的音乐家。米克什么都不会，他只会说"来，看我"，全是噘嘴和跳跃那一套。米克好像对女孩更感兴趣，觉得一切都可以不费心思就如他所愿。

高级管理人员掌管电视和电台，唱片公司掌管播放时段：他们决定播放什么。基本上他们和政府会说："你们做事的方式，就是按我们的方式。"他们和百代还有迪卡的蠢货认为他们掌管一切。我想把他们的脸打瘪。这就是爱尔兰的方式。

我在都柏林三一学院读过工程学，我想在一艘停在海面的船上播送我喜欢的音乐。在那儿他们就不能碰我们，当然主要是因为水域上信号比较清晰。

诺曼·乔普林：所以这就是一个装满绝妙音乐的大水库，等待发掘、开发和复制，就像白人音乐家一整个世纪都在做黑人创作的音乐一样。

埃里克·斯图尔特：1962年年底，我的乐队节奏之王已经分裂了。我记得主唱当时说："我们不会成功的。"所以乐队就解散了。我去了曼彻斯特的绿洲俱乐部。我就在那儿闲荡。有试音机会。唱片公司会去那儿。我就是因为这个去的那里。当时我和几个朋友在一家咖啡馆里坐着，韦恩·方坦纳从拐角走了过来。

他在当地很受欢迎，韦恩·方坦纳和喷气机乐队，但他们并没有唱片合约什么的。他们是表演宴会场和成人礼的。我们都是。他走过来说:"你能帮个忙吗? 我的吉他手遇到了突发事件,他车坏了,不能做这场演出了。我得去试音。你能帮我应个急吗?"

可以,那有什么? 我们当时演奏的歌曲都一样。有服装,有吉他,节奏也对。所以我们就演奏了。演奏得很垃圾,但是是大家想听到的。我就走掉了,回到了咖啡馆,心想:"好啦,我帮了他一个忙,他会请我喝东西的。"

韦恩一路飞奔,跑过咖啡馆的拐角,说:"埃里克! 埃里克! 我拿到了一份合约。他们和我签了两年的合约,但他们也想要你。"我说:"等等,他们想要我是什么意思? 我不是你们乐队的。"他说:"哎呀,你现在是了。你现在是喷气机的成员了。"鼓手也是之前偶然出现的,他甚至也不是乐队的成员,但他也得到了这份工作。看我们表演的那个人,菲利普斯的艺人经纪人,看到了这四个人,心想:"他们有点名堂。"

我们发行了第一张唱片《你好,约瑟芬》。我们把它做成了摇滚风,登上了每周流行唱片排行榜第四十六名。我们的酬劳从每晚十五英镑涨到了五十英镑。我们几乎每晚都在工作,因为我们有了一张红极一时的唱片。

有一天走在街上,看到了德克·鲍加得[1]饰演、刚上映的

---

[1] 德克·鲍加得(1921—1999),英国演员,曾获英国电影学院奖最佳英国男演员奖,代表作品有《仆人》《亲爱的》《魂断威尼斯》等。

惊悚片《心灵扭曲》的大海报。我对韦恩说："喷气机听起来不是很带劲。韦恩·方坦纳和迷幻乐队这个名字怎么样？"于是我们从中间一刀切变成了"迷幻乐队"。

我们当时还在做巡演，做些小型的伴奏演出。我们曾在某个地方和迂回乐队同台过。他们后来成了谁人乐队。

格雷厄姆·纳什：1962年12月之前，我们叫冬青树乐队。哦，我们还不错。1963年年初，我们在洞穴俱乐部表演。披头士已经被发掘了，卖出了几百万张唱片，唱片公司当时一定在想："肯定不是只有他们那么笨，咱们再去看看其他的。"

他们闻到了钱的味道。别忘了，当时披头士一张唱片只能拿到一便士的报酬。我们当时就只做音乐、喂饱肚子和做爱。

特里·奥尼尔：唱片公司都在角逐这片新市场，有可支配收入的年轻人钱都花在唱片和便携式播放器上面了，所以他们需要年轻的乐队，因为年轻人是不会买埃尔维斯或西纳特拉的唱片的。你看看像戴夫·克拉克五人组那样的，除了键盘手、歌手迈克·史密斯，其他的都没什么才华。但他们在舞厅里有几千个观众，所以显然唱片公司对他们感兴趣。

诺曼·乔普林：戴夫·克拉克五人组？嗯。好吧，迈克·史密斯有一副不错的摇滚嗓，但除此之外，他们也没什么长处了。

两年前，我谋到了我梦寐以求的工作。报刊对新唱片和唱片背后的乐队进行报道，比如戴夫·克拉克五人组，但我想写真正的音乐。我已经找到了我的使命：写节奏蓝调，在《唱片镜报》上传播这个词。我不需要像作家那样妙笔生花；我唯一要做的就是为我喜欢的艺术家和音乐大声吆喝。

当时我十九岁，固执己见，我有一个想法，从来没有刊登过，但我肯定说过：英国所谓节奏蓝调运动是没什么用的。此前一年，我已经在伊林爵士俱乐部和大帐篷俱乐部定期观察亚历克西斯·科纳蓝调同盟，追踪这支乐队流水一般、形形色色的歌手和音乐家，一直观察他们，过了一段时间，甚至因为失望而进行不下去了，因为一个又一个的角逐者之中就是没有恰到好处的，不是说没人尝试。

1963年4月的一个下午，编辑彼得·琼斯就乔治·戈梅尔斯基这个事，对我进行了一番游说。乔治·戈梅尔斯基是从俄国逃亡过来的，在五十年代的英国爵士圈曾是位重要人物。他有一系列大多是昙花一现的俱乐部，最新的一家是爬行俱乐部，每星期日晚上在里士满丘路的车站旅馆营业。

这家俱乐部最新的吸引力——事实上，是吸引入住旅客——来自一支玩节奏蓝调的小乐队，叫滚石，这乐队乔治一年前就遇到了，他们在乔治的皮卡迪利爵士俱乐部作为主角表演过一两次，大风车街附近，那地方现在变成了罗南·奥拉伊利的现场俱乐部。乔治近乎狂热地坚信滚石一定会成功，当时也一直私下做他们的经纪人，虽然没有书面上的协议。问题是彼得·琼斯得写写节奏蓝调的文章。他把写节奏蓝调的事交给了我。

彼得站在那儿俯视着我,我假装是在全神贯注地设计一些难到极致的编排,想找个地方躲起来。我知道是怎么回事。乔治缠着彼得,彼得缠着我。

"彼得,我敢保证,英国的节奏蓝调全是些蹩脚货。"

"你为什么不去那边瞧瞧?"

"我知道是什么样子的。全都是垃圾。"

基思·理查兹:披头士突然开始出现在利物浦以外的地区,我们意识到,在英国并不是只有我们在听美国黑人音乐。他们的声音是灵歌类型的。我们喜欢的是器乐蓝调这一类音乐,但同时我们突然意识到全国范围内都发生了些什么。不仅仅是我们这儿。我们以为我们很时髦,我们觉得自己很了不起。利物浦?去他妈的。

诺曼·乔普林:编辑向我使出了他的撒手锏:"你应该是节奏蓝调方面的专家。""应该"这个词激到了我。我投降了。

我们到里士满时,时间已经不早了,车站旅馆外面有一大群年轻人,他们进不去。场子爆满。我们用肘部推,挤到了前面,亮了各种记者证、摄像机,要求见乔治。动静已经弄得很大了。乔治出现后把我们推进房间,滚石已经在那儿表演了。

演奏的是一首博·迪德利的歌,博·迪德利的节拍。我从来没有在现场听过这样的东西,也从来没有感受过这样的东西。整个俱乐部都燃起来了,观众席上的每个人都汗流浃背,声音触到墙壁反弹回来,有节奏地跳动着,完全无法抗拒。它提起了我的兴致,让我如痴如醉,一首接着一首。

基思·理查兹: 你想玩蓝调。你是个很年轻的伦敦白种人,蓝调的要领你掌握得相当好,但你不是从芝加哥来的;你不是穆迪·沃特斯,也不是查克·贝里。

我们想做的就是诠释别人的音乐,让人们对它感兴趣:"现在,听些真正厉害的!"就是一些虚无主义的大狗屁,只是让其他人感兴趣。"你们已经听过我们的了,喜欢吗?现在你们真的要成为真正的爵士迷了。"

埃里克·克拉普顿也一样。杰夫·贝克[1]也一样。所有的爵士乐爱好者都在这儿。皮特·汤申德也一样。我们只是想让大家见识一种很棒但他们却没在听的音乐……我们会尽自己最大的努力。

埃里克·克拉普顿: 1963年1月,我加入了公鸡乐队。当时我十七岁。乐队里有一位非常重要的人物,本·帕尔默,他对我们做什么、为什么做,有着非常非常严格、苛刻的原则。其他

---

[1] 杰夫·贝克(1944—),英国摇滚吉他手,新兵乐队三位出色的吉他手之一(另外两位是埃里克·克拉普顿、吉米·佩奇)。

成员都巴不得尽情地玩。

我们喜欢同样的东西,我们的歌曲也是以此为根据的,但当你把这东西搬上舞台时,为了引起反响,很容易就会开始舍弃原则。我们要怎样活跃气氛,与观众互动?这就是流行音乐。这家伙一点都不放在心上。我进乐队时,他正下定决心不再做与它有关的任何事。做抉择的时候到了,是坚持自己的原则,还是用低标准来卖座。

我靠着从他身上学到的东西坚持了下来。如果做你最了解的,做你热爱的,你就不会错,这一直是我的人生哲学,非常简单,是我从他身上学到的。他退团后,做了伐木工。

我愿意学,但是我们垮掉了,因为我们付不起开销。保罗·琼斯在我进乐队的时候还是公鸡乐队主唱,现在已经加入了曼弗雷德·曼乐队,成了明星。

后来我加入了凯西·琼斯和工程师乐队。我们在露天游乐场表演,天知道我们表演的是什么。那六个月就像一辈子那么长。是那种老一套的码头流行乐。我想:"这个我干不了。"我朋友本一直在唠叨:"你为什么要做这个?"

当时"名气"甚至都不是个词语,也还不算个概念。出名的是那些我们已经不喜欢的人。披头士当时正努力闯出名气。他们还没出名,但离出名也不远了。看起来他们正在走向那条路。当时有名气的是游戏节目主持人之类的。名气并不是计划或日程的一部分。

诺曼·乔普林： 滚石的成员，我也不是都不认识。因为他们断断续续地和科纳一起表演过，所以我认得他们其中的几个。我在苏荷区老康普顿街附近的明星咖啡厅见过他们主唱几次。

那儿的每个人都把米克·贾格尔唤作"节奏蓝调歌手"。我在看他表演之前，觉得这只是玩笑话。但他们演奏出来的声音，和科纳那支优秀的团队一点都不像。这是炼金。很完美。芝加哥的节奏蓝调不可能比这更刺激了。我几乎处在一种震惊的状态。一开始的激动劲头过了之后，我脑子又转了回来，我首先想到的是，差不多是："我们能做到。白人能做到。"

基思·理查兹： 这种兴奋感一直在持续，不可思议。我们意识到我们不再处于孤芳自赏的境地，也不处于行内人才能懂的水注之中。披头士和我们是一代人，相隔不了几年，已经在各地冒泡了。各式各样的乐队，比如迂回乐队[1]，还有格里和引导者乐队。当时的英国活力迸发。这些乐队很受欢迎。我们已经等了很久了。

诺曼·乔普林： 演出结束后，人群慢慢散去，我留在那儿和乔治聊天，等滚石缓缓走下舞台时，他介绍我和乐队的成员一一认识。布赖恩，最热心的那个，是最健谈的，跟我展开了公关工作的讨论。"你能给我们做什么？"他问。我能说什么？任何

---

[1] 后来的谁人乐队。——原注

事，只要是他们想要的，真的。

我们跳上乐队的面包车，去一个"制作人"的家。滚石的成员都开始拿起乐器摆弄。酒倒上后，大家慢慢放松下来。我开始和他们聊天。我惊奇地发现主唱米克·贾格尔擅长好几种乐器。他在乐队里肩负着最难的任务：在那些很棒的乐声里，还要凸显自己独特的声音。那晚他客客气气的，不仅仅对我，他对每个人都保持着距离感。

我主要在和查理、基思聊天。基思，和我一样，是玛丽·韦尔斯的铁粉。我们都对《爱笑的男孩》比较失望，但都希望《你始终如一的备胎》能再现水准。（确实再现了。）那时大家都会聊这些。

隔天，星期一，我跟彼得说了他们是多么的疯狂和厉害，我说我要给他们写篇报道，称赞他们，说我之前错得多么离谱。这让他很高兴。

星期三，我回到办公室，坐下来写文章时，我明显感觉到，措辞应该要非常谨慎。更多的是因为这篇文章被赋予了某些期望：彼得的，乔治的，乐队的。此外，这是我记忆中《新唱片镜报》第一次专题报道一支连唱片都还没发行的乐队。毕竟，我们就是因为这样才叫《唱片镜报》。

在滚石的职业生涯里，那段时间发生了很多大事。这些事件发生的顺序，不管我把滚石的回忆录看多少遍，把那些日期谁做了什么、见了谁，或者说了什么，反反复复地研究多少遍，都弄不清楚。但是就对乐队的帮助而言，最重要的事，和我、我的文章都没什么关系。那个星期，彼得·琼斯坐在苏荷区赫姆斯酒吧他最喜欢的高凳上和人逗乐子，听着安德鲁·奥尔德姆的长篇大论。安德鲁·奥尔德姆的客户包括与布赖恩·爱泼斯坦迅速建立关系的东北音乐商店那批人。和往常一样，安德鲁正在拼命地博取版面，彼得建议他看看滚石，提到将会有一篇报道称赞他们，第一支没发唱片就被我们专栏专题报道的乐队。

安德鲁·卢格·奥尔德姆：在那个时间节点上，英国并没有一种"形势在变化"的社会氛围，不像美国，美国有民权运动在进行。在英国，好像更多是为了惊险刺激。

美国音乐和文化的发展，与越南战争的大屠杀直接成正比，这让人大为震惊。但那也是美国音乐和文化的急速发展期。在英国，我们有避孕药，当时我十九岁，没有任何目标，一切不过玩乐罢了。

艾伦·帕克爵士：1963年年初，我觉得我们并没有对政治很敏感。比起越南或者亚拉巴马州发生了什么，我们对披头士的新专辑更感兴趣。

《诺博士》中，乌苏拉·安德烈斯从海里出来的画面比西贡僧人自焚更有吸引力。我觉得直到那时候，我们生活中的现实政治，和上唇上方留着死老鼠一样的胡子的麦克米伦那家伙[1]之间，确实有点脱节。如果你有一件连帽粗呢大衣，你可能会去参加CND[2]游行。

当时的一起大丑闻是普罗富莫事件，我们的战争大臣和苏联的海军武官与同一个女生有染，而且那时正值冷战的巅峰时期。我们对在议会撒谎的普罗富莫和贼头贼脑的海军武官并不是很感兴趣。然而，我们都被发生在克莱夫登[3]的性爱事件吸引了，那些女生就是在那儿遇到的那些政客。我觉得所有的上层阶级一天到晚忙的就是那些事。我爸爸每天都在《每日镜报》上翻来覆去地找色情趣闻。

曼迪·赖斯-戴维斯：这事传开是因为火烈鸟外面的打斗和后来的枪击案。之后就是对斯蒂芬·沃德的审判，就是他把我们介绍给他那些有影响力的伦敦上流社会的朋友的。[4]

这是了解那个时代的窗口。你可以停车，不用收到罚款单。但是当权者会竭尽全力抓个人出来，总得有人为政府和上层阶级的困境买单。

我在监狱里蹲了七天，因为驾照过期，但这不构成犯罪。

1　即英国首相。——原注
2　即核裁军运动。——原注
3　英国议会第一位女议员南希·阿斯特的豪宅。——原注
4　警方以"靠不道德收入为生"的罪名指控斯蒂芬·沃德，基本上就是给曼迪·赖斯-戴维斯和克里斯蒂娜·基勒拉皮条。斯蒂芬·沃德在最终审判的前一晚因用药过量死亡。——原注

警方很想逮住我。然后他们试图以盗窃电视机的罪名控告我，但在彼得·拉赫曼死之前，我就已经离开那个房子了，那房子里有台租来的电视机。我没法再回那儿，因为他们已经换了锁。

经过深入调查，警方查出来两年里我和五个男人有过关系。1961年3月底，我搬去和彼得同居，直到1962年10月才搬出来。我是他的情妇，不是应召女郎。我是个一味寻欢作乐的女生，彻头彻尾的情妇。

我说我和比尔·阿斯特有性关系的时候，斯蒂芬·沃德的主审法官真的惹怒了我。那个法官说："你的意思是说，当被告斯蒂芬·沃德在你所在的同一栋房子的某个房间时，你们发生过性行为？"

这是惹火我的地方，他用蔑视法庭罪威胁我。我有些怒火未灭，但它并没有打败我。我马上就从中抽身了，翻开了新的一页，给自己找了份工作。我几乎是立马就开始唱歌了。当权者想用羞愧困住我的努力没有成功。我不觉得羞愧。

性被拿出来公开谈论，公众都很高兴。之前一直占据上风的上层阶级，风光不再了。

基思·理查兹：我真的很喜欢和其他几个人一起表演。如果我们努力的话，我觉得我们会弄出一些特别的东西。我们表演的领域，光是接到演出就很不容易，因为每家俱乐部都让玩爵士的那群人承包了。举个例子，墨水瓶是个该死的地下室。以前，雨水经常会从天花板漏下来滴到你身上。它旁边是地铁站，列车会经过，音乐声经常被压过去。这地方是个很好的温床。那些人都很认真，因为除非你在里面弄出些名堂，否则没人会下到这个地牢里来。

舞台的空间只够放下一架钢琴和几个扩音器。很小。水珠一直滴到你身上。这是一方很好的学习土壤，如果你可以在那样的地方表演的话。

我们也在里士满车站旅馆表演过。我觉得安德鲁·卢格·奥尔德姆就是在那儿看到我们的。他在挖掘歌手，然后就找到了我们，安德鲁基本上算是滚石的第六名成员，或者说第七名之类的。

比尔·怀曼：1963年，我二十六岁，比其他几个人要大些。我之前就坐过飞机。他们从来没坐过，我得让他们平静下来。周围的人都在弄些玩意儿，我们看见有些东西正在发生变化，比方说超短裙和紧身裤取代了长筒袜。但当时你身处其中，你是看不出发生了什么的。

我们都开始做些事情。我们不知道那是什么，会持续多久，也不知道那有多么的特别。那是业余爱好时间。我们就这样一天天地过。我们并没有打算做个叛逆的人，时尚界的人和摄影师也没有。他们只不过是在做他们的日常工作，用了些新点子而已。不是事先计划好，也不是事先组织好的；就这样发生了。

噢，1963年3月我们进了间录音室，五小时剪了五首歌。很棒的蓝调歌曲。这些歌送给了七家唱片公司。这些唱片公司都拒绝了。他们不感兴趣。我们很烦恼：录的东西我们很喜欢，但其他人不喜欢。天哪，我们又回到了俱乐部。后来披头士来看我们，我们成了朋友，他们跟赞助商和媒体提到了我们；他们帮了我们很多。

安德鲁·卢格·奥尔德姆： 1963年4月遇到滚石时，他们简直就是个麻烦，因为作为一名公关，我已经过得很开心了。所有我想要的衣服我都有。社交生活我真的没什么兴趣。我有了我想要的职业生涯。现在我得负责这些人，你懂的，但是我忍不住，我是说，这事我得做。

彼得·琼斯和我说过，诺曼·乔普林给一支还没发过唱片的乐队写了一篇文章，对他们来说，这事不太常见，还说我得去听听这支乐队。我真的不关心，我是说，我不怎么关注节奏蓝调，我对它丝毫不感兴趣。应该是在某个星期日，我不得不去里士满看他们的演出。

好像是在四月，四月底。比尔·怀曼和我争论是21号，还是28号。我穿过斑马线，到了车站旅馆演出的那个房间。我不得不走铁轨旁边的那条小路，那儿有一对很漂亮的情侣在吵架。

我路过时，他们暂停了争吵；我往前走时，他们又吵起来了；最后我站好队进场时，这支乐队上场了。我认出刚刚吵架的那对情侣中的一人，就是米克·贾格尔。

在这种条件恶劣的俱乐部里,音乐就像土地,实行分成制,观众中有些中产阶级学生居然如此喜欢这种音乐,我觉得很有意思。这家俱乐部只不过是间还算大的房间,里面有穿着破洞毛衣的中产阶级艺术生。

但我知道,我想经手滚石演出工作。我不是太够格,因为一支乐队整天想的就是你得能够给他们接到工作。我是说,你知道,我可以说:"我可以让你上报纸。"但我这么做有什么好处呢?我想要的很多,我想要版面,我想要经纪权。

乔治·法梅: 财务和发行我们都不懂。有人告诉过我们:"如果你想录歌,你必须要找人发行。"这话没错,但他们没有告诉你的是,你可以自己做发行人。你以为你必须要找著名的唱片发行公司,正常的程序就是他们说:"是这样的,你有歌,我们来发行,我们要抽五成,版权属于我们,你们拿另外的五成。"如果是两个人创作的,像列侬和麦卡特尼那样,你们得均分,你拿四分之一。没人告诉我们可以全拿。约翰·列侬和麦卡特尼早期作品的版权不属于他们自己。

安东尼·考尔德: 安德鲁回来说他要签一支蓝调乐队,我说:"他妈的我们要一支蓝调乐队干吗?"他说的就是滚石。他们当时生活的环境很脏乱,米克和基思,盘子堆得很高,几周都不洗。

安德鲁·卢格·奥尔德姆：一眼就看得出布赖恩·琼斯是头儿,所以我只跟他一个人搭了话。

我四处物色,想找个能和我合伙的人。我首先去找了布赖恩·爱泼斯坦,但他没在听;他没打算考虑他之前雇来做公关的人,来做他未来的合伙人,一起管理另一支乐队。后来《旋律制造者》的一位记者让我去摄政街找一个叫埃里克·伊斯顿的代理人谋一份要职,每周四英镑。

我带埃里克·伊斯顿来看他们演出,接下来的那个星期三,他们在一个叫韦瑟比盾形徽章的地方排练,布赖恩·琼斯代所有人签了约。

基思·理查兹：对我来说,1963年重要的事是我第一次走进了录音棚。那时候最难做的就是录音,从音乐家的角度来看,最难的事情就是成功打开录音棚的大门。

同时也有一种死定了的感觉,一种即使你拿到了唱片合约,录音事业也只能维持两年的感觉。基本上就是那样的。所以从某种程度上来说,你当时会想说:"我们正在录音,这多么棒啊!但我们只有二十四个月。"

我们并没有感受到唱片的影响力。一直到那个时候,一切都是以热门单曲为主的。每支曲子。每六个星期,就有一首新热门单曲。等你抛出三四首曲子却没有反响时,差不多就要完蛋了,都是这样的。

安德鲁·卢格·奥尔德姆：基思说的是对的，但也是错的。对，你想要什么，唱片公司就会给你什么，你会发张单曲唱片，如果表现不错，他们会让你再发张单曲，如果还表现不错，他们会让你发迷你专辑，大小和45转的唱片一样，成本是其两倍，上面收录四首歌，因为转速要慢些，从45转降到33.3转，对吧？

如果你成绩不错——滚石当时很厉害，因为他们发的第一张迷你专辑就冲到了单曲排行榜第九名，也就是说，人们为此花了十一先令，而不再是六先令——他们就会让你发密纹唱片。密纹唱片拯救了艺术家。艺术家可以靠整体的品质受到赏识，而不是靠三分钟的单曲就被盖棺定论。

埃里克·克拉普顿：我们都有某种归属感。所有的东西都有人参加，有些俱乐部，像伊林爵士俱乐部或大帐篷俱乐部，我们大家都会去。很棒。是为了音乐，不是为了给别人看。我是个相当傲慢的人。滚石在爬行俱乐部演出时，我有了一个很好的机遇。安德鲁·卢格·奥尔德姆就是在那儿看他们表演的。

他们每个星期日都在里士满表演。他们表演的是博·迪德利和查克·贝里的歌。披头士过来看他们表演。我们都是个人主义者，都在看滚石，这些家伙进场穿的都一样，黑色皮装，留着同样的发型。我们每个人发型都不一样，而那些家伙是那样的，他们看起来差不多一个样子。他们都穿同样的衣服。布赖恩·爱泼斯坦会告诉他们要穿什么。我很鄙视。他们想得到这块大蛋糕,而且他们知道该如何得到它。

披头士过来看看对手是什么样子的。但当时把我们所有人聚在一起的,是对音乐的热爱和我们当时在听的音乐,现在也是。靠这个就可以了。我的那些鄙视很愚蠢。但那针对的只是他们的外表和行为,一旦我们坐下来聊天,我们会同样讨论查克·贝里和穆迪·沃特斯的歌。

比尔·怀曼:我们当时太幼稚了,太不可思议了。就是那样的。摄影师也一样。艺术家和流行艺术也一样。包括谁人乐队。卡纳比街,国王路,还有每一家商店。我们当时一直努力地想成为专业人士。从业余变成职业。突然间手头宽裕了些。布赖恩和基思也没那么潦倒了。查理不上班了,六月还是七月的时候,我遇到安德鲁·卢格·奥尔德姆之后,也把工作辞了。

我成了职业人士。我想:"我要走这行,要是走不通的话,我总还可以回来再找份工作的。我有学历证书,数学不错,而且已经在皇家空军服过兵役了。所以我要努力争取一下。"我认识的每个人都说:"别!你这是赌上了一切。你得有养老金,得有一份稳定的工作。"我违背了所有人的意愿。冒的险太大了,因为我当时还要养家糊口。

乔治·哈里森之前也跟安德鲁说过:"里士满有支乐队,你得去看看。"我们四月份和奥尔德姆签约了,签了唱片合约和录音协议。但我们根本没想过发唱片、上电视、周游世界。

我们在我们想做的时候用我们的方式做了我们想做的。我们就穿着平常穿的衣服上台了,然后就那样子表演了。出资方说:"我们不想再预约你们了。你们演奏的音乐都不是女生想跟着跳的那种,你们没化妆,而且你们吉他的颜色都不一样。你们真的很差劲。"

《唱片镜报》第一次大篇幅报道我们的时候,我坐在火车上,把它摊开放在腿上,希望有人看到。我觉得可骄傲了。我等着被人们认出来。我们当时就是那么幼稚。

诺曼·乔普林: 披头士,我自己,还有安德鲁·奥尔德姆,四月份都在爬行俱乐部看过这支乐队的表演。安德鲁之后很快就采取了行动。等到我写的文章,他们的第一篇全国性报道,也是第一次被音乐记者报道,在五月初登出来的时候,奥尔德姆和埃里克·伊斯顿已经制定了总体规划,和这支乐队签了经纪合同,并且不久就要和迪卡唱片签署录音带租赁协议[1],迪卡还在为之前拒绝了披头士懊恼。

5月8号,《新唱片镜报》出现在大街小巷,第二页就是对滚石的报道。当天下午,四大唱片公司就有三家打电话给我,想弄清楚在哪儿可以联系到这支乐队。我告诉他们找安德鲁·奥尔德姆谈,他是我当时知道的管这支乐队的人,虽然我依然觉得乔治也在管。

---

1 唱片的版权将由这家唱片公司租用一段时间。——原注

安德鲁·卢格·奥尔德姆：我们发现事实上乔治和滚石也签了唱片合约，或者说他有购买权，对吧？我得把他踢出去。我在里士满爱上这支乐队时，没人说过"顺便说一下，我们还有个棘手的问题"。他们确定我们是真的喜欢他们、想签他们了，事后才说："顺便说一下，我们有个问题：布赖恩之前代我们签了约。"

布赖恩是唯一一个签了合约的。我们领着布赖恩·琼斯事先排练好，然后告诉他有一个重要机会，他可以加入另一支乐队，那支乐队会挣到钱，而在滚石他是没有未来的。

"我不能被捆住了，这是九十英镑。"他说，然后乔治就解除了合同。

诺曼·乔普林：乔治是不是故意被安德鲁"革职"，这个问题只能由人们去推测了。不知为什么，我有点怀疑。暗箭伤人不是奥尔德姆的风格，他应该会觉得这样做有失他身份。1963年4月和5月是这支乐队职业生涯中具有开创性意义的两个月，在这两个月里安德鲁签了这支乐队，安排他们去了迪卡。

基思·理查兹：我们在迪卡遇到的签约聘用我们的那个人，实际上曾经拒绝过披头士。他本来可以雇他们做一首歌，但他轻易就否决了他们。他讨厌我们！他不知道这种音乐是什么，也不知道发生了什么。他那一代人没准备继续往前走，但当我们出现时，我觉得当时的情况是，同样的错误他不敢犯两次。

安德鲁·卢格·奥尔德姆： 所有人都知道迪卡拒绝了披头士乐队。说真的，如果你听了那个录音带，你可能也会拒绝他们的。

他们之所以被拒绝，是因为要作决定的那个人要么选来自利物浦的披头士乐队，要么选来自埃塞克斯的组合布赖恩·普尔和震音乐队；和利物浦来的乐队相比，与埃塞克斯来的乐队打交道要容易些。

我们没有录音样带给滚石。我们达成了协议，一个独立承包的协议，意思就是唱片由我们出资和代理，因此版税我们拿的要多些。披头士是给直接签下来的，这就是说他们拿，比方说，一点五或两个百分点，我们会拿六个或七个百分点，我们从拿到的钱里面付一部分给滚石。

我是怎么知道的？因为在我欣赏的人之中，有些是像菲尔·斯佩克特那样的，那些人就是这么做的。有个叫克里斯·蒙特兹的艺术家，《我们来跳舞吧》的演唱者，他来英国时，我是他的代理人。我见过他的经纪人，是他写的这首歌，制作了这张唱片，并发表了这首歌；克里斯·蒙特兹所做的就是唱这首歌。

我并不是说这事很新鲜；这在英国也不是第一次，但我们是去贝克街附近一条小巷里的古老的奥林匹克录音棚录音制作的。我告诉他们:"给我三四首你们认为最有商业色彩的歌曲,我们来录制。"然后他们选了《来吧》,查克·贝里的歌。

比尔·怀曼:披头士,搜索者乐队,动物乐队,戴夫·克拉克五人组,那时候的每一支乐队,我们都觉得他们可能会持续火两三年吧,如果我们走运的话。布赖恩和基思从来没找过工作。我不是太担心。

曾经在某个阶段,我觉得我要再找份工作;乐队作为临时消遣蛮好,之后我们最终都要过正常的生活。每个人,不管是列侬还是麦卡特尼,我们都觉得不会长久。

这就像是处在飓风风眼里。回头看时,我们当时身处正中心,事实上我们当时并不知道周围发生了什么。

玛丽·匡特:披头士是很好的顾客。他们买了很多衣服和帽子,还有迷你裙,买了各种东西。他们人很好,很友善,而且很有意思。

噢,我们在路那头有一层相当不错的公寓,以前是其中一户人家的舞厅。那是个办派对的绝佳地方。他们都会过来演出、跳舞玩。他们经常会过来坐坐。

那时候常常办派对。很多朋友都是音乐家和摄影师。我们觉得我们有专属于自己的圈子。一切都是全新的,截然不同的。有人拥有很炫的车子，捷豹 E-Type[1]等。我当时在设计系列时装，一个系列接着一个系列，然后再把那些时装卖掉。我当时一直忙着设计下一个系列，准备未来推出的几件衣服，然后再请人做出来。

这是一段令人兴奋而又有些恐惧的时光，说真的，怎么跟得上呢，那时候工作的人，做音乐的或类似职业的，都会感到那种压力。

诺曼·乔普林： 那年春天，"默西之声"[2]这个词一直主宰着英国流行乐坛。披头士的第二首单曲《请取悦我》已经冲到了第二名，他们在东北音乐商店的同门格里和引导者乐队的第一首单曲《你是怎么做到的》击败了他们，问鼎第一。

五月初，披头士的《从我到你》火速登顶第一，取而代之。之后披头士的歌曲《你想知道一个秘密吗》也蓄势而上。

那年四月，我们的摄影师德佐·霍夫曼成功说服编辑，使他相信在利物浦方言区将有重要的事情发生。证据已经积累得越来越多：披头士已经斩获了一张打进榜首的密纹唱片，一首排名第二的单曲，而且，从汤米·罗伊和克里斯·蒙特兹巡演的助演乐队晋升为排行榜冠军。他们的女粉丝已经在各地疯狂

---

1 捷豹旗下跑车型号，1961年日内瓦车展首次亮相，被恩佐·法拉利誉为"史上最优美的汽车"。
2 音乐记者为那些在利物浦崭露头角的乐队所发明的新词，利物浦坐落于默西河河畔。——原注

尖叫。

所以,《新唱片镜报》的团队坐火车去了利物浦。德佐拍了几卷标志性的照片,这些照片甚至在今天依然充满朴实的魅力:有保罗在熨衣服的,有约翰在泡茶的,有在洞穴的,有他们在剪头发的。此外还有几十张粉丝和利物浦其他乐队的照片,知名的不知名的都有。

彼得·努恩: 我在厄姆斯顿我奶奶家,那是曼彻斯特的郊区,我和我们的贝斯手听到从某个隐秘的地方传来了音乐的声音。在田野里。我们走出我奶奶的屋子,穿过一片田野,又翻过了一个篱笆,看到了披头士在那里表演。委员会之前就预约了他们来做一年一度的夏日秀。他们那时已经很有名了。他们表演了他们的曲目。我说:"妈的!"当时还没有"哇塞"这个词,那还只是一个漫画书中的词。贝斯手说:"我们逊毙了。"他准备把他的贝斯挂起来退出了。我说:"我们把那些家伙找来,然后每天练。"

见到披头士,我灵光乍现。不到一年的时间,我们就上了美国每周流行唱片排行榜。那是我变成职业音乐人的关键时刻。就是那样开始的。正是他们展现自己的方式启发了我。所有的音乐你都知道。那感觉是真他妈的好。很溜。每个人都在跳舞,都贼他妈的厉害。那时候,约翰·列侬是乐队的头儿。他就相当于赫尔曼的隐士们乐队中的"赫尔曼"。他们都穿着套装,穿着靴子。他们是坐面包车来的,满腔热情,给人的印象非常深刻。"妈的，"我心想，"就应该这么做。"

灵光乍现之后，我每天都在排练。我碰到了一些很蠢的人，蠢到认为我知道我当时在干什么。我们开始认真起来，其他人差不多也同时认真起来了。我对最重要的一员"隐士"基思·霍普伍德说："你得把你的工作辞掉。""你说什么呢？我是个电话工程师。"他说。

我当时没有工作。我还在上学。我们太幸运了。有个蒂特林厄姆太太不顾邻里和其他情况，让我们在她的客厅排练。她有几个女儿，其中一个是警察，所以没人管我们。我只是个十六岁的孩子，但我一直都把比我大的人差过来遣过去的。男子乐队一直是这样的。有个人掌控着一切。因为我受到的教育更好，比其他几个人更活跃些，而且我父母之前为我开了个银行账号。我们有时候会一天做两场演出。那时候在曼彻斯特广场有午餐活动什么的，女生们午餐都过去跳舞！我们也去，然后晚上去利物浦表演一场。我一直是开车的，尽管我并没有驾照。开的是我的面包车。我们星期六一天都靠卖报纸和卖曼联足球比赛的布告来赚钱。我们可以拿起报纸派报纸，拿起布告发布告，然后晚上照旧表演。这真的就是北部工人阶级的风格。

格雷厄姆·纳什：我们开面包车从曼彻斯特赶往伦敦，去录英国广播公司的节目，这大概是在1963年5月底。是现场直播。不存在"对不起，这一段我搞砸了，我们能不能再来一次？"；

现场是:"现在是直播!现在!"

我们住在一个有七张床铺的房间。我们那时候没钱,而英国广播公司是不提供住宿的。帕洛风唱片公司之前已经签下了我们。

我们只待了三天左右。我们当时在艾比路录音。上午一场三个小时,下午一场三个小时,有茶歇。一场结束时,一位女士拿着一托盘的茶走出来,托盘里有几小包钱。竟然拿到钱了,一个工资袋,在艾比路拿的。这是我们那个年代最喜欢的一件事;我们做音乐,有茶喝,而且有钱拿。

在艾比路,所有的工程师都穿着工作服,所有的东西都是消过毒的。艾比路,实际上是录音这事儿,很疯狂。我们在那儿的第一场录音就录了我们的第一首畅销歌曲。实际上,我们录了一整张专辑。

彼得·努恩:我们去伦敦见一位制作人,给他放我们现场演奏的录音带。但我们的录音带是倒带着放的。他说:"听着,小伙子们,从哪里来回哪里去,在你们来浪费我时间之前,先搞清楚这破磁带怎么放。"这句话真的冒犯到我了。我太生气了,差点就不干了,弄得我们像白痴一样,呆头呆脑的。我们确实是。

第二次的时候,我说:"我们不要去找他们了,我们带他们来听我们的音乐吧。"米奇·莫斯特说:"不行,我不会去曼彻斯特听你们演奏的。"

于是我们说:"车票我们付,而且让你入住米德兰酒店。"我们觉得米德兰酒店就像曼彻斯特广场一样有名。我们从来没进去过,但我们知道就是它了。后来米奇说可以,他会来奥尔德姆的海滩寻宝俱乐部。我们跟所有的女孩子说这位美国有名的唱片音乐制作人要来看我们演出。当然,他不是美国人,但我们知道他来的时候会像美国人一样,因为那是他的风格。"所以要尖叫。"我们对女孩们说。于是她们在我们唱歌过程中所有不该尖叫的地方都尖叫了。很惨,但米奇还挺喜欢的。他看到了一种态度,于是就把我们带去了伦敦。

向南走的路上,有一家蓝野猪咖啡馆,在考文垂到伯明翰那一段的A5公路上。去伦敦的路上,一旦过了伯明翰,就像受到了启蒙一样。

很多乐队会在那里见面。蓝野猪咖啡馆就是我认识奶油乐队成员杰克·布鲁斯[1]和罗伯特·帕尔默的地方。四十年后,我碰到了罗伯特·帕尔默。"你还记得那时候我们经常去蓝野猪咖啡馆,那些人在做三明治之类的东西吗?"北部是培根三明治,南部是三明治。这一点我们一样。

我们乐队里有个非常彪悍的家伙。我母亲有一张茶几,茶

---

1 杰克·布鲁斯(1943—2014),英国摇滚贝斯手。1966年,与埃里克·克拉普顿、金杰·贝克成立奶油乐队,并在流行迷幻音乐的二十世纪六十年代中期,发行了三张迷幻蓝调摇滚专辑。1968年11月,奶油乐队宣布解散。之后,杰克·布鲁斯开始以个人名义发行作品,一共推出了十四张个人大碟。

几腿是可以拆卸的。我们拿了四根,要是任何人和我们有牵扯的话,它们就会出场。我们会去炸鱼薯条店,每个人都想把我们毒打一顿,因为我们留的头发比他们的要长,而且我们是音乐家。不可思议。"你们是男生,还是女生?"我们就会回答:"你认识的女生有几个拿桌腿的?"我们就是警察想训话的那种人。

等我们到伦敦时,米奇说:"下个星期日上午来录音室可以吗?我看看行程安排。中午还要录动物乐队。你们早上九点到那儿可以吗?"于是我们就像傻瓜一样说可以。我们应该说三点的,这样我们就有时间洗个澡之类的。我们在曼彻斯特的某个地方表演完,连夜开了一整晚车,早上九点走进录音室。中午时,动物乐队进来了。

希尔顿·瓦伦丁:我们三个小时做了一张半专辑。我们是中途从布莱克浦过来的。我们正在做星期六晚上的音乐会,下一场演出是星期日晚上,在怀特岛。所以我们连夜开车从布莱克浦赶到伦敦,开了六个小时,之后我们就去录音了,然后我们又接着开车去了怀特岛,坐渡轮赶下一场演出。我们录音时,要花些时间调音,然后录些歌。我们甚至都不会回放我们表演的东西。然后米奇就会说:"好。下一首?"

第三部分

> 来吧，我想见你，宝贝
> 来吧，我不是开玩笑
> 来吧，我试图让你明白
> 我属于你啊，你也属于我
>
> ——滚石乐队[1]

1963年夏天，世界处于不断变化之中。肯尼迪总统承诺在美国颁布民权法案，并前往德国，当着五十万柏林人的面，公开谴责筑造柏林墙的行为。马丁·路德·金在林肯纪念堂的台阶上发表宣言："我有一个梦想。"克里姆林宫将第一名女宇航员送上太空。美国引进邮区编号。漫威漫画公司创作了《X战警》。史上制作成本最高却又饱受批评的电影《埃及艳后》终于首映。英国仍然受制于普罗富莫事件。公众对于实施"火车大劫案"的团伙的胆大妄为感到震惊。青年震动火力全开。

春天，《自由不羁的鲍勃·迪伦》在英国取得了巨大的成功。尽管在美国排行榜上成绩不佳，但鲍勃·迪伦本人在国内已经是名声大噪，离开试图删减他音乐的《埃德·沙利文秀》；现身纽波特民谣音乐节；八月份还在华盛顿游行上和

---

[1] 滚石乐队《来吧》中的歌词，原歌词为：Come on, I gotta see you, baby / Come on, I don't mean maybe / Come on, I've gotta make you see / That I belong to you and you belong to me。

琼·贝兹一起唱歌。

一档颠覆性的新流行音乐节目《各就各位,预备,跑!》在英国商业电视台发布,简直是撼动了传统。滚石乐队发行了他们首支单曲。新词"披头士热"产生了。不久之前还因循守旧的唱片公司终于意识到这个行业的结构发生了变化,开始在地方小镇四处挖掘人才,不是西装革履那种类型的,并有意避开大众化的美国音乐。

第五章 喜 爱

> 突然之间,你登上了舞台,还没等你缓过来,年轻的女生们就把她们的内衣朝你扔过来了。一年前,你还不能和她们上床。
>
> ——基思·理查兹

1963年整个春夏,英国能力超群、胸怀抱负又充满色欲的青年人激发出一股不可阻挡的力量,挤走了传统和陈规。父母、政客和商人眉头紧蹙,焦虑不安,但最终却被这股不可避免的力量征服了。因循守旧的唱片公司试图开拓新的市场,电视台之间争夺最佳收视率,电影制作人将体裁和服装从武戏和古装换成了性爱和短裙。

诺曼·乔普林： 火烈鸟是一家让人兴奋的俱乐部，但不知道为什么，在那儿我从来没有真正自在过。后来我发现了一家我喜欢的俱乐部。那年五月，现场俱乐部在哈姆花园的一间地下室营业一个月了，离苏荷区大风车街不远，距离《唱片镜报》不到五分钟。

这家俱乐部是爱尔兰企业家、理想主义者罗南·奥拉伊利和他的生意伙伴、友好的南非人莱昂内尔·布莱克经营的。无照经营，以现场演出为亮点，音乐风格基本上是以节奏蓝调为主。

我四处闲逛，逛到了哈姆花园，发现了现场俱乐部那昏暗的入口，于是我向看门的两个人报上了自己的名字。现场俱乐部不大，乌七八糟的，到处都是些黑暗的角落。里面有个吧台，不卖酒，还有个舞池，其他的也就没什么了。那儿几乎总是一种低调、轻松、朴素、完全朴实无华的氛围；焦点是音乐，所以没有人厚颜无耻地露臀，也没有人公然表现得不友好。大家喜欢的都是同一样东西[1]，音乐是最重要的。如果你愿意，你可以盛装打扮，也可以穿着随性，没有人对你指手画脚。

这不是一家拉皮条的俱乐部，通常那儿的男生要比女生多得多。在接下来的一年里，可能有十八个月，现场俱乐部红得发紫，是伦敦最炙手可热的小俱乐部。现场俱乐部的现场演出

---

1 音乐。——原注

之夜可以说是一流的。和雷鸟乐队合作的克里斯·法洛，可以说是英国有史以来最好的蓝调嗓；乔治·法梅和蓝色火焰乐队也在火烈鸟驻唱。

六月，滚石连续四周每星期四在这里驻唱；以埃里克·克拉普顿和汤姆·麦吉尼斯为招牌的公鸡乐队也来演出过，虽然是不定期的。埃里克在凯西·琼斯和工程师乐队待过一小段时间，其间他也来这儿表演过。同年秋天，博·迪德利巡演期间，就像天神降临尘世一样，再一次出现在现场俱乐部。

以前星期六早上，我一般是去办公室的，有个星期六，当时的现场俱乐部唱片节目主持人盖伊带埃里克·克拉普顿过来了，埃里克就在那儿闲坐着，话说得不多。盖伊把我拉到一边，低声说道："这人是一位出色的蓝调吉他手。"我当下就不喜欢埃里克，因为他长得太好看了。

大概过了一天，我感到非常惭愧，所以几次演出后，当埃里克滞留在现场俱乐部，不管他住在南伦敦的什么地方，我都会让他坐在我摩托车的后座，送他一程。

比尔·怀曼：5月10号，我们录制了我们的第一张唱片。我们那时候都还在上班。唱片是晚上录的。花了两个小时左右。录唱片不需要花费太长时间，我们是一支还不错的小乐队。

安德鲁·卢格·奥尔德姆：那次录音，录得非常糟糕。那张唱片是不到三个小时录好的。那时候，所有的事只要三个小时就能解决。

他们很紧张,你知道的;我肯定不是唱片制作人,但我们把唱片送到了唱片公司。以前那家唱片公司每星期二都会开会决定他们要发行的音乐,之前拒绝披头士的那个叫迪克·罗的家伙非常聪明,他说这张唱片还不够好,他们想自己在迪卡录音室再录一次。

我想,我们完了,因为如果他们这样做了,而且还成功了,那么独立制作协议以及对唱片的支配权都会泡汤,我的梦想也会随之破灭。你懂的,这些小伙儿就会像披头士一样,我们就只是他们的经纪人而已,他们就会是迪卡唱片公司旗下的歌手,我就坐在那儿念叨着"哦,天哪"。因为我想成为一个独立制作人,由我来告诉唱片公司该做什么,我来发唱片,我来说"嘿,下一首单曲发这个"。

幸运的是,重录的尝试失败了;事实上,重录的比我们录的还要差,你知道吗?所以他们采用了我们的版本,我们拿到了独立协议,这直接决定了我们的未来,也决定了滚石未来的发展。

诺曼·乔普林:我自己特别喜欢的英国节奏蓝调乐队滚石已经发行了他们的第一张唱片,万众期待的《来吧》,让我的耳朵大为失望。布赖恩·琼斯已经开始定期到访《唱片镜报》办公室,除了有关节奏蓝调[1]的一切事宜都要向他讨教之外,我也从他那儿打听有关滚石的最新消息作专题素材。

和我给滚石写的第一篇文章相比,这就是一篇生硬的公关文章。《来吧》根本没有捕获到他们的魔力,这没办法假装。我不能在报上贬损这张唱片,但也不能洋洋洒洒地为它写赞歌。我写道:"这张唱片不错,朗朗上口,言简意赅,有商业价值,但不是等了这么久的听众想要听到的那种让人入迷的节奏蓝调的音乐风格。这是一支应该会慢慢登上排行榜的蓝调风格的商业化乐队。"

基思·理查兹:我们讨厌第一张唱片[2]。我们拒绝现场演奏它。对我们来说,这张唱片我们唱得不好,所以我们就不唱现场。我们不甘做那种赚钱的机器。

我就是这样。我录制唱片。如果我觉得我不能现场演奏,我就不演奏。我们总是以这种方式反抗。我们对我们的唱片感到羞愧,但它还是排进了前二十名。我们录制了一张唱片。毕竟,我们为了进录音室,可能会出卖自己的灵魂,而且我们也确实那样做了。我们当时正处在十字路口。

安德鲁·卢格·奥尔德姆:下一步就是宣传,我要如何让他们

---

[1] 这方面他是专家。——原注
[2] 6月7日发行。——原注

录音棚中的滚石乐队（一）（特里·奥尼尔摄影作品）

录音棚中的滚石乐队（二）（特里·奥尼尔摄影作品）

从不怎么引人注目的节奏蓝调中脱颖而出。我想利用舰队街[1]最有影响力的人物之一,一个叫帕特·唐卡斯特的记者,敲开这扇门。每星期四的《每日镜报》设有他的专栏,当时他就像上帝一样,你懂的,就像沃尔特·温切尔一样。

基思·理查兹:我们是被故意设计的。噱头。你知道去萨沃伊不打领带的话,会被扔出去。和预测的一样,我们会被扔出去,他们会拍到他们想要的照片。这是一场和媒体之间的游戏。这是一件很有意思的事。安德鲁不过是就事实着墨了一番。把照片发出去吧!

特里·奥尼尔在苏荷区给我们拍了这张照片,我们是走在街头的男孩子,"瞧瞧这群时髦的年轻人"。我们都穿了披头士同款的靴子。这是我们第一次赚了一大笔现金,我们都去了商店,买了新的吉他和披头士款的靴子。这就是乐趣所在。就是这样。你已经做到了!我有了一个全新的手提箱。这是我有生以来拥有的第一个手提箱,我们拍摄的时候用上了。

安德鲁·卢格·奥尔德姆:我们以前常常耍的另一个把戏就是把所有的铁杆粉丝——女生们——召集起来,让她们到办公室来。

---

[1] 位于伦敦中心的一条街道,曾是全国性大报社所在地,也是英国媒体的代名词。

走在街头的滚石男孩，买了新的吉他和披头士款的靴子（特里·奥尼尔摄影作品）

当时你必须自己花钱买排行榜。那时候英国只有四十六家唱片店会向排行榜汇报销量，这些唱片店决定前二十或前三十名。你只需要在星期四到星期六在每家店买上三四张唱片，星期一的时候，这些唱片店就会向音乐报刊汇报销量，你就能上榜了。

那些女孩子很棒，你知道的，我们会给她们钱，让她们去买，她们中有些人说："不，不，不，我们喜欢滚石。我们自己花钱买。"这个把戏能让你够到排行榜的榜底，不过才开始嘛，因为这时候唱片公司会说："哇，这些唱片我们应该再多灌制一些。"

如果你想把这种行为称为作弊,你可以这么说,但这是为你的艺人赢取关注的一种途径。[1]

杰弗里·克鲁格:米克·贾格尔会跟你说,他连英国广播公司的试音机会都没有。我们让他们在火烈鸟演奏,有位听过他们唱歌的制片人说:"这什么玩意儿?他们永远都不会成功的。英国广播公司不可能播这些东西的。"

特里·奥尼尔:我曾经在里士满见过这支叫滚石的乐队,看得出来他们真的很酷。安德鲁想为他们宣传,而我的编辑想要更多其他乐队的报道。

但我在伦敦市中心很忙,没时间离开伦敦给他们拍照,所以他们来找我了。我把他们带到公园,陪他们走到苏荷的街旁,然后走进叮砰巷,在那儿的录音室附近给他们拍照。我找来了一堆在办公室上班的女生,让她们搭在这些男生的肩上,然后把他们送到泰晤士河岸边,或者让他们背靠墙上的涂鸦,这让当时的他们看起来更加个性张扬。我所追求的东西就是危险感,因为他们就是有些桀骜不驯、与众不同。

---

[1] 《来吧》上榜英国排行榜,排名第二十一位。——原注

摄影师特里·奥尼尔在伦敦叮砰巷给滚石乐队拍摄照片,他选择了更加冷酷、锐利的风格,使他们和外表清秀的披头士及其他乐队有所不同(特里·奥尼尔摄影作品)

安东尼·考尔德: 拍给小报的一张好照片[1]直接把他们送上了通向榜首之路。这是特里的想法。后来大家都学我们。没有安德鲁,就不会有滚石。他们可能会解散。

---

1 一张整个乐队的照片,特写镜头,队员穿着休闲,不苟言笑。这张照片使这支乐队在1963年和披头士这样的其他乐队比起来,看起来更气势汹汹。——原注

滚石乐队与女孩们（特里·奥尼尔摄影作品）

基思·理查兹：特里会说："我们在照片里额外奉送几个小美妞吧。"我到一个地方总会有一个女朋友，但很快就会感到厌倦。我总是在玩音乐，总是在路上，然后我就会换个女朋友，接着再换个。

特里·奥尼尔：我不用太费劲。他们是能够立马酷起来的。特别是基思，他天生一副酷酷的、漠不关心、无所谓的样子。

基思·理查兹：我没有刻意装酷。我没有想过。我觉得，从你想着如何装酷的那一分钟开始，你就不酷了。一个人酷不酷，我见到就知道了。但同时,如果其他人说你很酷?好的!我只是在努力地保持礼貌,不被逮个现行。

安德鲁·卢格·奥尔德姆:我确实爱那个家伙。我喜欢和他一起工作。他一起出力,这件事成了。特里在其中充当了很重要的角色。

特里·奥尼尔:我把照片发给编辑时,编辑发狂了:"他们太难看了!给我找一支漂亮点的乐队,像上一支[1]那样。"

他拒绝发表那些照片,所以我又回去挖掘其他乐队,然后找到了戴夫·克拉克五人组,他们穿着夹克和侧边系扣的polo衫,看起来很时髦。我不记得我是在哪儿给他们拍照的,或许是在报社附近,也可能是在萨沃伊饭店后面。他们穿着非常整洁,甚至有些古板。他们穿着很土的白衬衫,就像牙医或欧洲大陆的服务员一样。事实上,我听说这个想法是戴夫·克拉克在西班牙度假时想出来的。

接下来我看到的就是他们和我给滚石拍的那张照片一起上报了,横贯两版,标题是"美男与野兽"。戴夫·克拉克五人组真是一剂解药。先是披头士,后是迪伦崭露头角,美国的电视节目需要一些大众化的、得体的男孩子。当时的美国,像《埃德·沙利文秀》之类的电视节目还在删减那些被认为是有

---

[1] 指披头士乐队。——原注

挑衅煽动意味的歌词。像戴夫·克拉克五人组的《热情洋溢》那样热情过头的歌曲比较温顺，没有得罪广告商。英伦入侵时期的音乐有很多是关于性爱的，但美国还没有作好迎接的准备。国家电视台想要的是幸福的笑脸。同时，在英国，这方面已经得到突破了，而在英国的乐队入侵美国的过程中，英国的乐坛又在发生变化。摇滚正变得更加强劲，更加诱人，更加显眼，而引领这种变化的正是滚石。

诺曼·乔普林：英国乐坛只有一个中心。你要想成功，就来伦敦。但伦敦既然已经发现了利物浦，也就发现了英国还有许多不错的城市，主要是北部的城市，不仅拥有不错的足球队，还有出色的摇滚乐队。到现在，数不清的利物浦乐队之中，大多数都已经签约了。

攻占排行榜的第二个城市是曼彻斯特：弗雷迪和梦想家乐队名列前三，冬青树乐队携首支单曲《那不是和我一样吗》大获成功。

我们坐火车北上曼彻斯特，见到了冬青树乐队。我与埃里克·海多克和格雷厄姆·纳什处得特别好，他俩身上那股热情劲儿，我很喜欢。他们为自己的城市感到骄傲，并为曼彻斯特的流行音乐圈自豪。他们带我们去了一家叫转动的车轮的俱乐部，还带我们去了一家叫服装店的服装店，当地的乐队都在那儿买衣服。

不过，冬青树乐队的穿着很考究，是披头士乐队风格：切尔西靴，白领衬衫，深色西装，皮革或绒面革的衣服。1963年的前六个月已经改变了英国的唱片业，并将人才焦点从独唱歌手转移到乐队，将视界从伦敦扩大到其他城市，音乐本身从流行音乐发展到白人的节奏蓝调，为陈腐的叮砰巷音乐敲响了丧钟。

比尔·怀曼：报纸把我们称作"尼安德特人"[1]。当时流行的所有东西，我们都反对。奥尔德姆努力地想把我们打扮得光鲜亮丽，但我们不愿意。在电视台首次亮相之后[2]，公众一片哗然。我们每次都得经受同样的偏见。这是一笔巨额的交易。这是销售唱片的唯一途径。你暴露在全英国人的视野中。安德鲁让我们上了《幸运之星》。制片人却想阻止我们上节目，因为我们进来的时候穿得很随便，他想拿钱给安德鲁，让他去买西装。

"他们邋里邋遢，脏脏的，身上有臭味，能看到跳蚤从他们身上跳下来。"

基思·理查兹：《幸运之星》是我们第一次上电视节目。我们不得不穿上犬牙交错般花纹的格子夹克，统一服装，就为了那一档节目。隔天所有的夹克好像都神秘地消失了。

---

1 石器时代生活于欧洲的原始人，因其化石发现于德国尼安德特山谷而得名。
2 1963年7月7日。——原注

比尔·怀曼：我们穿上这些夹克和裤子，配件淡蓝色衬衫，系上窄领带，然而我们只是假唱。我们下台后舆论一片哗然，因为我们留着长发。好吧，一开始是因为我们剪不起头发。那样子纯属偶然。

查理留长发，是因为他当时在上班[1]。其余的人都不上班，整天都躺在床上。米克是学生。有一次，留长发甚至给我工作惹了麻烦。我穿了一件粉红色衬衫和一件套头衫演出，第二天，我被叫到经理办公室，被告知："你不能穿粉红色衬衫，你得把头发剪了。"我就像学生在学校里一样，被臭骂训斥了一番。当时我已经结婚了，有个一岁的孩子，要努力维持婚姻，要还分期付款，还要还债。有份工作对我来说很重要。

我们上电视节目时，已经小有名气了，音乐报刊已经报道过。上完电视节目后我们被认出来了，有点兴奋，因为全是漂亮的女生。女生们开始索要签名。她们以前常和我们一起出去玩，我们能联系得到她们。她们都是穿着时髦的女生，就像贝利给《时尚》杂志拍摄的那些女生一样。几乎都是素颜、长直发。

滚石其他成员知道得更多，因为他们就住在伦敦，参与的也更多一些。但我和我的家人住在贝肯哈姆[2]，没在伦敦闲荡，也没在大街上闲逛。

---

1 查理是平面设计师。——原注
2 伦敦郊区。——原注

1963年滚石乐队亮相电视节目(特里·奥尼尔摄影作品)

滚石乐队被要求遵守比较讲究的着装要求，穿夹克，打领带，但他们很快就褪去了这种体面的形象；这与他们的音乐和乐队风格并不匹配（特里·奥尼尔摄影作品）

基思·理查兹：突然之间，你登上了舞台，还没等你缓过来，年轻的女生们就把她们的内衣朝你扔过来了。一年前，你还不能和她们上床，而现在，她们把内衣扔过来了。

安东尼·考尔德：那时没有艾滋病，也没有疱疹那样的东西。没什么好怕的。我们有避孕药。女孩子和每个人都乱搞，每个人都和其他人乱搞。安德鲁·卢格·奥尔德姆就是在这当口搞了这么个问题："你愿意让你的女儿嫁给摇滚明星吗？"这成了小报的主题。

基思·理查兹：人类神奇的地方就在这儿，男人和女人啊，一分钟前还在问："你他妈的是谁？"而下一分钟，女孩们就突然尖叫，饥不可耐，朝舞台上扔东西。

我没觉得有什么不正常。我很无聊。我总是觉得我身上会发生些什么，但同时，每个人都在做梦，你可能会在胡思乱想中浪费了一生。这很奇怪。确实，从某种意义上说，我确实认为我很特别，但在哪方面特别呢？音乐上的才能？没有。我连乐谱都看不懂。

我想就是那一年我在脑海里听到了我想要表达的东西，其他人可能想要听到的东西。我觉得我肯定是疯了。我真真切切地听到了这些声音。我试着把这些声音转化为音乐，试着学习如何用音乐术语将它们描绘出来。沉默就是我们的画布。我昼夜不停地学习。你不会有时间去大聊特聊你要干什么。

一定还有别的事情发生。我不是在一夜之间变得魅力四射的。有股奇怪的力量，我们恰好处在旋涡之中。我肯定，其他人也会这样说的。我们的经历都一样。

诺曼·乔普林：1963年这一年很美好，可以遇到志同道合的音乐上的朋友，年龄相仿，所见略同，这些人已经开始出入乐坛。也是在这一年，英国的音乐终于开始舍弃五十年代，聚焦六十年代。也是在这一年，我的个人品位被证明是入时的。

说到入时，我可能要称职一些。我欣赏披头士以及随之而来的所有效应，但我的唱片机里从来没有放过披头士、默西之声和摇滚潮那一代人的歌曲，我出入的俱乐部和小酒吧也很少放。

1963年，我采访过或打过交道的英国乐队和独唱歌手都知道自己还比不上美国人。然而不到一年，英国的音乐就得到了充分的发展，就能媲美美国人的音乐。

比尔·怀曼：如果没有那档电视节目，我们可能也会成功，但那档节目让我们在全国出了名，然后我们就接到了去伦敦以外地方演出的工作。在此之前，我们只是在爵士俱乐部演奏。到了那儿之后，我们玩的还是蓝调，年轻人就只能站着，干巴巴地看着，因为他们没法跟着我们的音乐跳舞。我们的音乐大多数都是蓝调，节奏缓慢。这是舞厅，于是我们意识到我们得演奏节奏更快的组曲，需要更加流行的音乐。有人说我们模仿披头士。无稽之谈。他们很整洁，我们很邋遢。他们都是些帅气的小伙，我们不是。

安德鲁·卢格·奥尔德姆：随着我和米克、基思走得越来越近，布赖恩·琼斯觉得受到了威胁，因为在我出现之前，他在滚石占据着主导地位。我的意思是，每支乐队，在有经纪人之前，都有一个领队。然后那个领队要么会说"哦，谢天谢地，我再也不用做这些事了"，要么他会疯掉，要么他就处理不好。布赖恩就没处理好。他喜欢控制乐队其他成员，喜欢在他和

滚石乐队成员。布赖恩·琼斯（左一）1968年离开乐队（特里·奥尼尔摄影作品）

我，还有埃里克·伊斯顿见面时，让米克和基思坐在茶馆里，然后他再回去汇报我们说了什么。

比尔·怀曼：我们乐队成员之间存在差异。米克是中产阶级，家境富裕，住的房子很漂亮，有独立的花园，他还上过文法学校。布赖恩·琼斯的父亲是航空工程师，属于高素质人群。基思是工人阶级家庭出身，和我一样。我们很穷，七岁就抽烟了，还会撬门开锁。查理也是工人阶级家庭出身，离开家之前一直住在预制房屋[1]里。我们乐队存在阶级分化的问题：两个上层阶级家庭的孩子和三个很穷的工人阶级家庭的孩子。但我们在音乐上没有分歧。我们正在为像我们这样的人创造平台。我们没有遵守演艺界的那套规矩，光鲜亮丽、全套的服装、统一的着装以及身边发生的诸如此类的事。我们拒绝这一切。后来有人开始模仿我们，比如漂亮事物乐队和动物乐队。情况慢慢地变了。

我们有一张唱片，《来吧》，原唱是查克·贝里。那张唱片要更加商业化一点。我们是唯一一支不愿意演奏自己单曲的乐队。我们不愿意现场演奏那张唱片。我们讨厌那张唱片。我们不想给它作宣传，也不想推销它。安德鲁要疯掉了："他妈的给我演奏你们那支单曲！"

"不要，我们不喜欢那首歌，不会演的。"但他来看我们表演时，我们还是不得不照做。

后来我们又上了一档节目，《各就各位，预备，跑！》，那次我们穿着比较随意，就穿自己的衣服上的。

特里·奥尼尔：我们之中很多人，比如安德鲁·卢格·奥尔德姆，是真喜欢打扮。我们喜欢打扮得精致时髦：意大利西装

---

[1] 许多英国住房毁于伦敦大轰炸，所以政府建造了成千上万的廉价房屋，或者说预制房屋，用于安置回国士兵及其家属。——原注

和鞋子，有点儿酷酷的欧洲大陆的风格；单排扣夹克衫；平针织领带。另一些人则像贾斯廷·德·维伦纽夫和安德鲁·卢格·奥尔德姆，经常去裁缝那儿买西装，选样式，比如要几个口袋，几颗纽扣，等等，这样定做要五英镑，看上去更加讲究。裁缝知道怎么做。有些人从时装书上选样式，这样裁缝就亏钱了。

滚石只想随性，他们是最先穿得很酷的，穿着很随便，创造了他们自己的风格：悠闲懒散，一副毫不在乎的模样。不是刻意做作。他们真正代表了正在发生的这场变革，一场关乎身份认同和个性彰显的变革。

他们会穿一件polo衫或者就在一件敞领的格子衬衫外面套一件羊毛衫上电视。米克总是穿得很休闲，甚至有些中规中矩，像大学生一样；布赖恩或基思穿得要波希米亚一些，穿着皮夹克；比尔喜欢盛装打扮，他是真的斯文。他们没有像其他乐队那样穿着统一配套的西装，他们看起来就像是从人群中挑出来，在最后一刻凑到了一起。这样很好，因为正是音乐让他们走到了一起。那样子的打扮真的带来了改变。比如，这个行业和电视台的有些人，对此感到困惑，但追随他们的年轻人觉得这很酷，穿自己的服装，以此来抗议，就和二十世纪二十年代的新潮女郎拒绝穿得像自己的妈妈一样——后维多利亚时期爱德华七世那个年代清教徒式的风格——从而改变了时尚。第一次世界大战已经带来了一些改变。女性获得了选票权，拥有了权利，战争中死了许多男性，女性必须要改变局势。在六十年代初,这同样是一种战后反应,新一代想宣布他们已经到来了。

那个年代的女孩子想看起来很时髦。玛丽莲·梦露和8字形的身材是她们妈妈那一代想要的样子;这一代人想看起来老练又不失俏皮,想穿得像《时尚》杂志的模特,像奥黛丽·赫本叛逆的小妹妹,穿着可以跳舞的短裙,在街上大摇大摆走路的靴子,以及更显性感的衣服,这样他们就可以宣称自己是这个圈子的一员。当时他们只能从玛丽·匡特和芭芭拉·胡兰尼基这样的设计师那儿买到衣服,后来服装业开始抄袭他们的风格,大批量生产短裙和娇小迷人的连衣裙。

这些设计师需要一间远离商业街的店铺。苏荷的卡纳比街就是这样发展起来的,在那儿可以找到租金便宜的地方开自己的时装店。1963年,如果你想买廉价又时髦的衣服,可以去卡纳比街。

玛丽·匡特:1963年,我们在切尔西的店铺真的是大受欢迎。顾客不只是工人阶级的女孩子,而是切尔西所有的人。他们有的和父母一起来,这样可以省钱;他们中有些人是艺术家、设计师和雕塑家,有些人则自己就很有钱。

所有人都来了:奥黛丽·赫本,莱斯莉·卡伦,碧姬·芭铎。他们都来了。我会亲自服务她们。莱斯莉太美了,她身上具备了我喜欢的所有优点,我就是想给像她这样的女孩设计衣服。大长腿。最主要的就是腿。我的设计中腿比颜色更重要。

迷你裙我们很早之前就开始卖了，大概是五十年代末，但到了1963年，突然变得非常流行。迷你裙引起了一阵混乱。人们被惹怒了。

我想不通迷你裙怎么会让人们这么震惊。当时女孩穿的时候，里面经常穿不透明的连裤袜。很难理解他们为什么会觉得震惊。迷你裙是年轻人坚持自己的一种方式。年轻人永远都在改变。直到那个时候，年轻人才有了发言权。穿着和时尚把他们从以前幽闭恐怖的服装中解放了出来。他们下班后可以去整夜跳舞。以前他们一天得换好几次衣服，而且要穿紧身胸衣之类的。我觉得迷你裙是一切的动力，包括爵士。这两者就是一种混搭，是催化剂。穿迷你裙就像佩戴一枚荣誉勋章，这需要勇气，因为以前还没人穿过。迷你裙很短，可以穿着跳舞。

帕蒂·博伊德： 有一天，我和一位朋友，一位男性朋友，一起购物。有个女人朝我走过来，说："你知道你穿的是什么样子吗？那件裙子太恶心了！"我忍不住哈哈大笑，她肯定从来没看过任何人穿这么短的裙子。

玛丽·匡特： 很多人非常生气，因为我们店里的衣服太性感了，是"下流"的。我们在切尔西引起了巨大的混乱。穿着讲究套装的人会愤怒地敲窗户，因为裙子太短了，太性感了。这太新奇了。

亚历山大和我昼夜工作不歇，寻常晚上都会有人敲门。真是太棒了，我爱死了。大获成功啊，太激动了。国王路变得像T台一样。街这头有一家美国杂志在拍摄时尚大片，那头又有另一家杂志在拍摄，他们的照片甚至会拍到彼此。

贾斯廷·德·维伦纽夫：早在这个城市得到"摇摆伦敦"的称号之前，国王路就已经很受欢迎了。我成了一个古董商，我就是在那时候把名字改成了贾斯廷·德·维伦纽夫。当时，我已经不给维达尔打工，改做其他小本生意了。我在古董市场买了个摊位。我有货源。不要问东西从哪儿来的！我的合伙人是上流社会的。我们合作得很好：我，一个穿着时髦西装的东区男生；他，一个很地道的英国人，前部队上校，父亲是上将。他有这方面的知识，我有货源。

我和马克·博兰是朋友，不过当时他还不叫这个名字。后来他加入了暴龙乐队。还有卡特·史蒂文斯。我以前常常和这些年轻人一起混，当时我已经是个小有名气的企业家。我能够做些事情。如果你有什么需求，我可以来安排。

这些人才刚刚起步，我认识其中一个唱片制作人。当时一切还不是那么专业，不像现在这样高效。他们会把唱片带到摊位或公寓里来。我一直都有一间公寓。我在诺丁山的林登花园有间很好的公寓。那时候，那个地方很邋遢，很危险，不像现在这样豪华。那时候那里住的都是些皮条客、妓女和毒贩。

我一直都知道会有重大的事情发生。后来我就遇到了崔姬。我知道我会搞定的。她当时在我哥哥托尼的发廊工作。我叫他安托万。我哥哥跟我说,他认识一个想当模特的女学生。她当时才十三岁,太小了,但她十六岁就成了世界上最大牌的模特。

特里·奥尼尔:每个人都认为崔姬是二十世纪六十年代的招牌,但她直到1966年才从这个圈子冒出来。1966年,贾斯廷找到了我,我带他们俩去国王路买东西。贾斯廷是一位出色的企业家,就像安德鲁·卢格·奥尔德姆一样,很聪明,潇洒,有魄力。他无所顾忌,凭借自己在各个圈子周旋的能力把崔姬打造成了超级巨星。

但真正让世人大开眼界,让"摇摆伦敦"名扬四方的是琼·施林普顿。她是第一位超级名模。大卫·贝利给《时尚》杂志拍过她,他们俩在纽约、巴黎、米兰和伦敦备受推崇。他们就是那个时代的马里奥·特斯蒂诺[1]、凯特·莫斯[2],或"辣妹"和小贝[3]。我和琼交往过一段时间;特里·斯坦普也和她交往过。米克·贾格尔在和她的妹妹克丽茜·施林普顿交往。我想名人的时代就是这时候开始的。此前,出名的是好莱坞和王室。1963年以后,出名的是我们:新闻人物,摄影师,模特,演员,足球运动员,美发师,设计师。当然还有乐队,披

---

[1] 马里奥·特斯蒂诺(1954—),秘鲁时尚摄影师,戴安娜王妃生前御用摄影师。
[2] 凯特·莫斯(1974—),英国模特。
[3] 即维多利亚·贝克汉姆和大卫·贝克汉姆。——原注

头士，滚石，等等。时尚、艺术和音乐以前都是独立的；1963年，它们突然融合在一起了，变得无法区分。我是说，想想理查德·伯顿和伊丽莎白·泰勒。1963年之前，演员和演员结婚，就是类似这样。然而突然间，摇滚明星和模特，摄影师和女演员走到了一起。他们的世界迎面碰撞，交汇融合了。这是历史上炼一切为金的时刻之一。历史学家可以有他们的看法，但对我来说，这只不过是发展而已，这次轮到我们年轻人了，由我们来开启新世界了。1963年，对我们来说，就是创世大爆炸。

诺曼·乔普林： 1963年是英国流行音乐真正大受欢迎的一年，这一年的下半年没让人失望。披头士依然位居密纹唱片和迷你专辑排行榜榜首。《从我到你》上榜五个月后，排名有所下降，但他们刚刚发布的最新单曲《她爱你》即将完胜所有竞争对手，问鼎全球音乐排行榜。1963年夏天也是冲浪音乐攻占排行榜的时候，海滩男孩携歌曲《美国冲浪》悄悄上榜，排名前四十。

1963年5月18日到6月9日，披头士首次以主角的身份开始大规模的英国巡演，同场演出的还有格里和引导者乐队与罗伊·奥比森。巡演之初，歌曲《从我到你》排名第一。行程二十四天，二十一场演出，只有三天休息时间，行程太疯狂了。M1是英国唯一的一条高速公路，整个行程中只有六十英里走这条高速。非常累人。

安德鲁·卢格·奥尔德姆：《来吧》之后，我们没东西可以录，我意思是，已经组建和即将出现的乐队太多了，滚石知道的那些有录制可能的摇滚歌曲，他们同样也都在扫荡。

我那会儿和米克、基思合住。我妈妈又把我踢出来了。不是切尔西的那间公寓，不，不，不，谢天谢地，不是那儿，那儿太糟糕了。米克和基思先搬到那儿，我是后来搬过去的，睡沙发。我就是在那儿开始努力说服他们写歌的：如果米克能给他妈妈回明信片的话，他就可以作词，如果基思可以弹出三个和弦，他就可以写歌。他们笑了，因为他们觉得自己做不到，但他们意识到了这很重要。

茜拉·布莱克：披头士录第一张专辑的时候，做的是他们自己的东西。他们写出了他们自己的歌，改变了世界的面貌。他们不再依靠美国人了；他们在写自己的歌，差异就在这儿，还产生了连锁反应。

薇姬·威克姆（英国经纪人、制作人、词曲作者）：1963年，大家彼此都认识。只有那么几家俱乐部，所以大家在哪儿你都知道。

我来自英国广播公司的一档轻娱乐节目，是档电台节目。我曾经给一个制片人工作过。我是他秘书。我们有音乐、乐队、演员和音效。在组织和剪辑表演方面，我真的很擅长。工作不久之后，我想："我很棒了。"我想在英国广播公司出人头地,但没做到。当时我二十一岁。

我的一位女性朋友正在和红色扩散电视台[1]的负责人埃尔肯·艾伦约会,所以她介绍我们俩认识了。他说:"如果你来我这儿,你得从最底层做起。我有几档节目正在试播,我向你保证,如果有一档顺利开播了,你就可以晋升。"于是我就去为他工作了,其中一个试播节目是《各就各位,预备,跑!》。

第一场节目[2]的嘉宾是布赖恩·普尔和震音乐队。他们表演了《扭动腰肢,放肆尖叫》。是翻唱的版本。比利·弗里,英国的"猫王",他的专辑在广播上成绩不错。他真的很性感,个子不高,身上真的有光环。女孩们都爱他。他非常红。

特里·奥尼尔:《各就各位,预备,跑!》是英国电视史上第一档真正的具备无阶级特征的娱乐节目。这档节目摆脱了小礼服、牛津剑桥学派、水晶般纯正口音和礼节的模式,混合了不同的表演和观众,就随大流。

基思·理查兹:阶级是你可能冲破的事物之一……"阶级得抛弃。"大家都在想、都在说这件事。某种程度上,你开始觉得自己是这些正能量运动的代言人。

1963年,披头士的影响力比我们大得多,但我们是好朋

---

[1] 伦敦的一家商业电视台。——原注
[2] 8月9日。——原注

友。我们都是这场运动的一员。我们觉得,能够共同参与"第一场大海啸",大家都很幸运。彼此间没有竞争。太棒了。

那段时光很珍贵,很单纯。大家年龄都不大,很单纯。所做的一切都是发自内心的,想法很纯粹,如果你能想象我所说的氛围,你或许能明白。

特里·奥尼尔:如今你能想象两支乐队互相帮助,交换歌曲,一起即兴演奏,甚至为了对方放弃演出吗?想象不出。他们会把自己关在更衣室里,为了灯光、音响,或者谁拿到了头牌,或者为什么他们拿到的是香蕉夹心蛋糕,而对方拿到的是橙子味的,去和管理部门争论。1963年,乐队之间不是对手,而是朋友;可能是因为他们没把音乐当作一种职业,而是当作他们在不得不安定下来之前生活中的一段插曲。没有商业竞争,商业竞争驱使人变得自私。只要想到可以离开家乡,去另一个地方演奏,开始一段公路旅行,看你能否让观众躁起来,就很令人兴奋了。

乔治·法梅:有一天,罗南·奥拉伊利告诉我,他之前去了纽卡斯尔,发现了一支非常棒的乐队,而且他打算把他们带到现场俱乐部来演奏。我走进去了,动物乐队火力全开,跳上跳下,还唱着歌。动物乐队很有主见,对人对事经常持怀疑态度。艾伦·普赖斯很聪明,查斯·钱德勒体格很结实。都是些乔迪小伙子[1]。我们成了很要好的朋友。

希尔顿·瓦伦丁：现场俱乐部的老板罗南·奥拉伊利曾经来纽卡斯尔看过我们表演。阿戈戈俱乐部老板、我们的经纪人杰弗里正在预约乐队来表演，像滚石、新兵乐队和桑尼·博伊·威廉姆森这些。奥拉伊利当初经营过新兵乐队和乔治·法梅，所以他们同意让新兵乐队在阿戈戈俱乐部表演一周，我们去伦敦现场俱乐部表演。这是一种交易。

我不记得我们是什么时候把名字改成了动物乐队。好像是我们第一次去伦敦，第一场演出的时候用的这个名字。在伦敦的时候，米奇·莫斯特来看我们。这是我们第一次去伦敦。我们是一支新乐队，这是一件大事。

克丽茜·莫斯特：我们破产了，住在一间小公寓里，没有热水。那是个很脏的地方，而且我还怀孕了。米奇的妈妈说："把孩子丢给我，和米奇一起去巡回演出吧！"

我不去的话，他也不想去巡回演出，因为从一开始我们就什么事都一起做。但事实上是，他根本不想做巡回演出；他想专心做个制作人。我们就是在那时候发现动物乐队的。米奇对我说："我们必须预定一间录音室，他们在从纽卡斯尔赶来的

---

[1] 采煤社区的地方性昵称，用来称呼纽卡斯尔北部城市工人阶级家庭的年轻人。——原注

路上了。"

我们要么付房租,要么付录音室的租金;于是我们选择付录音室的租金。艾伦·普赖斯戴着一顶布帽,穿着一件短厚外衣。他们的打扮太糟糕了。但米奇见到他们后就把他们签下来了,因为他们非常棒。

特里·奥尼尔:我听说动物乐队从纽卡斯尔来伦敦了,于是安排他们一下火车就给他们拍照片。我先带他们去购物,然后才去的录音室,因为他们戴着布帽,穿着短厚外衣,打扮得不入时,看上去像劳工。但戴着圆顶硬礼帽之类的东西闲耍,对他们来说,就是一项工人阶级的无聊活动。

希尔顿·瓦伦丁:那是在牛津街上,其实是一个小提琴手排练的场所。我们在那里没待多久。他们让我们离开,因为我们太吵了。我不知道发生了什么事。那肯定不是一个我们应该去的地方。

一开始很特别,有人拍摄。但只是一开始。我们没有唱片合约。合约是后来才有的。我们做了新兵乐队的演出,又回到了纽卡斯尔,然后又回到伦敦生活了。因为工作,我们搬到伦敦。情势在悄然发生变化。

我们住在西肯辛顿,听上去很豪华,但那儿没家具,只有几张折叠床和一个小电热器。

薇姬·威克姆:我们彼此都认识。某人不接你电话是不可能

动物乐队来到伦敦(特里·奥尼尔摄影作品)

购物换装中的动物乐队(一)(特里·奥尼尔摄影作品)

购物换装中的动物乐队（二）
（特里·奥尼尔摄影作品）

购物换装中的动物乐队（三）
（特里·奥尼尔摄影作品）

购物换装中的动物乐队（四）（特里·奥尼尔摄影作品）

排练中的动物乐队（一）（特里·奥尼尔摄影作品）

排练中的动物乐队（二）（特里·奥尼尔摄影作品）

排练中的动物乐队（三）（特里·奥尼尔摄影作品）

排练中的动物乐队(四)(特里·奥尼尔摄影作品)

的。以前在家都没人拥抱,但是突然间,每个人都会给你一个大大的拥抱。这样肯定很好。很亲昵,有触感。这是一段非常美好的时光。大家都很友善。那时候很美好,很舒适,人们不会对你的感情进行评判。

安德鲁·卢格·奥尔德姆是我出去会约的人。他会告诉我,他的衬衫是在哪儿定做的。这真的很重要,别有含义,就像你买了一张专辑,星期六你就想要随身携带着,这样大家就可以看到它的设计和插画,就会讨论这张专辑。

艺术家都开始正装打扮;除了动物乐队,他们没有穿正式服装。封面要是很好而且令人兴奋的话,比如滚石的第一张唱片，也相当于是对自己音乐的表态。

特里·奥尼尔：大家没有时间思考我们的未来在哪儿。我们正忙着开心，努力工作，努力玩乐。对有些人来说，是忙着寻找下一首歌曲或下一个唱片合约；而对我来说，则是忙着寻找下一个故事，下一张头条图片。

很快我就成了舰队街收入最高，有可能也是最年轻的摄影师。年轻人、电影明星、乐队、歌手、模特就是新闻，他们我全都认识，我和他们一起泡夜总会，一起吃饭，有时候是我把他们送上了头条。是我成就了他们。

我想在他们自己的时空里记录他们；我想把他们当作新闻故事来对待。年轻、用自己的方式做自己想做的，这些好像突然之间就变成了世界所需要的。没有计划，没有技巧，没有精心规划的职业前途。我们过日子，喝酒，购物，恋爱，都只顾当下，因为兴奋，也因为钱。钱意味着我们可以离开家，找套公寓，买很酷的衣服。你每周花五英镑就可以租套公寓，买件新衣服。

薇姬·威克姆：我和四个女孩子一起住在骑士桥，合租一套公寓。我的房间是里面最差的一间。我的室友很传统，做着非常传统的工作。她们所做的，无非就是为结婚生子作准备。我略有些不同。我每周只赚七英镑十先令。

工作室在伦敦西区金斯威的尽头。我一般到工作室很早。

打电话,看看谁上榜了,谁更有吸引力。每天晚上我们都会去俱乐部。凌晨两三点以前是不回家的。有很多人喝酒。有些人吸大麻或是大麻麻醉剂,不过没人吸比这个更强效的了。金杰·贝克是我知道的人之中唯一一个吸海洛因或更强效药品的人。

我们都没有意识到我们有影响力。我们就这样瞎晃着。人们经常和我们搭讪,带我们出去吃饭。我和安德鲁·卢格·奥尔德姆成了朋友,他是我遇到的第一批经纪人之一。

安德鲁·卢格·奥尔德姆:那是在八月份,滚石在苏荷区的一间地下室排练,他们当时还一无所有,没有可以演唱的歌曲。

特里·奥尼尔给我们拍的照片中,我戴着太阳镜。我在模仿菲尔·斯佩克特,不是模仿他的声音,也不是模仿他的外表;我没法像他一样,我模仿的是他那种他妈的神秘感。

亚里士多德·奥纳西斯[1]说,如果你想早些成功,那你需要的就是一个好住址,无论是地下室还是阁楼都可以,和晒黑的肤色。

我一直去法国,去那儿晒黑或搽面霜。如果搽太多了,皮肤会泛橘色。

特里当时拍照片时,大家都很年轻。比尔·怀曼总是和大

---

1 即希腊船王。

家有一点点不同。他是唯一一个服过兵役的；他有可能也是唯一一个在没有室内厕所的家庭里长大的。1963年，比尔·怀曼二十七岁，我们十九到二十岁。

特里·奥尼尔： 安德鲁真的就是个孩子，但他很聪明，有见识，他的小伙子们在他手下工作。滚石让他管理，是因为他们觉得"他给布赖恩·爱泼斯坦工作过。他让披头士受到了关注。那他同样也能让我们出人头地"。

安德鲁是个幕后工作者。他从来没有停止过为滚石兜售推销、建立工作关系、创造机会。基思说安德鲁是滚石的第六名成员。

安德鲁·卢格·奥尔德姆： 排练的时候，没什么可做的，没什么歌行得通。我就走了，因为我在那儿一点儿用都没有。我出去时向右转了，正是这一转，改变了我们所有人的人生。如果当时我向左转了，这事就不会发生了。我走出排练室，右转，走到了街角，在小镇话语——莱斯特广场地铁站的一家剧院——附近碰到了约翰和保罗从出租车里下来。他们喝醉了。他们有免费的酒会。免费的酒会很重要，因为酒水非常贵。他们问："安迪，怎么了？"

他们刚刚赢得了他们的第一个艾弗·诺韦洛奖，那是颁给词曲作者的奖项，对吧？所以他们非常高兴。我说："你知道的，我没歌可以录。"

基思·理查兹把滚石乐队年轻的经纪人安德鲁·卢格·奥尔德姆（右一，这张是和查理·沃茨的合影）称为滚石的第六名成员："我确实喜欢那个家伙。这一切都是他创造的。"（特里·奥尼尔摄影作品）

"我们来处理，哥们儿，我们有首歌给你。"

于是他们下来了[1]，事实上他们给滚石演奏了一首《我想成为你的男人》。他们假装这首歌还没完工，要当着滚石的面给这首歌收尾。他们说："我们还没写过渡乐句呢！"得了吧，他们十天前就录好了，林戈主唱的。所以他们才过来跟我们胡说一通，因为你知道的嘛，主唱不是约翰和保罗，是林戈。

---

1 来到排练室。——原注

他们耍诡计骗钱很厉害的，真的是，我是说，我以为我算不错的了，但他们还是让滚石大受教益。约翰和保罗能把一首歌卖给任何人。我的意思是，他们有这种瞎扯的天赋。他们俩唱双簧。他们是使计骗钱的骗子，纯粹是骗子。布赖恩·爱泼斯坦没有上门推销他们的歌曲，那样有失他的身份。

他们能让聋哑人买他们的歌。约翰会瞪着你，赌你会不会傻到不买，保罗是那个负责施展魅力的家伙；一个唱白脸，一个唱红脸。1963年年初，他们与海伦·夏皮罗一起巡回演出。她是主角。约翰和保罗把《痛苦》这首歌给她，她的经纪人把这首歌退回来了。第二天他们在巡演大巴上把这首歌出售给了肯尼·林奇。

但是《我想成为你的男人》这首歌，很神奇！布赖恩·琼斯拿起吉他，他演奏这首歌的方式，让它贴上了滚石的标签，为滚石所有。我有了初见滚石的那种感觉。立马就有了！我几乎快崩溃了。我的意思是，所有的这些事都让他他妈的太开心了，因此我花三天时间去巴黎买鞋子，不是开玩笑，因为我太兴奋了。

薇姬·威克姆：我第一次见安德鲁·卢格·奥尔德姆，是滚石录制《各就各位，预备，跑！》的时候。我走过街角去酒吧，安德鲁就在外面，穿着一件漂亮的菲什衬衫，头发染成红色，手里拿着酒。他打了个招呼，顺着墙滑动。他醉到不省人事了，喝太多了。那是我第一次见安德鲁。他绝对只是个毛头小

滚石乐队经纪人安德鲁·卢格·奥尔德姆和米克·贾格尔。安德鲁曾说:"披头士和滚石的最大差别在于,披头士是在美国走红的,而滚石是美国造就的。"(特里·奥尼尔摄影作品)

贾格尔,理查兹,安德鲁·卢格·奥尔德姆,以及词曲创作者、流行音乐经理、著名音乐剧《奥利弗》作曲家莱昂内尔·巴特在录音室(特里·奥尼尔摄影作品)

子。十九岁。

我喜欢安德鲁。他很傲慢,超级讨厌。他是第一个拥有配置有色玻璃的Mini车和私人司机的人。我们关系很好。我们毫无共同之处,所以就有了相同之处。我们一起出去闲逛,经常出去看艺术家。我们经常去餐厅。我去不起,所以我会和安德鲁还有唱片公司的人一起去,总是他们付钱。

安德鲁·卢格·奥尔德姆: 与特里·奥尼尔很熟的时尚摄影师特伦斯·多诺万以前就和我说过,当时我还在给玛丽·匡特工作,他说:"哦,安德鲁,你是个酒鬼,对吧?"我说:"你在说什么?我滴酒不沾。"他说:"你有震颤[1]的症状。"事实证明特伦斯·多诺万说的完全正确。

希尔顿·瓦伦丁: 免费豪饮总是受欢迎的。我们都是工人阶级家庭出身的男孩子,酒是我们饮食的一部分。如果你不喝,你就不是好汉。等乔治·法梅和埃里克·克拉普顿演出结束去俱乐部时,我们就和他们泡在一起。伊林有一家俱乐部,伦敦市中心有大帐篷和克伦威尔。披头士和滚石一般在那儿或是即兴。我们会聊音乐,聊女人,一起喝醉。

我喜欢披头士。没有嫉妒。我们一起置身此刻。这是工人阶级的时代,枷锁被冲破了。我们在外面玩得贼开心,拼命吃

---

[1] 酒精中毒引起的震颤,在伦敦东区,这一症状用俚语"ism"表示。

喝玩乐。这是一段快乐至上的时光。我们是拿报酬的。有种你想做什么就可以做什么的感觉。

薇姬·威克姆：滚石第一次上《各就各位，预备，跑!》的时候，太神奇了！有大把晃悠和喝茶的时间，这是与他们谈一谈的大好机会。我想，他们表演的是《来吧》。他们就……就有点像"音乐就应该是这样。酒吧就应该是在这儿。我们应该超越它，不能低于它"的感觉。这没什么大不了的。确实没什么大不了。和他们熟悉的人相处，他们很放松自在。

比尔·怀曼：我们上台的时候很随便，穿我们自己的衣服。

艾伦·帕克爵士：我向来没怎么看过电视节目，但当年一炮走红的节目要数《各就各位，预备，跑!》——"周末从这里开始"是它的宣传口号——和《一周回顾》[1]，它们打破了英国电视台的模式，为下个十年树立了典范。

特里·奥尼尔：滚石穿着他们平常的休闲服装出现在金斯威录音室录制《各就各位，预备，跑!》。而且成功了。我和他们

---

[1] 《一周回顾》是一档讽刺性新闻政治节目，由大卫·弗罗斯特主持，领衔嘉宾有达德利·穆尔和彼得·库克等，撰稿人有约翰·克里斯和罗尔德·达尔等。——原注

在后台胡混:米克在吹头发,基思在灯座前刮胡子,布赖恩在摆弄比尔的头发,安德鲁和基思在喝同一杯茶。我那天拍到了一些很不错的照片。米克现身时穿着一件带毛帽的外套,一条灯芯绒裤子,吸引了不少注意力。基思看起来就一副酷酷的样子,以前是这样,现在也是这样。那时候除了《各就各位,预备,跑!》,在其他任何地方他们这样都不可能成功的。《各就各位,预备,跑!》是第一档为年轻人量身定做,由年轻人撑起来,让年轻人做自己的事的节目。一档全新的节目!

薇姬·威克姆:我们太低调了。我的工作是确保艺人在该登台的时候登台。我得提醒他们,他们还有五分钟,得把吹风机放下了。没错,那种千钧一发的时刻是有的。桑迪·肖有次成功地错过了节目。她在更衣室和一个人聊天,然后就完全错过了。这也没什么大不了的。

这档节目的想法是,观众是舞台的一部分,艺人和观众交融在一起。大家想跳舞,不想干坐着。

那时候我什么都要做。要组织,做脚本,预约艺人,确保节目需要的一切都准备就绪。我们真的各种事都做了。我被任命为编辑,直到今天,我还不是很明白编辑是干什么的。节目是现场直播,没什么可以编辑的。但当编辑意味着要帮忙选择观众,预约艺人。我们会到俱乐部转悠,邀请人们来当观众。每个人看起来都很棒,舞跳得都很好,乐队和艺人都是我们当时很喜欢的那些人。

不存在"这儿是你的位置,不要跑到外面去"这种情况。1963年,我们一直在假唱,他们不必担心给乐器调音的事,他们都不擅长对口型。这就是1963年电视圈的情况。

特里·奥尼尔: 在《各就各位,预备,跑!》中一切都是如此的放松,所有的规则都化为乌有,我坐到了观众席,彩排期间我也在。就是在那时候,我发现米克已经成了乐队的焦点,不仅仅因为他是主唱。我的意思是,乐队是布赖恩的,米克没有乐器,但他好像是在用自己的身体把歌曲表演出来,让身体随着音乐摆动:醒目的姿势,噘嘴,身体摇摆。他已经很有魅力了,他是一个善于引起公众注意的人。其他乐队成员就站在那儿不动,只是唱歌。米克在动。

薇姬·威克姆: 从秘书到编辑,我只花了三四个月。我很专横,嗓门很大,没人质疑我的地位。艺人们年纪都差不多,所以有个小妞说"打起精神来"他们也不觉得奇怪。

披头士第一次来的时候,我记得台上是达斯蒂·斯普林菲尔德[1]在做主持。她采访了他们,问了音乐、头发和他们的外表这些问题。他们假唱了他们的歌。我们当时还没意识到他们

---

[1] 达斯蒂·斯普林菲尔德(1939—1999),英国蓝调、灵歌歌手,其专辑《达斯蒂在孟菲斯》被《滚石》杂志评选为有史以来最伟大的作品之一。——原注

以后会有多出名,但排队入场的队伍已经从这条街一直排到了地铁站。

年轻人想方设法地进来。不得不调警察来了。太不可思议了。披头士这时候还不知道自己有多受欢迎,我们当然也不知道。那是1963年。那时候既美好,又危险,这感觉很迷人。很危险,从某种程度上说,是很刺激。不是说有人会受伤的那种危险,只是:"哇,有人真的准备把门砸开,或者试着从锅炉房进来。"

茜拉·布莱克:布赖恩·爱泼斯坦想让我去伦敦,跟着乔治·马丁录音。我唯一可以进入录音室的时间就是暑假,因为我绝不可能放弃打字员的老本行,不可能的,我是个挺理智的女生。

我来自利物浦,我出身的地方非常穷,我意思是,比披头士还要穷得多。我爸爸是码头上的装卸工,我妈妈在市场上卖二手衣服,所以我的职业道德标准是传承自他们的。我每周有五天在办公室工作,不仅如此,晚上我还在俱乐部上班,在咖啡馆端咖啡,我还会唱歌,工资是我办公室工资的一半;我当时挣的钱真多。

那次灾难般的试音之后,我在蓝天使俱乐部唱歌,布赖恩·爱泼斯坦又过来看我了。他说:"你试音的时候为什么不这样唱?"我告诉他当时的那首歌不是我的调,于是他又让乔治·马丁从伦敦来见我。

我十九岁时去艾比路录音室录《挚爱之爱》。那是保罗的歌。他以前经常在洞穴唱这首歌，是披头士组曲中的一首。唱一首从未录制的披头士的歌，可能是个很大的加分项。但这首歌并没有大受欢迎。

布赖恩接收了我们所有人，所以你必须对他很有信心。就像灰姑娘故事一样，我总相信，我的王子或是救星总有一天会来的，他们俩都会打扮成布赖恩·爱泼斯坦的样子出现。没错，我确实相信会有好事发生，但我不知道怎么着手。那时候，打进伦敦市场就有点像打进美国，真的。布赖恩什么都知道，上至巴赫，下至披头士。九月我上了《各就各位，预备，跑！》。我接下来的一首歌《有心人》冲到了排行榜榜首。

诺曼·乔普林：布赖恩·爱泼斯坦的新任发言人托尼·巴罗打电话给我，提到了布赖恩旗下最新的当红歌手茜拉·布莱克，问我愿不愿意采访她。

我还蛮好奇的。关于她的专辑《挚爱之爱》，我没有什么真正的意见，但茜拉有些地方似乎蛮有趣的，所以我在沙夫茨伯里大道溜达了一圈后，在蒙茅斯街附近的小咖啡馆里见了她。

彼得·布朗：布赖恩在他的乐队中树立的是父亲的形象，他一门心思为他们谋取福利。披头士是家人，茜拉是家人，格里和引导者乐队也是家人；但其他艺人中，没有谁具有茜拉和披头士那种放肆、潇洒的气质。

诺曼·乔普林：她和她男友博比[1]在那儿，我们坐在一张小小的有些破损的富美家耐火板桌子旁，面对面地坐在狭窄的长凳座位上，点了咖啡和圆面包。茜拉非常好，生气勃勃，脚踏实地，第一眼就很招人喜欢。

茜拉·布莱克：起初我不喜欢伦敦，因为我发现那儿的人不友好。但是后来费莉西蒂·格林把我送到维达尔·沙宣那儿剪了个头发。

维达尔是伦敦东区人，没有背景，典型的工人阶级，这点我蛮喜欢的。后来特里·奥尼尔出现了，听起来他现在仍然有伦敦东区的口音，他也出身于工人阶级家庭。一切都汇集起来了。

这就像一块七巧板：有披头士，有利物浦乐队的大爆发，有伦敦东区乐队的大爆发。突然间，工人阶级真的受欢迎了，甚至广播都不得不作出改变，电视台当然也改变了。我们刚从利物浦来时，广播播音员还穿着小礼服、戴着蝴蝶领结播报新闻。我的意思是说，干吗这样呢，又没人看得到他们。

在播报新闻时，必须得说标准英语；我一直都没弄懂那是什么，但每个人都在用不同的方式说。后来一切都变了：裙子

---

[1] 后来成为她的丈夫，爱泼斯坦去世后担任她的经纪人。——原注

变得越来越短,一夜之间,五十年代的那一套就过时了。

芭芭拉·胡兰尼基:有些东西是我们为茜拉·布莱克做的,五英镑的戏服,还有透明的T恤衫。她走进来,我们聊了会儿天。我说:"不知道你要选五英镑的,还是选便宜货?"她说:"选便宜的。就要便宜的。"她知道她在说什么。她很棒。

我们把所有的精英都吸引过来了,但我们也有其他顾客,其他不是精英的顾客;滚石和披头士,他们进来和女店员约会,他们太耀眼了。但当时,他们只是乐队而已,还没那么出名,还没有影响到全世界。

费莉西蒂·格林:我喜欢芭芭拉·胡兰尼基的穿衣风格,也喜欢她的样子。我有一个想法:她会为我做衣服纸样吗?她做了纸样,我们买了布料,衣服做好后,我完全被这件衣服迷住了,所以我在报纸上登了很大的版面。但我完全低估了引起的反响。

芭芭拉·胡兰尼基:我们做的格子裙大受欢迎。《每日镜报》的时尚总监费莉西蒂·格林打电话来,请我们为《每日镜报》做一件邮购的裙子。她说:"我想要一件格子的,就像芭铎在圣特罗佩穿的那样的。"

我们把样品做好后,拍了照片。只有一种尺码。都很小。非常小。我们一般只做两个尺码,八号和十号。战争结束后,女孩子长得都很瘦小。没有肉。英国的女孩子腿很长,像竹竿一样。我永远都不会忘记格子裙面世的那一天。我们有个地址,所有的邮包都寄到那儿。我们去取邮包时,我丈夫菲茨[1]走过街角,拖着两个麻袋,说:"还有订单。"都是汇票。

那件裙子卖二十五先令。我们完工时,每件裙子赚了半便士。整个厨房有成千上万的邮政汇票。我们去了一家银行,想开通一个商业账户。我们把所有的邮政汇票都带过去了,他们不愿意处理,因为要填写许多表格,手续很多。

薇姬·威克姆: 真的回到了音乐本身。如果音乐好,你怎么说、怎么做都不重要。真的只关乎音乐。音乐是大家的共同点。

那时候没有商标,但我觉得比芭是第一个所有人都知道的商标。报纸上刊登过一张照片,照片上是一条棕白条纹的裙子和一件夹克。我觉得很好看。我给芭芭拉·胡兰尼基打电话:"那件衣服你还有库存吗?"

芭芭拉太忙了,没时间出门。她一直在缝纫。我只有去她那边才能见到她。我会在那儿喝许多茶,等着衣服做好。

这是一个年轻人在乎发型怎么剪、由谁来剪的时代,尽管还有很多妈妈在剪头发。衣服既便宜又时尚。你不需要花很多钱,就会有人说:"哇,真好看!"

---

[1] 即斯蒂芬·菲茨-西蒙。——原注

芭芭拉·胡兰尼基：处理完邮购订单后，衣服还剩很多。各式各样的衣服。我说："得了，要不我们在公寓里开间店吧！"我打电话通知了一些人。我们雇了一两个女孩子给我们干活儿。我们播放着音乐做生意，所有的衣服都卖完了。几个星期之后，有人会半夜赶过来；他们来了，可是衣服我们全都卖完了。

一旦有真正让人兴奋的东西，你是不会放弃的；你会持续给这个饥渴的市场提供货源。我们傍晚时会到货上架。那两个女助理会说什么什么连衣裙到了，什么什么上衣到了。女孩们为了等到货会在那儿坐上好几个小时。有时候货车开来了，衣服却不够卖。女孩们很绝望。她们想买新衣服，得穿新衣服去跳舞。她们会觉得很恼火。她们有热钱，现金。后来，披头士出现了。

弗兰克·洛爵士：我们有很多人以前经常在原来的比芭店碰面。啊，那儿太棒了！你去那儿，坐在沙发上，喝杯咖啡，和伙伴们聊天，这些女孩子会从更衣室里进进出出，这感觉太特别了。

维达尔·沙宣：英国的民众迫切想要而且需要改变。星期六下午，当我走在国王路的时候，整条街就像一个工作室，不仅仅是玛丽·匡特的店，整条街都是。每个人都剪着超级棒的发型，所有人都穿着玛丽的衣服。每个人都赶时髦，来到伦敦。

第六章　无　畏

情绪就是音乐新素材。我连续五年进入全球唱片排行榜前十名,然后,1963年,披头士和滚石就横空出世了,改变了流行乐坛。我觉得我的职业生涯要完蛋了。那一年,我二十三岁。

——尼尔·塞达卡

第二次美国革命,距第一次差不多有两百年了,这次不仅是为了平等、解放和民权而战,也是为了废除影响文学、电影与艺术创造的法律和约束而战。从民谣音乐节到电影布景,再到印刷机和胶片,这个民族已经作好了准备,倾其所有。

盖伊·特立斯：1963年，我三十岁，已经结婚了；我们差不多是私奔出来的。我妻子是兰登书屋的初级编辑。1953年，我在《纽约时报》当勤务工，后来成了记者。我常常为外面其他报社写东西。因为报社的工资入不敷出，我需要钱。《君子》杂志[1]给我付的工资最高，而且不会改动我的稿子。

我打算换份工作，但又担心付不起租金。《纽约时报》的收入很稳定，当时我们还没有孩子。当年我还被派去伦敦采访彼得·奥图尔[2]。

我不记得我第一次听披头士是什么时候，但他们当时还在伦敦。我知道他们。他们是一支小乐队，外表有些古怪，留着长长的头发，穿着长长的衣服。我注意到他们了。第一次听他们的音乐时，我就深受影响，了解到了新的音乐、新的人类。

肯尼迪当选总统时，我们也有同样的感觉：一位年轻人入主白宫，有这样一位具有国际影响力的年轻领导人，我们这一代人当时都觉得我们的时代来了。古巴导弹危机对他是个很好的检验。

肯尼迪是语言大师，他非常优秀。我报道过他的演讲。我对外围地区很感兴趣。我报道过卡纳维拉尔角[3]，写的是关于宇航员的内容；他们都是明星，肯尼迪也是。那时以披头士为典

---

[1] 美国时尚杂志，1933年创刊。
[2] 彼得·奥图尔即将在电影《阿拉伯的劳伦斯》中出演男主角。——原注
[3] 卡纳维拉尔角所在地是众人皆知的航空海岸，附近有肯尼迪航天中心和卡纳维拉尔角空军基地。

型代表的新音乐流行起来了。

弗兰克·洛爵士：从某种意义上说，1963年是我生命中最重要的一年，因为那年我从美国回来了。如果不是美国想招我入伍，我会留在美国。

之前英国很沉闷，美国却让人很兴奋。但现在一切都变了，这一改变是由工人阶级推动的，因为他们已经没有什么可失去的了。

盖伊·特立斯：时尚变了，从大街上可以看得出来。披头士有他们自己的时尚。几乎所有的一切都换上了青春的外表，全新的风格。这一切是由美国总统推动的。肯尼迪总统给人留下了极其深刻的印象，他的顾问团队抽雪茄、不戴帽子强化了这一印象。以前每个人都会戴帽子，但肯尼迪没戴。我父亲告诉我一个人要是没有戴帽子，无异于衣衫不整。但肯尼迪改变了这一切。

他的性欲，我们都知道，但这似乎与他腰背不好这一事实不符；他腰背不好，已经是公开的事实。他有一位看似性感但可能并不性感的妻子，她看起来性感靓丽，穿着考究：穿套装，戴礼帽。时尚真的流行开了，尤其是对女性而言。有超短裙，反时尚的时尚；还有以杰姬为代表的经典时尚，精心设计的套装或是大衣。年轻人可以买得到仿制品。时尚，谁能买得起名牌套装？经济上的因素总是影响着时尚。我感受到了社会对年轻人的重视。肯尼迪可能是历史上最年轻的总统，这影响了整个文化。

诺尔玛·卡玛丽（美国时尚设计师）：我刚从FIT[1]毕业，觉得所有的工作都是肤浅的，所以我想："我要去旅行。"我在《纽约时报》上看到一条西北航空公司[2]的招聘广告。当时，为航空公司工作就像现在为苹果公司工作一样。那是工作的理想之地。

我并不觉得我想做一名设计师。压根不觉得。我讨厌FIT那一套关于时尚的东西。每个人都像《广告狂人》里一样，讲究帽子和手提包的搭配。我无所适从，那儿一点都不适合我。我觉得他们都太肤浅了。航空公司有人对我说："你去伦敦的时候，"——我要先去巴黎——"伦敦有一个切尔西区，那儿有那种提供膳食的私人住宅，每晚只需六美元。那地方不大，但真的很漂亮。"

我到巴黎见我的朋友贝齐，我在诺曼底酒店大堂等她。酒店里有些英国小伙子，这些小伙子显然是某支乐队的成员。史

---

1 即纽约时装技术学院，国际著名的服装与艺术设计院校，成立于1944年，位于美国纽约市曼哈顿区。
2 西北航空公司成立于1926年，总部位于美国明尼苏达州伊根市，2008年被达美航空公司收购，两者合并后以达美航空为名，成为全世界规模最大的航空公司。

蒂夫·温伍德[1]就是这支乐队的一员，他们都以为我是法国人，开我和我朋友贝齐的玩笑。

我们开始用英语聊天。然后他们说："哦，天啊，你们为什么不一起来呢？我们正在巴黎巡演。"然后我们和他们一起走了，他们说："伦敦的地下酒吧特别棒，你们去伦敦的话一定要去。每个人都会去那儿。"

我们谁都不认识。那时候还没人出名。那时候还早。滚石和披头士还没有来纽约。

艾伦·琼斯：我们住在纽约的切尔西酒店，在另一层还有间工作室。这很让人兴奋。哇，这就是美国，我就在美国！我们太兴奋了，还不知道在我们国内，伦敦也成了焦点。我们和沃霍尔是熟到会打招呼的那种，但那时候他还只是这个圈子里一位默默无名的艺术家而已。

我真正担心的不是被送到越南，而是我得从美国空军基地穿着美军制服回到我父母那儿[2]，这事儿可能会让他们不高兴。我确实收到了入伍的征召。但招募官说："你在浪费我的时间。"当时身为白种人的我，二十六岁，已经结婚了。[3]

我已经在纽约生活了一年，但我妻子想家，而且怀孕了，

---

[1] 史蒂夫·温伍德（1948— ），英国摇滚歌手。
[2] 在美国取得永久居住权的英国国民符合征兵条件。——原注
[3] 美国男子征兵年龄为十八至二十六周岁，琼斯已经达到了年龄的上限。此外，在读大学的男子以及已婚男子常常被免除兵役或延期服兵役。——原注

我没有钱让双胞胎在纽约接受私立教育,所以我回到了伦敦。

诺尔玛·卡玛丽: 在伦敦的第一天晚上,我们去了地下酒吧所在的玛格丽特大街。去到那个地方,你会发现它就像一副挂着窗帘的棺木。寂静无声,漆黑一片。穿过这些窗帘,你会发现当时所有的音乐家都在那儿。我是说所有。

但我没有留下深刻的印象;我不认识他们。我会回到航空公司工作,当时在纽约没人知道他们。这就是英国的"摩城"。这里有精选的音乐。这里正在创造英国音乐。我遇到了吉米·佩奇,还有那些人。年轻人。我是来自纽约的诺尔玛,我并不懂自己。

这塑造了后来的我。那段时光太重要了,我们知道它与我们的父母不一样,但我觉得直到十年或二十年之后我们才意识到区别有多大。所以生活在那时候,真的是激情四射,我每天都兴奋不已。伦敦每天都会有未曾发生过的事情发生。而且那以后的每天,都会有新事物出现,都在前进,都是对那时候的认同。

卡莉·西蒙: 我读大二期间,和我姐姐在巡演,应该就是在1963年。露西开始弹吉他。有个叫戴维的家伙,是个民谣歌手,他拥有我当时想要、能想象到的一切。他住在玛莎葡萄园岛,他父母和我父母是朋友。

戴维教了露西一些和弦,教她怎么弹。他们很小的时候就一起上学。他们在玛莎葡萄园岛的时候是朋友,上学的时候也是,他教了她和弦,她学会了,然后我又从她那儿偷师。

所以到了1963年的夏天,我们俩都知道了三四个和弦,我们觉得我们能带着我们的两把吉他到夜总会找份唱歌的工作。我们搭便车到了普罗温斯敦一个叫穆尔斯的地方,但之后就没人愿意载我们一程了,车一辆接一辆地从我们身边开过。我们对着经过的人大喊大叫:"我们穆尔斯见。我们会成为明星,而你们就只是一个小老百姓,你们到时会后悔没认识我们的。"

我们去试音了,在那里表演的乐队刚刚被招募去越南参战,所以我们当场就被雇用了,而他们正好就是当天离开的。我们大概有四五首歌。我们唱了琼·贝兹的几首民谣,她当时很受欢迎。有一首歌叫《西弗吉尼亚》,演唱部分我们都合唱了。大家以为我们是同性恋!他们以为我们是同性恋组合。我们被称为"西蒙姐妹花"。我们并不知道同性恋是什么。

那年夏天剩下的日子里,我们一直在增加完善我们的曲目,秋天,我们的经纪人查理·克洛斯让我们去格林威治村的结局俱乐部[1]试音。那年我大二。我们的曲目更强了,也有十五首歌曲了。那年秋天,我们为很多人开过场,有伍迪·艾伦、琼·里弗斯、比尔·科斯比,还有迪克·卡韦特。

---

1 结局俱乐部成立于1961年,是纽约市最古老的摇滚俱乐部之一。

卡莉·西蒙和露西·西蒙带着她们的民谣曲目在格林威治村的俱乐部和常春藤校园巡演，但是在1971年卡莉单飞前，她们只有一首歌有那么一点名气（Getty Images）

盖伊·特立斯：1963年，我满腔抱负，发愤图强。但我想要过得自由些。我想成为一名作家。我不想被《纽约时报》绊住，但又必须负担开销。我得有一份工作。我彻底辞掉了《纽约时报》的工作。为了赚更多的钱，我到处写文章。

我被派到伦敦采访彼得·奥图尔。他是我见过的最有趣的人。他是国际电影明星，他很聪明，他的信仰让人大为惊叹。

他通晓艺术、歌剧和诗歌。他求知欲很强，人也很好。

我写完他的简介后，在他伦敦的大房子里住过一阵子；在我为《君子》杂志的报道作过调查之后，他把我妻子请过来，我们在那儿待了一周左右。他让我相信我在生活方面有些太谨慎了。别再节育了，不要担心钱的事，你会成功的。我之所以被说服了，是因为跟我说这些话的是这个人，一个冒险做演员的人。他在拿到主要角色之前，接了许多小角色。

诺尔玛·卡玛丽：1963年年底我去了伦敦。我沿着国王路走着，我看见了许多商店，它们真的很有趣，很与众不同。我发现人们的穿着也挺有意思。人们穿着短裙。以前，我们都穿着长袜，不露膝盖。我的天啦，太难以置信了，我太兴奋了，兴奋到极点了！我记得披头士的那首歌，《我想牵着你的手》，我记得他们刚刚发了一张唱片，我不记得我第一次听到这首歌是什么时候，但我记得我在国王路上听过，因为沿街的商店都在放这首歌。歌声如此新鲜。一切都是如此的新鲜。全然一新的色彩。与此相对的是，极少数老太太穿的全是黑色和灰色。这是从黑白到彩色的爆发。我不敢相信我所看到的，我一直在打冷战，我充满了敬畏之情。我知道我已经找到了归属。我适合这儿。我知道我不适合FIT。这一切就像回到家一样，这里是我的归属。是自由，对我来说这是解脱。我满脑子想法不断。

亨利·迪尔茨：我们还穿着西装，我们的制服。有爵士乐、民谣和喜剧,我们有四台旅行车,每所大学我们都去了。我们和尼娜·西蒙[1]、赫比·曼[2]一起演出。我们表演的是民谣。我们签了一个巴士巡回演出,四十一个晚上,还有一个福音乐团"福音珍珠",那些女士们体重一百三十六公斤左右,歌声非常惊人。南方有一家酒店因为黑人问题不让我们住那儿。我们中一部分人还应该住那儿吗?不会,绝对不会。我们要待在一起。

我们每星期赚四十五美元,费用全包了。非常有趣。我们这一代觉得自己前程似锦,什么都知道。我们当时在抽大麻,但正如大门乐队那家伙所说,我们不是在吸毒,我们是想要有所顿悟。1963年,我在纽约开始服用迷幻药。

罗伯特·克里斯戈:我是政治组织的一员,但我们的人数还不及自我放纵的享乐主义者多,他们当时还从来没经历过国内生产总值下降,或者父母的工资下降;他们人生中还没有经历过,从来没有。我们之前的经济一直在发展。我可以找份不怎么样的工作,过得俭省点,余点钱,然后休五个月假。

对我来说,用一句话来概括1963年的氛围的话,那就是:你可以背上一个大背包,装上威廉·巴特勒·叶芝的诗集和其他几本书,带上银行的九百美元存款,开始五个月的旅途。那

---

[1] 尼娜·西蒙(1933—2003),原名尤妮斯·凯瑟琳·伟蒙,以艺名"尼娜·西蒙"著称,美国歌手、作曲家、钢琴表演家。
[2] 赫比·曼(1930—2003),美国长笛演奏家。

就是自由,自由就在那儿。如果我需要找工作,我明天就可以找到工作。找工作不是问题。对于找工作,没有什么可担忧的。这就是为什么经济因素如此重要的原因。找份临时性的工作,带你去下一站,这事理所当然。

盖伊·特立斯:我记得1963年,我写了一篇报道女影星罗密·施奈德[1]的文章。如果你没有对性冲动的抵抗力,你就会迷恋上别人,然后你就会那么做了。那是在维也纳。我记得我们当时在聊天,她不是一个攻击性很强的人,但在和她谈话的过程中,她并不掩饰她对她母亲的憎恨。我们睡了,就是这样。世界已经变了。几天之后,我妻子过来了,电影要去罗马取景,我们和很多演职人员一起去吃饭,我当时正在和罗密跳舞;如果你和某人发生了性关系,行为就会很随意,我妻子注意到了。那个时代的精神就是去满足自己的冲动,而不是去克制抵抗。那是性革命的开始。

琳达·盖泽:如果我看到导演或男演员勾引女孩子,我会很羡慕那些女孩子,但我觉得到处乱搞男女关系很恶心。我们用子宫帽,因为我们不喜欢用避孕套。我背叛了我男朋友一两次,我不会觉得愧疚,但我觉得不值得。我想要一直很自由,做我

---

[1] 罗密·施奈德(1938—1982),奥地利女演员,代表作有《茜茜公主》《爱是最重要的事》等。

想做的事情。有件事我知道，我想做演员。我不想结婚。

罗伯特·克里斯戈：在我的世界里，如果你有女朋友，你就和她睡，即使你们没有结婚。那时候就是这样。我认识的每个人都是这样做的。我的朋友中风流浪子并不多。是你对性的坦诚程度变了，而不是你做的事情变了。

但我相信，在六十年代初，滥交并不多。你可以在歌曲中唱有关性的东西，这一点好像很重要。在与性有关的歌曲中，有不少地方公开讲到性，这个很重要，这在以前是没有的。就应该这样。我确实觉得这一点很重要。一些性方面的迂腐守旧正在从文化中慢慢被移除。《查泰莱夫人的情人》和亨利·米勒。那些真的蛮重要的。这些书被禁真是太荒谬了。

那段时期我至少每两周做一次爱。我也有些轻浮和随便。在我看来，1963年发生的重要的事情之一，不是性习俗在变化，而是性行为正在得到认可。

盖伊·特立斯：1963年，我为《君子》杂志写了一篇报道，是一篇有关百老汇导演乔舒亚·洛根的文章。他是一位已婚的同性恋。这事我知道。我没提，但我确实在某个片段里写了他和戏剧《老虎老虎》的女主角克劳迪娅·麦克尼尔吵架的事。克劳迪娅在生乔舒亚的气。他当时说："你在上面就像个女王一样。"她说:"你才是女王[1]。"那个词是用来指同性恋的。《君子》杂志担心吃官司,说:"我们不准备用这个。"

我说:"我看看能不能得到他的许可。"他正在墨西哥度假。我打电话给他,他说:"不,我希望你不要用这个字眼。"

"那你想让我用什么字眼呢?"

他说:"要不你写'女皇'吧?"

当时英语里还没有"同性恋"这个词。如果说得粗鲁一点,就说他们是"假娘儿们"和"死基佬"。但是,1963年是开端,是性革命的前兆。

特里·奥尼尔:1963年,我们周边有很多东西都在改变。在我们年轻人中,我们认识的人有同性恋,比如布赖恩·爱泼斯坦或某些演员,但我们没有强调,也没有注意这件事;除非你是一个坚定的异性恋,然后有个同性恋勾引你,否则这好像都不重要。但他们没有。同性恋者言行谨慎,有自己的一套生活方式。他们一般不与人来往,因为社会上的其他人,上至警察、政客,下至普通人,都对同性恋者感到厌恶和恐惧。

只有年轻人对这件事无所谓,几乎是不关心,一点都不觉得受到了某种威胁。他们对性爱、忠贞、通奸的态度一样。很少会觉得愧疚,没有多少限度。你女朋友的闺蜜也可以和你

---

[1] 英语中queen一词既可以指女王,也可以用作对女性化的男同性恋者的贬称。

上床。如果你的好兄弟和他女朋友分手了，而你和他女朋友又相互喜欢的话，你可以和她在一起。你会和你最好的朋友的女朋友在一起，如果他们分手而你们互相喜欢，这似乎没有任何问题。性爱，就像音乐和衣服一样，是时尚的。告诉你吧，我觉得如今在伦敦还是这样。放到伦敦以外的城市，如果你睡了好兄弟的女朋友，不管他们分没分手，你都会被劈头盖脸教训一番的。

盖伊·特立斯：我不认为不忠行为是美国的风尚，但它不受谴责。肯尼迪与好莱坞明星之间的关系深深吸引着像我这样的年轻人。肯尼迪的风流韵事，不仅仅因为我是记者才知道，而是众人皆知。我父亲那些人都不愿意相信，但我了解人性，在我的圈子里，这很普遍，这不是丑闻。

我们尽情地玩乐，放纵自己，有时会导致夫妻离婚。但我没有。

琳达·盖泽：我们一大群人，沃霍尔也在，一起出去玩。苏荷区第一次开放。之前是不准住在由工厂改建的公寓里的，它们是商业场所，房东晚上会过来把你扔出去。这是最大的变化之一，苏荷区就是在那时成了在世艺术家的住处。

我是一群正在尝试做各种事情的年轻人中的一员。安迪·沃霍尔也是其中一分子。有一天，他让我们穿上紧身衣，然后他和他的团队给我们作画。我们得做那些滑稽的动作。

大概是在演一列火车之类的。我们在西百老汇大街的地铁站台上表演。然后我的经纪人打电话给我，说他帮我接了一个试镜。是一部电影。我的经纪人说："哪个哪个明星不想接。这个角色不需要知名的女演员，只需要一张脸。"

我当时就知道，《典当商》这部电影会备受争议，因为裸体，因为这是第一部讲集中营的电影，而且我知道当时影片不能展现裸体。但让我露几秒胸部，我是可以接受的。

西德尼·吕美特只想按照他的方式拍这部电影。西德尼去过好莱坞，他说："我不想在好莱坞工作，那里的制片人会把我的电影剪掉，由他们来告诉我应该做什么。"剪辑权在制片人手上，而不是在导演手上。他说："我要在纽约拍这部电影。"于是他就开始了拍摄。

罗德·斯泰格尔[1]不想要薪水。他得到了一辆车，一辆凯迪拉克，蠢极了，后来拿到了这部电影的分红。他用这辆车把我们逼疯了。我们都得坐这车兜风。他很为这玩意儿骄傲。

他们每周付我三千美元！六周！在商店里，我一小时赚两美元五十美分，一周不超过一百美元。在百老汇，我们每周挣一百二十美元。

我当时并不知道我正在拍有史以来最伟大的一部电影之一。他从一开始就跟我说了裸戏的事。我父亲很生气，但我

---

[1] 罗德·斯泰格尔（1925—2002），美国演员，1964年主演《典当商》，获得奥斯卡最佳男主角提名。

说:"爸爸,这是革命性的一幕。"我们不得不等待。我们是在秋天九月份开始拍摄的。拍摄那个场景没花多长时间。整个过程大概就花了一个小时。

我当时就知道这部电影的上映时间会有些麻烦,因为我知道它不能以平常的方式上映,但西德尼没有放弃。我有一种对抗守旧当权派的感觉。年轻人想以自己的方式做自己的事情,做全新的事情。

鲍勃·格伦:1963年,我十八岁,正要高中毕业。我住在长岛[1]。我想去罗彻斯特[2]。我对摄影很感兴趣,我知道那里的摄影专业是最好的。

我高中时开始听民谣,我朋友当时在弹吉他,他教会了我怎么弹。我记得织工乐队[3],还记得那年的某个时候我朋友拿了一张迪伦的专辑过来说:"你必须得听听这张唱片,这家伙太棒了。"我笑得倒在了地上。我说:"这家伙不是歌手。你在开玩笑吗?"但他说:"听听他说什么。"

罗伯特·克里斯戈:1963年4月18日,我二十一岁生日之前,我一直住在曼哈顿我的阁楼里。之后,我搭便车去全国各地旅

---

1 北美洲在大西洋内的一个岛,属于美国纽约州。
2 即罗彻斯特理工学院,位于纽约州罗彻斯特市,创建于1829年,是美国历史上第二古老的私立理工大学。
3 织工乐队成立于1947年,是使民谣音乐从小众转向流行的关键力量。

行，一直旅行到九月中旬。我走了一万五千英里，我在人家的地板上睡觉；我拜访了全国各地的朋友。我在伯克利和洛杉矶待了一段时间，我以前从未到过加利福尼亚。

美国的整体观念对我来说非常重要。在达特茅斯读大学时，我修过英国文学。我当时也在读美国小说，因为我觉得我并没有真正地弄懂，所以当我在路上读这些的时候，我想去美国看看。那段时间我一直在听广播。

我的音乐经历是从调频广播开始的。海滩男孩的《美国冲浪》开始上榜。这首歌想象美国是一个乌托邦。那是一个乌托邦时代。

我喜欢流行艺术的原因也一样：尖锐，不妥协。有人认为流行艺术是讽刺性的。我没这样想过，从来没有。我喜欢流行艺术。他们知道自己在做一些不同寻常的事情。但安迪·沃霍尔是在讽刺还是在庆祝呢？没错，有时候会有讽刺的元素，但基本上是为了庆祝，这是流行艺术的源泉。这是一个叛逆的时代，没错，当然有一些事情需要反叛，比如民权运动，这个我非常了解。

艾伦·琼斯：我和我大学时期的朋友彼得·菲利普斯开车旅行了三个月。他获得了鼎鼎有名的哈克尼斯奖学金，这能让他在美国生活两年。你得空出一部分时间去乡以外的地方旅行。所以彼得打电话来说："我有辆车，免费的，来场公路旅行怎么样？"我们开了三个月，去了基韦斯特和西海岸，穿过了盐湖城和尼亚加拉。我们从来没有去过亚拉巴马州：自由乘车者[1]，民权运动——你是不会想开着一辆纽约牌照的车去那儿的。

我们沿着海岸开。在南卡罗来纳州，你走进一家小餐馆，那里会有两条走道，一条给白人，一条给黑人。我们走的是黑人那一条，因为我们根本没有当真。但我们很快就察觉到了。这不是开玩笑的。

有辆车坏了，后面有一位白人女性，司机是一位黑人，他把车子的引擎盖打开了。我们停下来问要不要帮忙。他惊呆了。后面的美国女人说："不！告诉邻镇修理厂的人就行了。"

盖伊·特立斯：民权运动始于1963年的自由乘车者。我当时报道了一些。纽约发生了种族暴动。但不是"我们会克服"的那种精神。马丁·路德·金还没有成为领袖。他已经比较活跃了，但人们对黑人还是心存恐惧和不信任。

亨利·迪尔茨：除了越南的事情，我们其实没怎么关心外面的世界发生了什么。我们只对音乐感兴趣。西海岸有斯科特·麦肯齐，他后来唱了那首"如果你要去旧金山"[2]。歌声高亢动听。

---

1 自由乘车者是指从1961年开始的乘坐跨州巴士前往种族隔离现象严重的美国南部，检验美国联邦最高法院对摩根诉弗吉尼亚州案、博因顿诉弗吉尼亚州案判决落实情况的美国民权活动家。
2 斯科特·麦肯齐《旧金山》首句歌词。

还有一个班卓琴弹得特别好的家伙，他是爱尔兰民谣乐队克兰西兄弟成员之一。行吟诗人俱乐部是我们向往的地方。我不用担心征兵的问题，因为严格来说我是后备兵员。我刚好不在关注范围之内。征兵增强了大学里的对抗气氛，进而使对待权威的态度变成了"我们vs.他们"。前者滋长了后者。我们为什么要去外国枪杀那些我们不认识的人？有正当理由吗？更多的证据表明，负责这事的人是错误的，而开始生活的我们是正确的。我们拒绝了旧世界。没错，这是在自我放纵。我从来没有做过朝九晚五的工作。

距离洛杉矶行吟诗人俱乐部两条街的地方有特罗皮卡纳汽车旅馆，大家都住那里。我们住在特罗皮卡纳，在行吟诗人俱乐部表演。不过，我们以前常常是表演一整个星期，不是一个晚上。在俱乐部和大学音乐会表演。我们经常开着货车到全国各州去旅行，在民谣俱乐部表演一个星期，再去几所大学表演，然后再继续前进。我们也会去纽约做几档电视节目。我记得迪伦那个年轻的家伙出道了。

阿尔·库珀：民谣和摇滚差别很大的。它们都不喜欢对方。但两个我都喜欢，这让我很为难。

我在格林威治村听到了迪伦的歌声。他的声音对我来说太粗粝了。保罗·西蒙问："你听过鲍勃·迪伦的歌吗？"我说："听过，但不太懂。"他说："不要想着歌唱的部分，真正好的是他弹的吉他。忘记他歌唱的部分。"

卡莉·西蒙：我怀念在后台彼此学习歌曲的那段时间，多么舒服啊！你只要拿出吉他，没人觉得害羞。在结局俱乐部的更衣室里，没人是明星。你只是觉得教彼此唱歌太舒服了。很有学校氛围，就像在大学校园一样，你一个房间一个房间地跑："嘿，我有首新曲子，研究一下吧。"

我和其他人的很大差别在于歌手与词曲作者之间的差距。这是一种新的时尚，通过你的音乐来做你自己。我真的觉得，迪伦之所以这么重要，不仅仅是因为他的天赋，还因为他把伍迪·格思里[1]的歌又深化了一步。不仅仅是关于三十年代的经济大危机，还有关于内心的歌曲。这是一种新能量。

1963年独自一人唱歌的迪伦，为伟大的独奏家和伍德斯托克时代铺平了道路。他们对政治没有兴趣。他唱的歌是关于"今晚我会留下来陪你"这类的。

史蒂维·尼克斯（佛利伍麦克乐队[2]主唱、词曲作者）：我当时已经转学到加利福尼亚阿卡迪亚读十年级。1963年，我十六岁，有位神奇的吉他老师教了我一个月课以后，去西班牙了，他把

---

1 伍迪·格思里（1912—1967），美国最伟大的民谣歌手之一，鲍勃·迪伦少年时代的音乐偶像。
2 佛利伍麦克乐队是英国老牌摇滚乐队，1967年成立于伦敦。乐队风格几经变化，最终创造出一种成熟而富有感情的软摇滚音乐风格。1998年，乐队入选摇滚名人堂。

吉他卖给了我父母，那把吉他当时就放在我床上，我至今还保留着，我当天就写了一首歌。

我刚和我男朋友分手，他就和我闺蜜在一起了。他是我的初恋，很了不起，明星四分卫，他在很多方面都很厉害。我是新来的女孩，有点怪异，因为我来自盐湖城。阿卡迪亚属于上流社会，而我穿得像乡下来的。我拿着个草袋，很显眼。当时英国的音乐风格还没有转型，但我就是我，我很可爱，然后我遇到了史蒂夫。

我们谈恋爱谈了一个月。什么都没发生，但和他在一起真的太棒了。如果不是因为这个家伙，我可能永远不会写歌。现在我也很爱他。那时还没有避孕药，但当时情况正在发生变化。没人会随便和什么人就上床，但会在车里做爱；这个我永远都不会忘记，真是太棒了。

我得到吉他后写的第一首歌是这样的："我很伤心，但不忧郁，男孩爱上了其他人。"我还记得，就像昨天才发生的一样。那时候在家里，我和父母非常亲密。我把那首歌弹给他们听，眼泪滴到了吉他上。只要我想上学，我父母就会全力支持我。

我已经学会了十个和弦，我现在知道的和弦也就这些。我觉得我不需要再上课了，我开始写歌。这是我的乐趣。我想记录下我生命中发生的事情，那时我的闺蜜已经和史蒂夫分手了。即使他背叛了我，我对他的回忆仍然是纯洁的。那个女生成了我最好的朋友。我没生他们的气。我知道写歌是我的出路。

这是一场音乐盛宴。这与埃尔维斯和西纳特拉完全不一样,他们是艺人。十五岁的孩子都受到了启发,并参与其中。这是一场大变革。年轻人有话语权,有话要说,他们在街上和咖啡馆跳舞。

尼尔·塞达卡:情绪就是音乐新素材。情绪是更发人深省的东西,那个时代的文化正在改变,服装、艺术,但我不是其中一员。我是个局外人。我连续五年进入全球唱片排行榜前十名。从1958年到1963年,我连续发行了十张热门唱片,然后,1963年,披头士和滚石就横空出世了,改变了流行乐坛。

我第一次听到披头士的歌是在1963年4月,当时我和妻子正在坐游轮度蜜月,伊丽莎白女王号上有一个自动点唱机,我听到了"有什么是你想要的吗"[1]。

阿尔·库珀:尼尔吓坏了。他的队友中有很多人都让披头士来录制他们的歌,赚了很多钱,但尼尔没有。他们在写同一种风格的歌曲。他们的歌曲每周都进排行榜前十名。我们在同一栋大楼,布里尔大厦。我当时十九岁,和我父母一起住在皇后区,每天通勤到纽约,晚上回家。我和另外两个合伙人靠写歌谋生,我们被昵称为"三大才子"。

---

1 披头士1963年4月发行的歌曲《从我到你》中的歌词。——原注

尼尔·塞达卡：我听了披头士和滚石的歌。我更喜欢披头士，因为保罗总是微笑着，看起来很健康，歌曲制作得很好。滚石更多的是扭头伸舌。我更喜欢披头士，也开始写那种风格的歌。

叛逆少年vs.好少年。有些人为故意安排的感觉。约翰来自利物浦，有种局外人的调调。贾格尔来自郊区。这是一种转变。不再只有独奏和保持微笑的美国歌手，而是更叛逆，创作更朦胧、更富比喻性；我的歌更多的是无忧无虑、欢快的特拉拉那种。

接下来，我被迷住了。披头士的音乐是英国对美国布里尔大厦音乐的演绎，保罗告诉过我，他深受布里尔大厦音乐的影响。

卡莉·西蒙：1963年太美好了，那年我去了法国南部。母亲和姐姐努力劝说我加入"西蒙姐妹花"，可我不想加入，我想和我男朋友私奔，回学校读书。我被劝进了演艺行业。我研究了很多法国音乐，约翰尼·霍利迪[1]和我买了很多78转的唱片回来听。

我知道我有一副好嗓音。这一点我很自信，但上台是另一回事。我有严重的口吃，读书时如果老师要我大声朗读，我

---

1 唱片节目主持人。——原注

都会结巴得厉害,在聚光灯下这种情况依然存在。我觉得自己被分成了两半。能够与朱迪·科林斯和各种各样的人见面、共同制作音乐,这点我很喜欢,但对我来说真的不是一件好玩的事。我不喜欢表演。我感觉我被姐姐拖着往前走。表演让我感觉很紧张。

我想嫁给我的作家男友。我想象过自己的生活:我和很多作家朋友一起聚会,我冲着咖啡,不说什么话。

然而事实并不是这样。我们[1]并没有赚到很多钱,还要从父母那里拿贴补。我每周的演出酬劳大概是二十五美元。我们在结局俱乐部的时候,有五十美元,但那是我们姐妹两个人的酬劳。我们会工作一周,然后休息一个月。后来我们在煤气灯[2]表演。一直都是我们开场的。

阿尔·库珀: 保罗·西蒙的故事令人惊奇。我认识他们时,他们是摇滚歌手,已经七八年了。他们在汤姆和杰瑞乐队期间有过一张大卖的摇滚唱片。后来在1963年,他和阿特·加芬克尔又以民谣歌手的新形象出现。他们称呼自己为"西蒙和加芬克尔",这是他们的真名。我觉得他们之所以转型是因为鲍勃·迪伦。

保罗·西蒙开始用电吉他表演,对我来说电吉他更好听。

---

1 即西蒙姐妹花。——原注
2 格林威治村麦克杜格尔大街上的一家咖啡馆。——原注

他当时用手指拨弦,并教我怎么拨弦,这改变了我的人生。我看过鲍勃·迪伦的表演。我买了门票。保罗·西蒙引起了我对鲍勃·迪伦的兴趣。看到鲍勃·迪伦在音乐会上的表演,我对他有所改观。他的嗓音并没有影响我对他其他方面产生的兴趣。他让整个市镇集会所座无虚席,他越来越出名了。

鲍勃·格伦: 这是我们所说的"抗议运动"的开端,这个运动也包括那场越南战争。这是民权运动的时代。菲尔·奥克斯[1]当时演唱了关于民权的歌曲。摇滚是对权威的反抗。民权运动更严肃认真一些,它是有目的性的。

尼尔·塞达卡: 会有人跑来问我:"哦,你以前不是尼尔·塞达卡吗?"在我二十三岁时,我已经能用那种摇滚风格写歌了,但人们不愿意买我的歌。我所处的时代不对。1963年最具影响力的音乐家是迪伦。民谣音乐正在冒尖。我去了格林威治村的俱乐部。那里很时髦,很懒散,有很多瘾君子,不合我的胃口。布里尔的音乐已经不时兴了。我的职业生涯在走下坡路,每张唱片的销量越来越少。后来我的唱片就不卖了,也不播了。

卡莉·西蒙: 我们与卡特家族[2]一起演出过一次,他们都穿着

---

[1] 菲尔·奥克斯(1940—1976),美国民谣歌手。
[2] 一个传统的美国民谣组合。——原注

配套的衣服，坐下来演奏他们的曼陀林和手风琴。我认为这是趋势所向。

我们的定位比较不清晰。我们遇到了一位女编舞师，她教我们一边唱一边跳，就像至上女声组合那样。我不喜欢那些奇怪的舞蹈动作，因为那样不对，而且那也不是我。对这个问题思考了一番之后，我非常消极。我认为我被强迫学习了一些我并不喜欢的东西。我有一种我们根本不是一路人的感觉。我们在一间舞蹈工作室见面，练习这些舞步。我们得和伯特·巴卡拉克[1]一起跳舞，他们都很困惑我们是何许人也。巴卡拉克是我们的偶像，迪翁·沃里克也是。

我们在去纽瓦克的路上。1963年我们正在做大学巡回演出。我们会回到结局俱乐部，然后再到排练室学习这些舞步，之后我们会和巴卡拉克碰面。事实上，他给了我们一首叫《一次》的歌。还有方方面面的影响。

克丽茜·莫斯特：米奇以前每隔一周飞一次美国，他经常去布里尔大厦，那里是百老汇所有词曲创作者工作的地方。他见了卡洛尔·金，尼尔·戴蒙德[2]，尼尔·塞达卡，等等。他就是这样拿到所有的歌的。他们可以为客户量身制作歌曲。

---

1 伯特·巴卡拉克（1928— ），美国作曲家、钢琴演奏家。
2 尼尔·戴蒙德（1941— ），美国歌手、作曲家，2011年入选摇滚名人堂。

艾伦·琼斯：根据我去纽约的经历，这个城市适合我，那儿的活力让我大为惊叹。六十年代我还持有绿卡，经常往返于英国和美国。有种要深吸一口气的感觉。在美国如果你有本事的话，你就有机会。在英国，他们总是关心你读的是哪所学校。

第一次去美国的行程结束后，我回到了伦敦。我说："我需要拿到绿卡。"我一定要搬到纽约。这对以后的发展关系重大。我刚刚娶了一位美丽的金发女郎，在我被皇家艺术学院开除以后。之前我就开始教书了，当时我就经常带着这位美丽的金发女郎出去约会，她是班上最优秀的学生，真是罪孽。她十九岁，比我小四岁。

我去美国大使馆申请绿卡，我对着什么东西宣了誓，然后他们说："六个月内，你有资格参军。"越南战争是真的开始了。这是一个令人警醒的念头。经常往返纽约的霍克尼说："穿不同颜色的袜子去（征兵委员会面试），如果这个没用，就坐巴士去尼亚加拉，你可以穿过国界到加拿大。"

尼尔·塞达卡：我觉得我的职业生涯要完蛋了。那一年，我二十三岁。我也曾有过辉煌时期；埃弗利兄弟，胖子多米诺，他们都有过辉煌的五年，似乎就是这个模式。我不再是畅销歌手，我迷上了披头士和滚石。但我的听众不愿意接受我的特拉拉和嘟比嘟这种欢快的歌曲。

卡莉·西蒙：我以前就听过披头士的专辑。我让披头士的所有成员都在这张专辑上签了名，这专辑是我一个做唱片节目主持人的朋友送我的。之后我就把它送人了，真是震惊，我不敢相信我竟然这样做了。他们在广播上播的歌曲我都听过。大家都很喜欢披头士。

尼尔·塞达卡：我们都在讨论。我们知道我们必须要改变，反省，摆脱那种安逸的氛围，否则我们就要反复创作同样的东西。1963年的英国散发得更多的是享乐的气氛，没人真正了解发生了什么。他们都还小，他们还是年轻人。我知道自己还有更多的才能，我知道自己是一个富有创造力的人，我想改变风格、发展和成长。我还是会去布里尔大厦。我更有事业心，而且更加敏感。

诺尔玛·卡玛丽：我在伦敦的时候，会到比芭和国王路买衣服，那儿的衣服太棒了。我会花掉每周做乘务员赚的八十美元，给朋友带衣服回来。后来衣服太多了，我得用一个大布袋把这些衣服带回来，我的生意就是这样做起来的。我在第五十一街开了一家小地下商店，开始卖我从伦敦买回来的衣服。后来生意越做越大，我就开始做自己的衣服。在伦敦的那段经历让我用完全不同的方式看待时尚，我明白了一切皆有可能。任何我想做的事情，我都可以去做。

你想出了一些新玩意儿，是会从中获得乐趣的。你每天的穿着都在传达人们从未见过的东西。人们每天穿得就像一件艺术品一样。我记得我第一次从英国旅行回来,总是随身携带着针线。当时我穿着一条齐膝的裙子,我记得我把裙子的下摆缝了一圈,然后它就变成了一条短裙。

开车的人停下来,和我搭讪,就好像我是妓女一样。以前没人见过别人露腿,更别提没穿长袜和吊袜带的腿。前所未闻。你要很勇敢才行,因为当时在纽约没人敢这样穿。他们觉得我疯了。倒还没有朝我扔石头,只是觉得我疯了;当时没有人真的被扔石头。

我获得了许可。以前我有这种想法,但没得到许可。你不用非得穿得像你母亲一样,每个人都可以很时尚。任何有时尚感的人都可以,这第一次开启了民主时尚的概念。

卡莉·西蒙: 当时各式各样的形象云集。你得弄清楚你是谁,你要走哪一个时装模特的路线。我走的是嬉皮士的风格。我们都去格林威治村打了耳洞,留了长发。反战运动群声鼎沸。有人在咖啡店谈论这件事。有人去华盛顿抗议。

鲍勃·格伦: 我父母是在经济大萧条时期长大的。他们在我这个年龄,生活要困难得多。1963年可以说是相当富裕了:人们都在盖房子,经济状况不一样了,机遇更多了。我只是想着不要朝九晚五的工作。我不知道自己想做什么。我没有规划。我只想过父母不会来烦我、早上可以睡懒觉的生活。

我喜欢有意义的歌曲。摇滚乐可以自由、大声地表达你的感觉。这就是我想要的。鲍勃·迪伦《像一块滚石》表达的是一种更深刻、更强烈的情绪。我学习如何用吉他弹奏迪伦的歌。那就是我想唱的歌。我没想着要出人头地,我当时弹吉他和拍照就是玩玩的。

尼尔·塞达卡:肯尼迪的去世令人震惊,带来了巨大的改变。我们意识到我们也不过是芸芸众生。民权运动正在上演。

史蒂维·尼克斯:我有一首歌,是写肯尼迪家族的。这首歌写的是一个梦想:我正在化妆,然后有人敲门,说:"他们准备好了。"有个男人挽着我的胳膊,这个男人是马丁·路德·金,肯尼迪家族都在那儿,其中一个人说:"有一架钢琴。"

肯尼迪被暗杀的时候,我正在听音乐。听的是披头士的《我想牵着你的手》。我超级喜欢那首歌,它与我之前听到的所有歌,包括民谣和摇滚,都不一样。

我有很多单曲唱片,乡村音乐的,埃弗利兄弟的。那年年底,我突然发现节奏蓝调激起了我的兴趣。当时我们正在开车,我坐在后座,跟着哼唱《做我的情人》;罗奈特乐队[1]演唱,菲尔·斯佩克特创作。我妈妈和爸爸问我:"你怎么喜欢节奏蓝调了?"因为我的祖父是一个流浪的乡村歌手。我后来拿了一张专辑给他听,我从他的眼中看到了一丝嫉妒;我知道我是

---

1 美国二十世纪六十年代最受欢迎的乐队之一,2007年入选摇滚名人堂。

会成功的。

罗伯特·克里斯戈：据说都是青少年在听,但我不是青少年,约翰·列侬也不是。披头士并没有改变这种音乐,鲍勃·迪伦也没有。没有他们,这一切还是会发生。披头士当时为我们展示了什么呢?或者说准备向我们展示什么呢?英伦入侵不过是披头士、滚石以及其他很多人,又重新回归到了被遗忘或是被摒弃的美国音乐而已。我现在所说的歌曲主要来源于非裔美国人。

第七章　余　震

> 没有人预料到它会一直、一直、一直持续下去。声势越来越大,最后占据了我们的生活。
>
> ——比尔·怀曼

1963年秋天,对于青年先知来说,变革、自我放纵和热情,为新的现实——成功、名望和恶名——所取代。但这些都是有代价的:责任,努力,不再纯真。事情的发展让他们饱含期望,而荷尔蒙只能帮他们走到这里。商业需求和新的功利主义野心勃勃,这是这一代人曾经有意回避的。

比尔·怀曼:到1963年秋天,我们只发行了两首单曲,还没发行专辑。第一首单曲《来吧》排第二十名,另一首《我想成为你的男人》排第十二名。这就是我们所有的成就。对于公众来说,我们是大乐队,但我们没有势力,没有后援,没有履历。

披头士有很多歌都是排行榜冠军。我们比其他乐队更好,更嗨,所以现场表演的话,我们的销量比其他人都要多,除了披头士。

来看我们表演的,和去看披头士表演的,是相同的群体。第二首单曲《我想成为你的男人》面世时,我们正在巡演。

彼得·布朗: 他们还是小男生,很年轻。我是说,1963年,乔治·哈里森大概只有十九岁。安德鲁·卢格·奥尔德姆当时也十九岁,已经开始管理滚石,之前他为布赖恩工作。我们当时都在做自己的事情,特里·奥尼尔正在拍各种照片。没有限制。

你应该和戴维·帕特纳姆聊聊,他现在是勋爵了。他是从伦敦郊区来的小伙子。我记得他和我说,因为他说话不是那么得体和恰当,他一直在幕后工作。然而1963年这一切发生变化的时候,他被调到了幕前,因为他很酷。当这一切爆发的时候,他在广告领域工作,因此他非常了解这些变化,他一直在关注。

特里·奥尼尔: 广告业能迅速捕捉到社会上突然发生的变化。一些知名人士,像戴维·帕特纳姆、里德利·斯科特、艾伦·帕克,都是先涉足广告业获得经验,然后在其他创造性领域大展身手的。

前一分钟，你还是个微不足道的年轻人，下一分钟，年轻就成了你的资本。1962年，伦敦《星期日泰晤士报》开始每周发行彩色增刊。刚开始销量很糟糕，但到了1963年，突然成了全球最酷的杂志。你会看到琼·施林普顿的时尚大片，然后是非洲某个战区的摄影作品，翻过来是对一支时尚的年轻乐队的介绍，再下面是关于家具设计的文章或"铁幕"背后的生活调查。所有这些在当时都是具有启发性的，所有的内容都设计得非常时髦、酷炫。

聪明的公司嗅到了这样一个新机遇，让广告去迎合并接触新的观众。所以，如果你要推销一台洗衣机，你是不会放一个中产阶级的家庭主妇在洗衣机旁边的，你得找一种有趣的艺术化的推销方式。这些公司需要挖掘年轻人的心态。

戴维·帕特纳姆勋爵（电影制片人）：1963年，我二十二岁。我十六岁就离开了学校，在广告公司CDP做助理客户经理。1963年，我一年挣一千两百英镑，收入不算低。我结婚了，有个一岁大的女儿，住在租来的两室公寓里。我们有一台丹赛特电唱机，一些45转的唱片，一台黑白电视机，一台收音机，一台根德磁带录音机。我用这台录音机录播广播上的音乐，再回放着听。

我穿着一套白色西装，留着比较长的头发，有时公司领导带客户参观，会打开办公室的门，说："这是在我们这里工作的年轻人。"除此之外,他们一般还是让我待在幕后。

艾伦·帕克爵士: 1963年,我非常"孤陋寡闻",我那些更睿智、更年长的同行不断地让我意识到这点,他们的原话我不会引用,所以我还有许多功课要补。但是,到1963年年中,我就能够信手拈来地引用《第二十二条军规》[1]中约塞连的名言和《发条橙》[2]中亚历克斯的极端暴力言论,我甚至在电影《伊普克雷斯档案》上映前就知道电影的结局了。

大卫·奥格威的《一个广告人的自白》,对于我们这些身着领尖有纽扣的布克兄弟[3]牌子衫衬、脚穿满是绲边的镂花皮鞋的年轻的广告界毛头小子来说,是必读书目。我们和麦迪逊大道[4]还有很大一段差距,但至少我们的穿着和这个行业是相符的。我们总是在厕所和酒吧里滔滔不绝地引用他的格言。我们特别喜欢"微薪养蠢材"、"喝酒的时候效率更高"、"两三杯白兰地可以极大润饰我的广告词"这几句,当然,这也成了整整一代广告人的咒语。

戴维·帕特纳姆勋爵: 突然,年轻人流行起来了;老板想炫耀

---

1 美国作家约瑟夫·海勒1961年出版的长篇小说。
2 英国作家安东尼·伯吉斯1962年出版的长篇小说。
3 美国知名服装品牌。
4 麦迪逊大道是纽约曼哈顿区的一条主要干道,美国许多广告公司的总部设在或曾经设在这里,因此麦迪逊大道逐渐成了美国广告业的代名词。

我们。1963年是关键性的一年。回想起来，就是在那时候，我们明显感到有什么事情发生了。世界正在发生变化，这种变化对我们有利。我们很重要。1963是我人生中最重要的一年。我和《时尚》杂志的时尚摄影师特里·达菲、大卫·贝利、托尼·斯科特和里德利·斯科特兄弟共事。

艾伦·帕克爵士：大卫·贝利是"工人阶级家庭出身的伦敦东区人获得成功"的典范，我把他的照片贴在我伊斯灵顿房子的墙上。

突然之间，说话可以有口音了，在那之前，口音代表着你的阶级，把你困在社会底层。在传统意义上来说，如果你说话有口音，那你肯定很笨。所有这一切都改变了，披头士功不可没，他们不仅让利物浦人和利物浦方言变得可以接受，而且让所有地域的口音都变得可以接受，甚至变得有吸引力。

此外，我很幸运地进入了广告业。这是一个全然一新、完全平等的行业。在广告业，没人关心创意部的口音。没人关心你是否有学位。唯一重要的是你的作品集以及你的作品有多好。我的同龄人，像戴维·帕特纳姆和查尔斯·萨奇[1]，都与别人合不来，都没有受过传统教育，但都很快赶上了同行。

广告业的客户经理是一个完全不同的群体，优雅时髦是先

---

[1] 查尔斯·萨奇（1943— ），英国最重要的艺术收藏家，生于伊拉克的一个犹太家庭，后举家迁往伦敦，被誉为"定义了英国当代艺术的人"。

决条件。毕竟，他们得见客户，这些客户是不会接触我们这些粗人[1]的。许多客户经理以前是军官，所以这对他们来说肯定很奇怪，因为创意部无疑就是"普通士兵"，但现在突然变成是我们说了算。

鉴于我最终从事的职业，我不太记得1963年的电影给了我哪些启示。我并不是聪明的电影系学生。我曾经努力想补上我所缺失的艺术方面的知识，我还被公司的高级创意顾问催着去看费里尼执导的《八部半》，这部电影对我来说太油腔滑调了。同样，当年的社会现实主义电影《如此运动生涯》和《说谎者比利》好像也非常不真实。《如此运动生涯》尤其令人困惑，因为它对北方、工人阶级，甚至对运动的描写似乎毫无准确性可言。听着，我确实把《阿拉伯的劳伦斯》看了三遍，这或许可以弥补我在其他电影中找不到的启发。

特里·奥尼尔：我记得1963年我不经常去看电影。看电影是爸爸妈妈在星期六晚上经常做的事，或者说是我们以前经常和女朋友一起做的事。我记得我给伊丽莎白·泰勒拍摄了《埃及艳后》的剧照，这部电影在1963年首映。当时我们可以去俱乐部听乐队的演奏，或出去闲逛。许多年轻的乐队正在闯入既定的巡回演出的圈子，这些巡演的发起者会对乐队进行包装，然后带他们去全国各地表演。以前主要是美国大众化的主流乐队，

---

[1] 下层阶级的人。——原注

但像滚石这样的英国乐队也开始出现在节目单上。

诺曼·乔普林：那年秋天，埃弗利兄弟正在英国巡回演出，唐·阿登是承办人。他把博·迪德利请过来了，雇了滚石进行第一次大型巡演，还邀请了米奇·莫斯特来开场。但这还不够。前几日的门票销售额令人失望，于是他邀请了小理查德过来，作为主角之一。

克丽茜·莫斯特：米奇负责制作，也负责演奏。我们已经为动物乐队预订了录音棚，但我们还得付租金。我们开始与唐·阿登、米奇·莫斯特和电机操作工乐队一起巡演。我们以前开保时捷。米克·贾格尔经常搭我们的便车回伦敦看他女朋友，他当时的女朋友是模特琼的妹妹克丽茜·施林普顿。我们让他坐在保时捷的后座，不知道为什么，那是一辆双座车。我们把他送到以后，米奇说："可惜那个男孩子太丑了。"

"怎么可能？"我说，"他很性感。"

"性感？"他大喊了一声。

我们有过激烈的争论。米克肤色不好，但他对异性仍然有吸引力。安德鲁·卢格·奥尔德姆是一位卓越的经纪人，他发现了米克的吸引力。女孩们为滚石尖叫，也是在为米克尖叫。后来米克就开始在台上放大自己的魅力。

唐·阿登为埃弗利兄弟花了一大笔钱，博·迪德利有很大的吸引力，但是一旦票卖光了，唐·阿登就不需要他们了，所以他组织了一些人为滚石呐喊尖叫,并让其他人在台下为埃弗利兄弟喝倒彩,发出嘘声。

乔治·法梅:我给唐·阿登演出了几场,他从来没找我的茬儿,因为我的经纪人比他更苛刻。

诺曼·乔普林:巡演期间,每周都会有一位滚石成员为《新唱片镜报》撰写一篇长篇专栏文章。米克写道:"小理查德演出两场,场场爆满,观众为之疯狂……他对观众的催眠作用,让人联想到福音传道者的会议……"

接下来是比尔:"我们休了一天假,来录制我们的新单曲,披头士几个星期前给我们的歌。布赖恩在《我想成为你的男人》中弹奏钢棒吉他,这对英国唱片听众来说是一种全新的声音……我们的新货车上周到了,已经受到了狂热歌迷的'袭击',每晚都会有一些零星的小玩意消失。"

基思:"我们应该感谢给我们送香烟的女孩子。布赖恩宣布他已经戒烟了;其实他只是放弃了买烟而已……"

查理总结了一下:"米奇·莫斯特的开场总是很精彩……"

查理说得对,米奇·莫斯特是一位极好的开场艺人,优秀的全方位艺人,还是一位令人折服的摇滚歌手。米奇是一个精明、可爱的人,他从五十年代末开始就很活跃,在莫斯特兄弟乐队时为迪卡唱片公司制作单曲。但是没有歌曲上榜。后来他遇到了一个南非女孩,克丽茜,他决定在那里试试运气。米奇

滚石乐队主唱米克·贾格尔（一）（特里·奥尼尔摄影作品）

滚石乐队主唱米克·贾格尔（二）
（特里·奥尼尔摄影作品）

在南非创下了连续十一周排行榜冠军的纪录。

米奇当时在做的事情,和安德鲁·卢格·奥尔德姆以前的开创性举措有些相似:制作自己的唱片,然后卖给大公司。他补充说,他想成为一位优秀的唱片制片人。毫无疑问,他的愿望很快就会实现。

基思·理查兹:埃弗利兄弟,小理查德,博·迪德利。那是一次获益匪浅的经历。巡演六周。棒极了!

我们刚刚从俱乐部出来。我们几乎还不能应付巡演。但我们的呼声很高,当这种呼声传回伦敦时,我们也结束了巡演。埃弗利兄弟说:"你们最好结束这场巡演。你们的时机到了。"但听小理查德唱歌,每天听,特别是听博·迪德利唱歌,如此专业、天籁一样的声音,真是太享受了。

安德鲁·卢格·奥尔德姆:基思说巡演就像读大学一样,说得蛮对的;我的意思是说,和博·迪德利、埃弗利兄弟共度六周,太爽了。米奇是那次巡演的表演者。他和滚石的咖位最低。他们巡演每晚只有五十英镑,所以每人每晚不到十英镑。他们需要付住宿费和早餐费,往返坐伊恩·斯图尔特开的货车;除了布赖恩,他女朋友的父母会把车借给他开。

没钱。当时的情况是,唱片公司签的合同是在一年内付款;如果碰巧在法国或比利时之类的地方卖了唱片,那么你要在十八个月以后才能拿到那笔钱。而滚石之前没写过歌。

比尔·怀曼：埃弗利兄弟被喝倒彩。很多歌迷到那里是为了看我们，他们不喜欢埃弗利兄弟。太可惜了，因为他们非常了不起。我们成了偶像。媒体报道说我们太棒了。

基思·理查兹：不可思议！我们当时在玩黑人音乐，是黑人爵士乐爱好者。我们学了一些如何迎合观众的技巧，我们就悬在椽子上，看着小理查德和博·迪德利下台，然后说："今天我们又学到了一点。"

我们会爬到剧院很高的地方。这里以前是老电影院，有两千个座位。我们爬上去，看着舞台，看着小理查德。他真的让人惊叹。他是我们最好的朋友之一。我总是受到这些人的鼓舞。他们是主角，但在后台，我们从他们身上学到了很重要的东西。

舞台上发生的事情是一回事，但后台发生的事情以及大家对彼此的态度又是怎样的呢？后台没有等级之分，你可以走进任何一间更衣室，说："告诉我怎么弹。给我看看那个笔记。你在那儿做标记是什么意思呢？"博·迪德利也一样。十足的绅士。

后来我遇到了穆迪·沃特斯。这决定了我的未来。这些家伙，他们改变了我。我看到了他们的表现，他们受到的尊重，那就是我想成为的样子。当然，我的形象完全不一样。基思·理查兹，疯疯癫癫的瘾君子。关于那时候，我想说的是小理查德非常厉害，而且很有礼貌，总是有时间留给别人，不会说出"出去的时候能把门关上吗"这样的话。我一直努力记住这一点。

这不仅仅是礼貌的问题；他们清清楚楚地知道自己知道什么，自己是谁。他们不摆架子。音乐才能非常扎实。我只有十九岁，年轻人一个。他们对我很好。独一无二的。我很感恩能在那里表演，能跟那些我以为我永远都见不到的人学习。那些我基本上视为偶像的人，突然间我和他们在一起工作，还被同等雇用，获得一些了不起的人的认同。在当时，这对我来说是最神奇的事情。他们给了我很大的信心。

比尔·怀曼：头牌明星是埃弗利兄弟，棒极了。第二位是博·迪德利，我们的偶像，以前每天晚上我们都演奏他的歌。后来他们把小理查德请来了。每一场表演，我们都在边厢看他们做了什么，是怎么做到的。我们巡演了英国各地。博·迪德利太有魅力了，但年轻人更为我们呐喊尖叫。我们的三首小歌引来外面一阵欢呼，造成了轰动。很有意思。我们都觉得很好笑；他们撕烂了我的夹克，查理的纽扣不见了。他会发飙。你的头发都一把一把地被扯掉了。我们不戴围巾，因为女孩们会抓住围巾头，我们将会被勒死。

安德鲁·卢格·奥尔德姆：1963年年底，我们发行了《我想成为你的男人》，但这首歌没有替我们打开市场大门；这个阶段对滚石来说依然是暂时的。直到1964年2月或是3月,因为《永不消逝》那首歌,我们才进入了单曲排行榜前五名。

这意味着我们每次经过伯明翰,都处于危险境况,因为那里是披头士的领地。我觉得我们的听众中现在依然有百分之六十是很疯狂的男生,但那时候还是会觉得:"他们会成功吗?"我的意思是,还有待观望。

安东尼·考尔德:1963年就是性解放和玩摇滚。我们紧随流行。"这个你会做吗?或者那个能帮我做吗?""我们有张唱片。你能为它做些什么呢?"这类问题从来没有停止过。滚石出道了,我们都很兴奋。后来玛丽安娜·费思富尔[1]也出道了。我们之前已经给披头士做过宣传。我和安德鲁都有天赋,创业方面的天赋。我们很喜欢这行。我们有职业嗅觉。我们听过茜拉·布莱克,后来还有吉米·佩奇、罗德·斯图尔特、埃里克·克拉普顿、杰夫·贝克和彼得·弗兰普顿。安德鲁非常崇拜杰夫·贝克。我觉得埃里克更好。

彼得·弗兰普顿:对我来说,人生的一个岔路口是比尔·怀曼的传道者乐队。比尔是滚石成员,但传道者乐队是他培养和管理的。他们每星期六晚上在火烈鸟驻唱。我每星期六在音像

---

[1] 玛丽安娜·费思富尔(1946—),英国摇滚女歌手,曾经是米克·贾格尔的女朋友。

店上班。"你想加入乐队吗？我们都是半职业性的。"我那时才十三岁。我说："好！"

我们在读书的时候就开始演出，周末我们会去伯明翰。邻居们对我母亲说："你怎么能允许他这样做呢？"我母亲说："这就像永远不要试图去阻止尼亚加拉瀑布一样。"我们每天晚上在莱斯特和伯明翰表演两场。其他成员比我大，非常保护我。英语老师会去老师的午餐室，向我父亲抱怨我星期一上午在英语课上打瞌睡。我父亲严重警告说："以后别再跟我说了。我不想听这些。"

后来比尔也参与进来，我们去镇上的迪卡录音室。1963年就结束了。在这么短的时间内发生了这么多的事情。我们已经录制了一首单曲，双音轨的。这是我的第一场重要录音，和格林·约翰斯[1]一起，拥有最强大的阵容。这位滚石的贝斯手在管理乐队，约翰斯为我们制作。

我们和滚石一起录制了《各就各位，预备，跑！》。那时候我还没过十四岁生日。我记得我就坐在那里，看基思·理查兹试音。节目结束后，我们都去看了播出之前的回放。我十三岁，站在米克和基思之间，他们看着我，太怪异了。

我经常去看大卫·鲍伊演出。他当时在盟友乐队，当地的大乐队，演奏萨克斯。大卫就是我的榜样。他很有范儿。他太棒了。

---

[1] 英国传奇录音工程师，2012年入选摇滚名人堂。——原注

彼得·弗兰普顿（Getty Images）

暑假期间，牧群乐队来传道者乐队看我演出，请我去他们乐队客串参加演出，因为他们当时有位节奏吉他手走了，如果可以，我也可以加入乐队。我说："太棒了，但我不知道我爸爸会不会同意。我本来应该回学校读书，上音乐学院的。"

我爸爸跟经纪人谈了话，然后做了一笔交易。他说："听着，这个想法我并不喜欢。如果你十五岁辍学，在邮局找份稳定的工作，你每周能够挣十五英镑。他们能保证让你每周挣十五英镑吗？"

牧群乐队同意了。我每周会得到十五英镑的报酬。他们迫切需要我加入。当时整支乐队的价码是四十英镑。我们录了《流行之巅》[1]。戴维·琼斯在家里看到节目后说："那是彼得！他上电视做什么？他应该在学校的。"

杰夫·林恩： 1963年，空气中弥漫着一种不同的气氛。突然之间一切有了好转，音乐将要主导一切。我当时希望它可以成为一种职业。我知道我还不错，我学东西比大多数人都要快。我的梦想是拥有自己的乐队，然后去演出。再没有什么其他事情是我想做的了。我梦想着不必去上班，过上那种生活：坐着面包车去演出。

我那时在办公室和仓库做各种有趣的工作，玩着吉他，有一天看到报纸上写着："黑夜骑士乐队招聘主音吉他手"。

没错，那个位置就是我的！

我十分坚信，他们找的就是我。那就是我的工作。我去试音了，当时真的很害怕。他们是我最喜欢的本土乐队，我怎么可能和他们在一起呢？主唱迈克·谢里登几个月前就离开了，所以他们需要找一个主唱和一个主音吉他手。我在鼓手的客厅试的音。我得到了这份工作。谁能想到呢？

1963年我正在努力写歌。我买了一把芬德Esquire吉他，一百一十五几尼。那是一大笔钱，我分期付款买的。我还需要

---

[1] 英国广播公司的一档电视节目。——原注

一个音箱。我分期买了一个Vox AV 30型号的音箱。然后，我就有麻烦了。每周都会有账单寄来，说我欠了多少钱。账单越来越多。每到星期三早上六点，我就会起床拿信件，以免被我父亲发现。我欠了债，但是只要我加入黑夜骑士乐队，我就可以在几个星期内还清。我那时候一周能赚十五英镑，这比平均工资高很多。欠的那些钱让我非常担心，这困扰着我。我得向那个店员道歉，我以前常常不还他钱，还很嚣张。然后突然有一天我就一笔还清了，还买了一个原声的音箱。

埃里克·斯图尔特：迷幻乐队出道的时候，我一个晚上挣的钱比我父亲一周赚的钱还要多。拿这些钱干什么都是很不错的，但在那个时候，我们就只是尽情地享受舞台。

滚石告诉我们，拿到报酬就直接去找梅费尔时装设计师菲什先生，买些衣服和唱片。我们的确这样做了。我们去伦敦卡纳比街就买了些日常衣物，我们当时穿着蓝色西装和皮马甲，就是在模仿披头士。

希尔顿·瓦伦丁：我们当时一直在演出。我们的报酬涨到了二十五英镑，后来又涨到五十英镑，这当然是在伦敦的时候了。我想我就是从那时候开始堕落的。有次演出是在曼彻斯特一个叫转动的车轮的地方举行的。这是巡演的其中一家俱乐部。我第一次抽大麻。

那是刚开始的时候，在1963年年底，我们还没出名。当时的情况是，我吸了一口，脑子里觉得很嗨，然后就觉得恶心想吐，所以我走出化妆间，上了楼梯走到街上，黑漆漆的，旁边就是商店。

我进了商店后，觉得恶心，然后我冷静了下来，听到有人说话："喂，你怎么了？"是个警察。我说："我在乐队里演出，我一定是喝太多了。"他说："嗯，你最好赶快回到那儿去。"于是我就回去了，插上电源，开始唱第一首歌。我想："我这辈子从未听过这样的音乐。"声音太不可思议了，我已经飘飘然了。脑海中迸发出糟糕的场景，然后恢复意识，眼前色彩斑斓，只有我一个人。我兴奋得不得了。

后来这成了一种习惯。我不会说我上瘾了，但是如果我吸了，声音听起来会更好。并不是说我必须要吸，有很多晚上我都没有吸；但是如果有的话，我会吸。在服用迷幻药的路上我确实迷失了自己。是布赖恩·琼斯带我吸上的。

埃里克·斯图尔特：我们经常旅行，巡回演出。录制一张专辑四天就可以了。然后排练，到大帐篷、即兴、多莉，还有火烈鸟这些伦敦俱乐部表演。

我们按照自己意愿生活。我们有满腔激情，又有钱。我可以买一辆价值四百英镑的汽车。真是奢侈品。我家之前从来没买过车。

十六岁时，我去学校找校长开了一封工作推荐信。在那个时候，要想找工作，你需要找校长或能够为你说话的专业人士

迷幻乐队（Getty Images）

给你开品德证明。当然，我当时不知道做音乐家不需要品德证明。我只是猜想我需要，就去开了。

他说："你想做什么？"我说："音乐家。"他说："严肃点。"以前从来没有人因为想当摇滚明星来找他开推荐信，他给十六岁的学生开品德证明，是写给像银行或工厂经理那样的雇主的。但后来他说："哦，天哪，你写吧，我来签名。"

他叫奥根。他签了名，然后说："斯图尔特，祝你好运。"

几年后我路过学校，当时我在乐队赚了很多钱，开着自己的轿车，一辆福特Zephyr。当时青少年自己有车是一件很了不起的事情，有车意味着你成功了；而当时我的校长正站在雨中。我停下来，摇下车窗说："您好，奥根先生。"他瞪着我。那时我十八岁，是非常了不起的。

当时已经有毒品出现了。基思·穆恩[1]当时把大把大把的药往嘴里吞，满脸都是。基思经常大口大口吞。我在克伦威尔上厕所时，他站在我旁边说："埃里克，要来点吗？我有蓝色的，紫色的……"

"不用，谢谢，我就要苏格兰威士忌和可乐。"然后他就丢了一整口咽下去。

彼得·布朗：他们都在服用安非他命，披头士和布赖恩以前经常服用，但我没有。我喜欢喝酒。实际上在我频繁去伦敦的那段时间，我也会偶尔尝试一下。从伦敦回利物浦，各种派对让我感觉疲累，我必须坐早班火车回去。又累又乏的时候，我就会服用兴奋剂。但幸运的是，我从来没有对它们上瘾。我从来没有服用过多的剂量。

他们很年轻，我们经常在即兴、多莉之类的俱乐部闲荡，所以会在这个角落见到滚石，在那个角落碰见披头士，那时的

---

[1] 基思·穆恩（1946—1978），谁人乐队鼓手，摇滚音乐史上最特立独行的人物之一。

气氛很酷。你不必应酬,就是在那儿闲荡也会玩得很开心,放着唱片,大家都喝着酒,抽着烟。这是一个好地方。我们都是平等的。

克丽茜·莫斯特:既然我们已经成立了动物乐队,我说:"我们必须把一些事宜落到纸上。"米奇有阅读困难症,不会写东西,他说:"不用,我们都是朋友。"我说:"你们必须要签合同。"我有一台打字机,于是我就打印了一张协议。我不会拼写。我们从来没想过请律师。合同他们都签了。

有个来自曼彻斯特的家伙要把我逼疯了,他想要米奇给他的乐队赫尔曼的隐士们录唱片。他不停给我打电话,我当时在家里照顾孩子。"米奇,看在上帝的分儿上,你和那个人谈谈吧,让他不要来烦我。"他发了一张照片,彼得·努恩的,米奇说:"他看起来像年轻的肯尼迪。他将会激起美国人的兴趣。"所以他们来了伦敦,米奇给他们录了唱片。

米奇在此之前就知道他们会很成功。他们的第一首热门单曲是布里尔大厦的卡洛尔·金创作的,是米奇去纽约时带回来的。米奇总是说,畅销歌曲都在美国。他总是对美国有好感。

埃里克·斯图尔特:我们在即兴和克伦威尔闲荡,谈论音乐。进即兴必须付入场费,这是一个高级场所,到处都是演员和电影明星。有钱人的圈子。其他人的圈子。你得有人介绍才能进去。那不是我的圈子。对我来说,好玩的地方是火烈鸟和大帐篷俱乐部。

避孕药。对女孩子来说，那是她们走向自由的另一通道。那些上流社会的小姐都喜欢找那些搞同性关系的粗汉。她们想要工人阶级家庭出身的小伙子，他们那时候非常有魅力。我从来都不是主角，甚至在10cc乐队时期也不是。我也从来不想成为主角。我是那个在后排郁郁寡欢，而且就喜欢这样做的人。这是一份非常让人羡慕嫉妒的职业。崇拜你的粉丝会扔钱给你。我妈妈很惊讶。

茜拉·布莱克： 我第一次去伦敦宣传单曲时，住在罗素广场的罗素酒店。我太兴奋了，因为我的床边有一部电话。那时候，英国大多数人还没有电话，因为电话很贵，我记得我拿起电话想打给别人，但我认识的人或我想打电话的人都没有电话。

我得知自己问鼎排行榜榜首时在利物浦。布赖恩说："不管你是不是第一名，我都会打电话告诉你。"当时，唱片的日销量已经达到了十万张。那是翻唱由巴卡拉克和哈尔·戴维斯创作、迪翁·沃里克演唱的《有心人》。

我对布赖恩说："我知道邮局外电话亭的电话号码。你想什么时候打电话？我一点钟到那儿等。"我当时希望，而且祈祷，一点钟的时候没人在那儿打电话。真的没有，我就是这样听到结果的。

杰夫·林恩： 我妈妈以前经常喜欢"噔—噔—"如擂鼓般爬

上楼:"起床,你这个懒家伙,该上班了!"后来我发现,我得到了黑夜骑士乐队的工作后,妈妈开始蹦蹦跳跳地上楼了,我还记得她脸上的表情。我说:"等一下,在你说之前,我想说,我再也不用起床了,因为我现在是一名职业音乐家。"然后我又上床了。她的表情!对此她也没辙了。当时乐队已经开始挣钱了,在几个月内,我先是每周赚十五英镑,后来是二十英镑。

我想要的是成为职业音乐人的机会,当时我们在伯明翰到处演出。你可以到处演出一个月,而且不会在同一个地方演出两次。那是最美妙的感觉,也是最快乐的:刚刚变成职业音乐人,充满自信,吉他弹得越来越好,歌也唱得不错。我有一台录音机。我制作了样带;我就是那么录制音乐的。录音机造就了我,也造就了我的人生,真的是这样。

埃里克·克拉普顿:我对未来没抱什么期望。我从来没有想过我能活过三十岁。我们当时一直在酗酒。我的志向就是只要我还能应付,我就继续干这行。我没想过把音乐当作我的职业或事业。我总是从一支乐队跳到另一支。我喜欢做伴奏乐手,更自由。我四处闲荡,或者就睡在女生的沙发上。事业不重要。事业是我最不想要的。当然,最后事业成了我的归宿。

我们觉得这可能会持续几年,在我们能够享受的时候就好好享受。这对我来说很刺激。我喜欢走进一家俱乐部,例如苏荷或某个地方,看看谁在演奏,然后走人。有人会问:"你想演奏吗?"我会上台演奏,然后下台,站在角落里,没人会觉得惊讶。不会出现任何麻烦。纯粹是为了音乐。

1963年10月,我在我演奏的酒吧认识了公鸡乐队和凯西·琼斯这些人。当时我经常去的一个地方是金斯顿。作为独立音乐人,我当时学习的歌曲是民谣和老蓝调。那些人可能在此巡回演出,所以他们邀请我加入新兵乐队。我的理解是,我们将要打造一支核心队伍,演奏一些真正的音乐,爵士乐、节奏蓝调之类的认真的音乐。有一个人,他们的经纪人乔治·戈梅尔斯基,在安德鲁·卢格·奥尔德姆之前是他管理滚石的,但他错失了他们,我觉得他是下定决心永远不再让这种事情发生在新兵乐队身上。

所以当机会来临时,他开始用商业的方式操控我们。我们是一支非常强大的地下乐队,而且我们的歌手对蓝调和节奏蓝调的理解非常敏锐。但他想要做流行的,所以我们走到了人生的岔路口。

埃里克·斯图尔特:我觉得像基思、埃里克或者我自己这样的人,真的是因为音乐才喜欢这一套的,而不是为了名声或别人的崇拜。杰夫·林恩也一样。我的意思是,成功和金钱是很好,但和别人一起探讨音乐、一起探索自己的能力是我们的动力。

真正的音乐家都非常爱惜他们的吉他,比如杰夫、埃里克。莱斯·保罗吉他有一些很重要的特质，木材制作和琴颈连接的方式，以及非常流畅的延音。莱斯·保罗吉他质量上乘，这就是为什么它们现在售价四十五万英镑。芬德Stratocaster吉他也很好，飞机工程师设计的，它们就像电脑行业里的苹果电脑。

真正厉害的吉他手都是自学成才。他们都不识乐谱。我也不识。我以前合作过的所有厉害的音乐家都不识乐谱。克拉普顿不识。麦卡特尼不识。列侬不识。保罗可能之后学会了，但他当时不认识顿音记号，我也不认识。我们是用灵魂在演奏，不是靠眼睛。

埃里克·克拉普顿： 对我来说，加入乐队，就是要在我们所处的位置演奏正确的东西。每个人都要在正确的节点合调，如果可能的话，每天晚上创作一点不同的。这就是理想状态，与流行无关。

有时候，比起演出，我更喜欢排练。观众引发了那种动力："噢，他们喜欢吗？"我曾经尊敬的那些音乐家都出于非常自私的原因这样做过。我们表演是为了表达我们的感受，和其他音乐家保持一致。

要是我有意识地去弄清楚如何吸引或者打动那边那个戴着眼镜的家伙，我会疯掉的。我不知道他喜欢什么，所以我就跟着我的直觉表达我的感受，这样会更好。如果他体验到一些他喜欢的，有共鸣，那可能是巧合，我无法控制。

我没有信心自己一个人表演。我非常害羞。即使在俱乐部演出，我也总是对着墙。我没有舞台表演的技巧。我从来没有试着去弄清楚或理解怎么让观众认可。所以，我觉得即使是现在我也还是做不到。很多和我同时代的人，像尼尔·杨和埃尔顿，都是自己一个人巡演的，我不知道他们是怎么做到的。这需要非常大的勇气。我总是和朋友们一起。你永远都不会看到我一个人。

比尔·怀曼：我怀念那时候的天真和新鲜感，有神奇的事情正在发生，你不知道结果会怎样。没有人预料到它会一直、一直、一直持续下去。声势越来越大，最后占据了我们的生活。

艾伦·帕克爵士：那个时代的变革允许我们有其他志向，我觉得我没有想太多，周围有很多机会，你顺势前进就行。

美国所有的东西我都不假思索地欣然接受。在广告业，我们的偶像是比尔·伯恩巴克、乔治·路易斯和霍华德·齐耶夫。我们总是迫不及待地拿起新一期《纽约客》，不是为了看文章或漫画，而是为了看新一期的大众汽车广告。[1]

彼得·布朗：披头士在哈默史密斯表演过一场，那是一件大事，姑娘们都疯狂了，他们就是头牌明星。你知道的，那时候

---

[1] 大众汽车的广告宣传富有创意，不乏幽默，不拘传统。——原注

他们的演出不超过三十五分钟，所以大概还有五支其他乐队。演出就是那样的。

我觉得1963年披头士并没有改变很多，他们仍然是一个团体。他们没有妻子、孩子或类似那方面的干扰。当然，他们还得巡演，巡演期间还得录制唱片。工作一个接一个，非常辛苦。他们一直在工作。

当时的氛围是很让人兴奋的。但也会感到焦虑，因为作为一个艺术家，你的成就只能视你的上一首作品而定。这一首是成功的，但下一首怎么样呢？我们能否继续保持呢？

诺曼·乔普林： 在披头士流行的第一年的最后一个月，我去看了他们的演出；我可以看到他们但几乎听不到他们的声音。南部地区粉丝俱乐部联欢会在温布尔登[1]一个寒冷的星期六举行，花三先令六便士，粉丝俱乐部成员——百分之九十是女性——可以排队，挪步经过乐队，与他们握手，得到他们的亲笔签名，交流上几句。我写道："噢！对于披头士的粉丝而言，这是多么难忘的一天啊！"有很多粉丝昏过去了，甚至连魁梧的工作人员也拦不住铁杆粉丝跳过桌子去抚摸他们特别喜爱的偶像。

你不得不佩服披头士，那场活动持续了好几个小时，这对他们而言一定是很煎熬的，但他们自始至终都是幽默和耐心的

---

[1] 英格兰东南部城市，位于伦敦附近。

典范。他们抽了很多烟。正当每个粉丝都心满意足的时候,他们起身演唱了将近四十五分钟,比任何一场演出的时间都要长,其间尖叫声不断,此起彼伏。

只有"非同凡响"这个词可以描述那个场面。他们是战士,他们当天晚上还在温布尔登舞厅演出了。这也是披头士第一次为他们的粉丝发行特别录制的圣诞唱片,这是一个非常体贴的传统,一直保持到他们职业生涯结束。爱泼斯坦当然知道如何维持粉丝的忠诚度,我猜是因为他自己就是最狂热的粉丝,真的。

茜拉·布莱克: 他们可以唱国歌,反正那些年轻人也不知道,因为所有人都在歇斯底里尖叫,但披头士不喜欢这样。我可以这样说,因为我和他们一起在伦敦阿斯托里亚芬斯伯里公园待了三个星期,那时我们都在一起,所有的利物浦乐队一块演出。

我们都想回到利物浦过圣诞节,布赖恩已经给我们租了私人飞机。对我们来说,和家人一起在家过圣诞节,这太棒了。我们第二天就回来了,一晚上做了两场演出,就是在那时候,我们都意识到这可能是我们最后一次所有人一起参加同一场演出了。那是一个时代的结束,后来发生的事情众所周知,不必再提了。

彼得·布朗: 披头士从斯德哥尔摩圣诞演出回来的时候,埃德·沙利文看见他们了，当时他在伦敦机场，正要回纽约。那时候没有登机桥，上下都是走楼梯。机场瘫痪了，因为披头士刚从瑞典演出完回国。[1]沙利文说："这些人是谁？这是怎么回事？"

茜拉·布莱克：布赖恩跟《埃德·沙利文秀》的制作人说："噢，除非你用茜拉，否则你是请不来披头士的。"1964年年初，我去录制伯特·巴卡拉克的《有心人》。迪翁·沃里克在美国录的这首歌。二月，披头士参加《埃德·沙利文秀》的时候，我登上了英国排行榜榜首。他们为我铺平了道路。

彼得·布朗：当然，现在美国有一定年纪的人都会说，他们看过那期节目。那期节目改变了一切。

---

[1] 估计有一千五百个女孩子在航站楼顶上。——原注

第四部分

难熬的一天过去了

我工作累得像狗一样

难熬的一天过去了

我应该要酣睡上一觉

——披头士乐队[1]

到1963年年底,披头士乐队已经完成了一场令人筋疲力尽的马拉松:六次巡演,超过两百五十场现场演出,多次亮相电视节目,三首冠军曲目,三张专辑;他们当时还在拍摄他们的第一部电影。

1964年年初,纽约市艾德威尔德机场已经更名为肯尼迪机场;沃伦委员会[2]开始对肯尼迪总统遇害事件进行调查,禁止旁听;肯尼迪总统的继任者林登·贝恩斯·约翰逊总统一边宣布要消除贫困,一边准备增加对越南共和国的军事援助;美国公共卫生部部长宣布吸烟有害健康。

与此同时,意大利向全世界请求技术上的专业知识援助,帮忙阻止比萨斜塔的倒塌;理查德·伯顿向与他共同主

---

[1] 披头士乐队《一夜狂欢》中的歌词,原歌词为:It's been a hard day's night / And I've been working like a dog / It's been a hard day's night / I should be sleeping like a log.
[2] 沃伦委员会成立于1963年11月29日,负责调查1963年11月22日肯尼迪总统被刺原委。

演《埃及艳后》的伊丽莎白·泰勒求婚；一艘拖网渔船停泊在英国水域，开始播放"新音乐"，而印第安纳州州长马修·沃尔什宣布金斯曼乐队的单曲《路易，路易》为淫秽作品，要求唱片节目主持人禁止播放。

英国广播公司在英国推出了《流行之巅》，与《各就各位，预备，跑！》展开竞争。披士乐队发行了他们在美国的第一首单曲《我想牵着你的手》，并在2月1日一跃而上，问鼎排行榜榜首。六天后，他们乘坐泛美航空公司101航班降落在肯尼迪机场，入境大厅上面的楼厅上有五千名尖叫的女生接机。林戈·斯塔尔后来这样评论："太令人兴奋了，飞机降落机场时，我坐在飞机上，感觉就像有一只有很多触手的大八爪鱼抓住了飞机，要把我们拖进纽约去。"

在他们的许多合照集中，披头士乐队在迈阿密见了一位年轻人，卡修斯·克莱。卡修斯·克莱当时正在为击倒对手桑尼·利斯顿、赢得重量级拳击手冠军赛作训练。披头士乐队还记录了他们在《埃德·沙利文秀》的首次亮相；二月份，大概有七千三百万观众收看了节目；到四月份，披头士乐队的歌曲占据了美国公告牌音乐排行榜前五名，唱片销量占美国的百分之六十。滚石乐队和许多英国乐队受到了美国唱片公司和电视台的热烈欢迎。

英伦入侵已经拉开了序幕。

第八章 补 遗

二十世纪六十年代有三个阶段：1957年至1962年，披头士乐队时期，1963年至1967年。实际上，还有一个阶段，有人认为也属于二十世纪六十年代：大约是1967年至1973年，即伍德斯托克时代。你知道的，他们浓缩了那个时代的精华，他们说："哦耶，兄弟，披头士乐队，爱与和平。"一派胡言！

——安德鲁·卢格·奥尔德姆

从1963年11月22日开始，美国人民停下脚步沉痛哀悼一位总统的去世。数月里，全国上下停止了变革，但是1964年2月，至少有四分之一的美国人准备好重兴这场变革。七千多万美国人已经连续三个星期日为了观看英国新兴乐队披头士的表演而收看《埃德·沙利文秀》。他们的音乐富有感染力,他们的外表令人着迷。在经历了约翰·菲茨杰拉德·肯尼迪总统去世所带来的伤痛后,美国人已经准备好重新庆祝。这场变革将会继续前进。

亨利·迪尔兹: 我们的民谣和爵士路演做了一星期又一星期,一个月又一个月。我们已经活跃起来,离成功不远了。我们已经发行了几张唱片,但还没有畅销歌曲。当时的情况就是这样。生活真的蛮美好的。我们有一位优秀的年轻总统和第一夫人。我们可以随心所欲地生活。我们在新英格兰地区巡演时,肯尼迪总统中枪了。

整整三天,我们待在酒店观看葬礼。呀!那种感觉糟糕透了。理想破灭得多么彻底。是政府杀了他,是约翰逊杀了他;每个人都有自己的一套推测。后来披头士来了,我们已经准备好要作些改变,要进行一些娱乐活动。我们听说了披头士在《埃德·沙利文秀》上的表演,每个人都看了,但我们还在巡演。有一次,我们到酒店的时间还早,还来得及看。天啊!

"快看这些家伙。《我想牵着你的手》?"

他们有电子乐器。我们有一把直立式贝斯,我们当时弹的是原声吉他和班卓琴。他们玩得那么开心,他们在歌唱爱。我们也想那样开心。那就是我想要的。我再也不想唱那些古板陈旧的民谣了。

鲍勃·格伦：1964年披头士亮相时，我记得我和几个朋友在一起，我们去一家饭店吃饭，那是我们的首演之夜。我们走进去，听到大厅里有尖叫声，然后我看到了电视。我很好奇发生了什么。我从来没看到过有人在电视里尖叫。我觉得这很酷。我很喜欢。

几年前，我把那期《埃德·沙利文秀》又看了一遍。回看那期，多丽丝·戴[1]和巨大的布绒玩具一起共舞。节目的水准和趣味性都太拙劣了，使得披头士看起来比性手枪乐队[2]还要狂野。如果只看披头士的片段，你会觉得他们看起来平淡无奇，但如果你从他们当时的那个背景去看，就很狂野。"这究竟是什么鬼？"一片混乱，大喊大叫。吵闹的摇滚乐。这是在国家电视台直播，是件大事。

卡莉·西蒙：所有人都喜欢披头士。我也喜欢披头士，我很崇拜他们。哇，那真是一段激动人心的岁月！1964年，我和露西在多伦多紫洋葱餐厅表演的时候，我们俩去了披头士的演唱会，披头士在加拿大的首场演出，真是令人惊叹。所有人都在尖叫，听不到任何歌声，我还从未有过这样的经历。

亨利·迪尔兹：披头士改变了这一切，宣告了民谣音乐的终

---

1 多丽丝·戴（1922—2019），美国歌手、电影演员。
2 英国最有影响的朋克摇滚乐队之一，成立于1972年，1978年解散。

结。我们立马出去，买了电贝斯和电吉他，搭档克罗斯比、斯蒂尔斯和纳什乐队的斯蒂芬·斯蒂尔斯唱了几首歌。我们经常去纽约，往返全国各地。我们以前经常在洛杉矶行吟诗人俱乐部演出。在我们听过披头士的演奏、从纽约回来之后，我们转向了电子音乐。在我们调适音响的时候，老板咆哮着从办公室走出来："我们这家俱乐部没有电子音乐。我雇的是民谣乐队。"

我们达成了协议：我们会演奏我们的纯民谣音乐，然后再演奏我们的新型音乐。当晚的第二场演出，我们的音乐打破了那里的模式和规则。我们改变了规则。詹姆斯·泰勒[1]、乔妮·米切尔[2]演奏了电子音乐，还有之后的飞鸟乐队[3]也是。这是披头士带来的欢乐。这些小伙子身上有一股神奇的魔力。

鲍勃·格伦：我不喜欢的是女孩子都喜欢约翰、保罗、乔治和林戈。我们就会想："那我们算什么？"她们被披头士迷住了，我们希望她们多考虑考虑我们，而不是那些从英国来的头发耷拉着的家伙。所有的女孩子都喜欢披头士，这让我很烦。

---

[1] 詹姆斯·泰勒（1948— ），美国民谣歌手，以内敛、忧郁的演唱风格著称，2000年入选摇滚名人堂。
[2] 乔妮·米切尔（1943— ），加拿大民谣歌手。
[3] 美国摇滚乐队，成立于1964年，1973年解散。

埃里克·斯图尔特:"披头士热"改变了一切。那些女孩子为了穿过剧场后门的人群,一直在撕扯我们的衣服和头发。有一次,乐队的某个成员打开了消防水管,朝警察喷水。他对着警察喊:"你们没有保护我,去你妈的。"然后警察过来逮捕了他。他被释放后,又回到了舞台上。

披头士曾经上过一档节目,在节目中他们说他们要在1966年停止巡演。他们完全厌倦了这种没有隐私的生活。迷幻乐队也有那种感受。无论走到哪儿都是人。哪怕你是和巡演的全体人员一起预订十四间客房,也会给酒店带来许多麻烦。

但是,披头士激发了我们所有人创作的兴趣。我之前从来没有写过什么歌,后来我想:"我们有了一张畅销唱片,已经如愿以偿了,但唱片的B面[1]我们要做什么呢?"所以我开始写歌。我想,如果披头士可以做,那么我也可以。1963年,我脑子里一直有这种想法冒出来:你可以做任何你想做的事。你不必非得顺从市场,只要你出了名,你就可以去尝试。

彼得·努恩:我们的第一张唱片《我喜欢上了美好的事物》,是米奇·莫斯特到纽约布里尔大厦请格里·戈芬和卡洛尔·金帮我们创作的。在1964年……我们直接去了美国,因为我是"亲美者"。我们的第一场演出是在宾夕法尼亚州艾伦敦的一所高中举办的,乐队刚开始演奏,观众席中的所有人都上台了。

---

1 一般认为唱片的B面收录的是比较平庸的歌曲。

赫尔曼的隐士们乐队在表演（Getty Images）

所有女孩子都上台挨到我身边，那时候还没有男性粉丝。我们一个音符都没演奏；他们不得不清场，警察不让继续表演了。他们之前在广播上听过我们。我们参加了《埃德·沙利文秀》，在美国签了一个经纪人，他帮我们签了迪克·克拉克制作的《明星路演》，每晚付我们五百美元，一共签了八十天，我们大赚了一笔，整整四万美元！

　　大概到了第三周，我们共有三张唱片进了排行榜前二十名。我们会参加广播节目，搞搞笑，接受各种采访之类的活动。

克丽茜·莫斯特:《我喜欢上了美好的事物》是赫尔曼的隐士们的第一首歌。关于这首歌,我们曾经吵得很凶。我觉得这首歌非常棒,但米奇说这首歌的制作很糟糕,他不打算发行。我们去马略卡岛度假时,我跟他说:"如果你不原封不动地发表这张唱片,我就跟你离婚。"我强迫他发表了这首歌,然后,这首歌问鼎了排行榜冠军宝座。

彼得·努恩:我们先进军美国,然后再开拓英国市场。我们进行了大量的巡演。一年里,我们办了三百六十五场演唱会。没有什么可以阻挡我们。披头士觉得我们所做的毫无意义。我没什么感觉。我只想做我自己。滚石正在美国走红,他们是玩摇滚的坏小子。我们是好青年,吸毒之类的我们都不碰。其他乐队是不是尊敬我们,我们真的不在乎。我们知道,我们很擅长我们所做的领域。我们等级不一样,没有竞争性。能得到我们当时能得到的,我们已经很开心了。

我们曾上过《埃德·沙利文秀》。他真的蛮喜欢我的,我也喜欢他。我们上节目是因为我想看看四季乐队。当时,每个人都想见一见对方。四季乐队正为上节目穿什么颜色的夹克打架。最后弗朗基·瓦利赢了,因为他是主唱。我回来后跟乐队其他成员说:"我们很幸运,我们只有演出和日常穿的衣服。"我们录《丹尼·凯秀》时,弗朗基·瓦利穿的是赫尔曼的隐士们粉丝俱乐部的T恤。

我很怀念那时候乐队与乐队之间的情谊。披头士来我们的化妆间跟我们打招呼:"和你们一起演出真好。"我们也会去他们的化妆间。我们都是跟罗伊·奥比森学的,他是位南方绅士。

特里·奥尼尔:美国吸引而且欢迎我们过去。1963年以后,我去洛杉矶拍摄,遇到了弗雷德·阿斯泰尔[1]。他一直问我关于披头士的问题:你认识他们吗?他们长什么样?就在那时,我意识到了:天哪,如果像弗雷德·阿斯泰尔这样的电影巨星都知道披头士,还为他们着迷,那一定是有大事要发生了。或许我们在伦敦所经历的一切并不是昙花一现。

艾伦·琼斯:如果你去参加一个派对,人们会说:"这是英国艺术家。"当时披头士的名气如日中天,他们通过说你来自披头士的祖国来认可你。这有些尴尬。人们总问我"你认识披头士吗"之类的问题。英国的那一套,音乐和披头士,真的势不可挡。

我记得我和维达尔·沙宣接受了采访并拍照,那是第一次通过卫星将彩色照片从美国发送回英国。他们想要一张身在纽约的英国成功人士的照片。

---

1 弗雷德·阿斯泰尔(1899—1987),美国电影演员、舞蹈家、歌手。1981年,获得美国电影协会终身成就奖。

埃里克·斯图尔特：和我一样出身的人都不相信这样的事情会发生在年轻的工人阶级孩子身上。但是突然之间，这一切发生了。我们成名了，我们成功了，我们上电视了。换到其他时期，这一切都不会发生。我们办了很多场巡演，去过许多酒店、演唱会、机场。

1963年正是一切达到白热化的时候。我们投入到工作中，巡演、录制唱片、宣传，做得越来越好。到了1964年，全世界都注意到了1963年英国所发生的一切。我们走向了世界，音乐，服装，还有我们的态度。我们已经占了上风。

到1964年年底，跟滚石和动物乐队一样，紧随披头士之后，我们被点名邀请去美国。我们有《爱情游戏》，我们成了万众瞩目的焦点。

特里·奥尼尔：对我们所有在伦敦的人来说，1963年就像一场盛大的派对，但大家一直关心的问题是：下一步会怎样？起初，我们都认为在短暂的乐趣之后，一切都会结束，我们就得安定下来。但是，美国开始注意到我们了，我们所拥有的正是美国所需要的，因此到1963年年底，我们就有答案了。下一步？去美国！

两三年前，我还想去美国的爵士俱乐部打鼓。对滚石、披头士，还有我们所有人来说，美国就是我们向往的圣地，但1963年之后，是美国想要我们！

安德鲁·卢格·奥尔德姆： 1963年年底，我们发行了《我想成为你的男人》，但这首歌没有替我们打开市场大门；这个阶段对滚石来说依然是暂时的。1963年还是处在"他们会不会成功"的徘徊期。

披头士和滚石的最大差别在于，披头士是在美国走红的，而滚石是美国造就的。我们一到美国，就不由自主发出感叹：哦哇，这就是魔力。乐队所向往的一切所在的圣地，就是我们滚石的主场了。

安东尼·考尔德： 安德鲁·卢格·奥尔德姆，滚石乐队，我们一开始做得不错。我记得1964年年初，我们正在搬办公室，当时新办公室还没准备好，所以安德鲁就选了一个两间卧室的酒店套房。

玛丽安娜·费思富尔来了，说："我能用一下这间卧室吗？我让布赖恩·琼斯过来。"布赖恩走了。"噢，过几分钟，基思就要来了。"基思上来了，脱掉鞋子和袜子，拿着一瓶伏特加，就进了房间。

第二天早上九点钟，我进来时，基思正好出来，让我帮他叫辆车。他走了以后，玛丽安娜说："我们能不能叫服务员换一下床单？米克要过来。"我们没有多想，也没有议论。

埃里克·斯图尔特： 迷幻乐队去了安德鲁办公室，他说："到我办公室来，我给你们看些东西。"我们那时候还没有什么很受欢迎的作品。他坐着一辆带尾翼的美国大轿车到酒店接上了我们，当时他在后座播放一首非常红的歌曲。我也坐在后面，司机在牛津街开得飞快，被警察拦了下来。司机说："真抱歉，他心脏病犯了，我需要赶紧送他去医院。"安德鲁当时已经滑倒在座位上，不停地呻吟。我们就这样蒙混过去了。

安东尼·考德尔：我一点都不怀念那个时代。我不是浪漫主义者。我只是一个很单纯的男生。毒品不错，女生也不错。无论你想做什么，你都可以做。非常棒。它让我意识到，现在打交道的人都是讨厌鬼、王八蛋、收入过高的白痴。我们当时还年轻，正是在那时候，我学会了谋生的手段，同时也明白了什么事可以做，什么事不可以做。

特里·奥尼尔：回想起1963年，我觉得，我当时根本不知道我捧着一台相机在干什么，但现在我意识到了，正是因为这样，我拍的照片才显得特别。我在做我认为正确、自然的事，而没有做当时别人教我做的，就像流行艺术家或音乐家一样。我一直在做自己的事。

突然间，主流的报纸和杂志都想用我拍的照片，所有人都努力模仿《星期日泰晤士报》的做法，公然反抗新闻业和设计业的传统。

美国也一样。我为活跃在伦敦这个圈子的人拍的那些照片突然间在国外刊登了。贝利在美国版《时尚》杂志有口皆碑。我们火了。美国新闻业也在改变,撰稿人和摄影师一样,变得越来越重要;他们的观点和看法是简介和采访叙事的一部分,对于明星的地位少了些恭敬,少了些逢迎,更多的是坚持己见。

罗伯特·克里斯戈: 我读到了一篇引人注目的评论:披头士并没有引领他们那一代人前进。重要的是,他们和他们那一代人共同前进。

那时候,我想成为一名小说家,而不是记者。但凭借我对流行文化的领悟,我并没有看不起新闻这种形式。我喜欢看新闻。作为一个初出茅庐的新闻记者,我干了不少工作。我喜欢汤姆·沃尔夫[1]。我给《纽约》杂志写了一篇文章,还获了奖,之后约稿电话就来了。然后就是流行专栏。

但在1964年,发生变化的是我,我决定当记者。

盖伊·特立斯: 我打破了新闻业的限制。我一直觉得新闻也可以是一种艺术形式。我知道。汤姆·沃尔夫想出了一个新词,"新新闻主义"。我不会给它贴标签。我想做一个非虚构作家。所以,我们给正在成长为文学界人士的一群人开了个头,我们不需要补什么课。你不需要补课。就走出去,向别人学习。

---

[1] 汤姆·沃尔夫(1931—2018),美国记者、作家,被誉为"新新闻主义之父"。

盖伊·特立斯

那个时候，我仍然在享受生活。一点变化都没有。我并不知道那段时间是那么特殊。我是后来才知道的。我当时收到了很多信件，特别是因为《君子》杂志的事情，我还录制了电视节目。我的文章有整版的广告宣传。如果投给《君子》的文章被采用了，他们会在《纽约时报》上刊登一整版广告，可能要五六千美元。《寻找海明威》那篇文章得到了很多反响。现在再也没有那种轰动了。

我当时把钱都花在买衣服和出游上面。我从来没有因为某一家餐厅是四星级就去那家。我出门去见朋友。我当时总是坐头等舱旅行。我一直都坐头等舱的。我把钱花在了旅游和买车上。我有好几辆跑车。我所做的就是买我喜欢的、我想拥有的东西。我和大多数人不一样。我的东西都会保留很长时间。

我有个衣柜,里面有一百套西服。我的衣服比谁都多。有些衣服有五十年历史了。我会花两千五百美元买一双手工鞋,因为我喜欢。但有些东西我是不会花钱买的,比方说船。我不会买的。我连游泳都不去。我喜欢招待别人,请人吃饭。我会付账。我喜欢去餐厅,因为那是私人空间。我喜欢交际。我会认识餐厅的服务生,记住餐桌号。我知道哪几张桌子比较安静。这一切都是1963年或1964年开始发生的。对我来说,一切都是从那时候开始的。

特里·奥尼尔:那是我们所有人的开始,时装、金钱,一切腾飞得那么突然,太令人兴奋了。我从1963年开始给一些不出名的乐队拍照,到1964年年初,天哪,他们拍电影了!首先是披头士,他们去美国时已经在拍《一夜狂欢》了。

帕蒂·博伊德:我的经纪人打电话给我了。我之前试过一次镜。我以为是一则商业广告。后来他说,我在披头士的某部电影中接到了一个角色。我没有告诉任何人。我很紧张,因为我觉得"我不会演"。他说:"别担心,你没有台词,只要扮演一个走在路上的女学生就好。"

我一定告诉贝利了，因为他把他的披头士的唱片借给了我。我记得那是1964年2月，当时我还没满二十岁。披头士一定是刚从美国回来。我和另外两个也穿成学生模样的女孩子一起。特别激动。我们在帕丁顿上了火车，我当时就想："这感觉有些怪异。"火车开出伦敦，在一处废弃的车站停了下来，那儿有四个人。我心想："天哪，他们一定是披头士！"他们跳上火车，蹦蹦跳跳地来到我们的车厢。他们人很好。那是我第一次见到乔治。

披头士乐队在伦敦的一家剧院拍摄《一夜狂欢》（一）（特里·奥尼尔摄影作品）

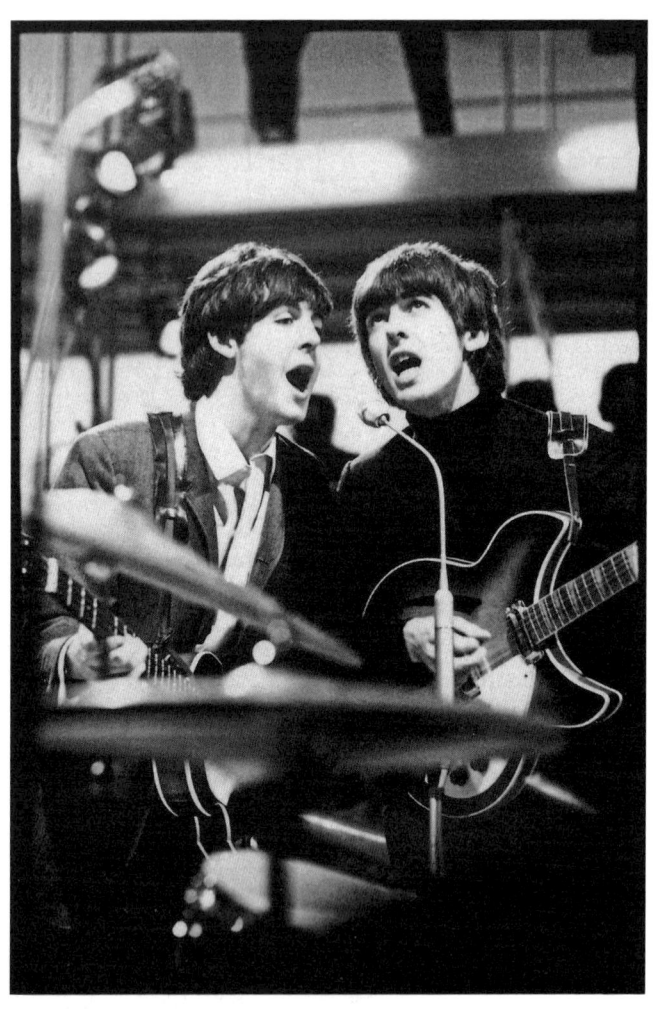

披头士乐队在伦敦的一家剧院拍摄《一夜狂欢》(二)(特里·奥尼尔摄影作品)

披头士乐队在伦敦的一家剧院拍摄《一夜狂欢》(三)(特里·奥尼尔摄影作品)

《请取悦我》发行不到一年,披头士乐队便登上了《埃德·沙利文秀》,在七千三百万美国人面前表演,之后飞回英国拍摄《一夜狂欢》,录制《在披头士乐队身旁》(特里·奥尼尔摄影作品)

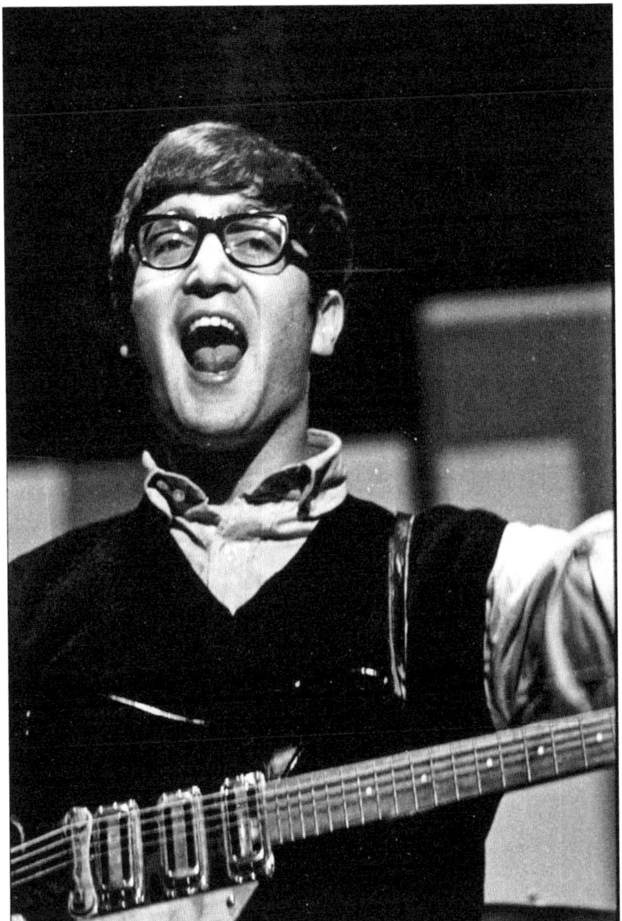

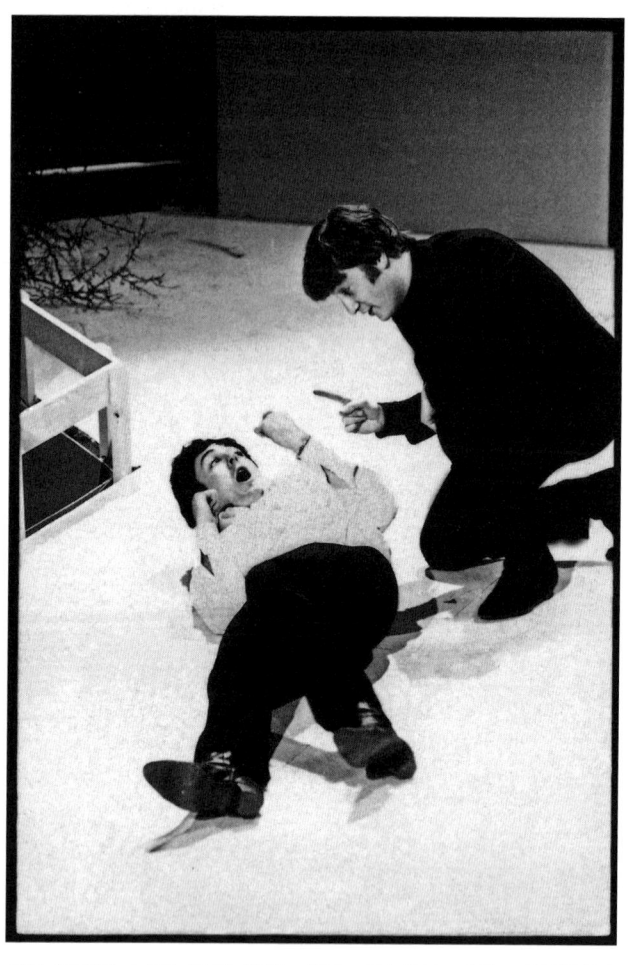

录制《在披头士乐队身旁》期间，保罗·麦卡特尼、约翰·列侬滑稽地模仿皮拉摩斯和提斯柏（莎士比亚《仲夏夜之梦》中的角色）（特里·奥尼尔摄影作品）

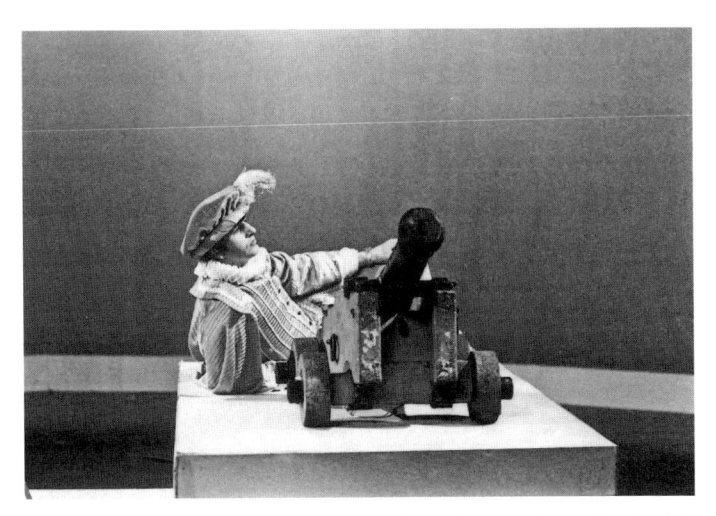

《在披头士乐队身旁》排练场景。林戈·斯塔尔因角色需要披上都铎王朝时代的服装（特里·奥尼尔摄影作品）

埃迪娜·罗内：我在电影里演一个小角色。电影《一夜狂欢》有两个版本。两个版本我都看了。其中一个版本里，我有一个和约翰·列侬跳舞说话的镜头；在另一个版本里，我饰演乔治·哈里森爱上的一个模特。

我只记得约翰。我一直觉得他是披头士里面最性感的。我们一起跳舞时，他问我："嗯，你叫什么名字？"我说："埃迪娜。"然后他就开始押韵："埃迪娜，梅迪纳……"你知道我当时怎么想的吗？"这家伙真没劲。"

《一夜狂欢》拍摄期间，帕蒂·博伊德及其未来的丈夫乔治·哈里森、茜拉·布莱克、布赖恩·爱泼斯坦在伦敦餐厅用餐（特里·奥尼尔摄影作品）

后来，我要出演戴夫·克拉克的电影；当时我在和另一个女孩竞争戴夫·克拉克五人组的电影《有本事来抓我们》的主角。

特里·奥尼尔：滚石、戴夫·克拉克五人组和赫尔曼的隐士们都轻轻松松地拍了电影。年轻人对这些乐队的追捧永无止境。不仅是唱片，还有电影，电视特辑，杂志专访，图画书，周边商品，披头士款的塑料假发，披头士款的靴子。每个收音机都调到了卡罗琳电台。

罗南·奥拉伊利与他的电台船（Getty Images）

罗南·奥拉伊利：1964年3月，卡罗琳电台开播，专门播放那些所有英国广播公司都不会播而我又喜欢的音乐。英国政府曾试图关闭我们的电台。

克丽茜·莫斯特：有一天，米奇回到家跟我说："我买了一艘船。"我问我们要船干什么。他的想法是，我们坐船出海，找私人电台，让他们播放我们的唱片。我们没有开过船，不知道怎么开，也不知道怎么导航。但我们就这么出海了，在附近航行。最后终于找到了，我们把船停在电台船旁边，米奇把唱片扔到电台船的甲板上，可是风一直在吹，把唱片吹下了船。

卡莉·西蒙：所有人都喜欢披头士。直到滚石亮相《埃德·沙利文秀》，我才变成滚石粉丝。你要么是滚石粉丝，要么是披头士粉丝。我没见过披头士，也没见过滚石。直到1970年，我才遇到米克。比起披头士其他成员，米克对我的影响更大，更让我着迷。我喜欢披头士，我崇拜他们，但滚石更让我兴奋。《红色小公鸡》和《漫步棉田》都很棒。天哪，那段时间真是让人兴奋。

玛丽·威尔逊：1964年，我们参加了TAMI秀[1]。很多名人都在，比如马文·盖伊、海滩男孩，我们也名列其中。我们当时在

---

[1] 在加利福尼亚州圣莫尼卡拍摄，英美两国多支摇滚乐队出演。——原注

想:"怎么会把这些人放在节目单上呢?"[1]后面还有滚石,我们问:"他们都是些什么鬼?"

我们之前从来没听说过他们。我们听到他们在排练,然后有人跟我们说他们要在詹姆斯·布朗[2]后面上台表演。没有人在詹姆斯·布朗之后还能表演得更出彩。不过后台一定是使用了些权术,因为滚石最终同意在詹姆斯后面表演。[3]

琳达·盖泽:滚石?我当时不知道摇滚是什么。我知道披头士。我在《埃德·沙利文秀》上看过他们。我看到了那些疯狂尖叫的女孩子。我觉得他们的穿着和发型都不错,看上去时尚而且有魅力。他们的歌也很好听。莱纳德·伯恩斯坦[4]曾说他们就是新一代的舒伯特。

滚石?我之前从没听说过他们,直到1964年,我参加了巡演,巡演了十个月,我们的最后一站是波士顿,而他们的首场演唱会也是在波士顿。

和我们住在同一家酒店的有英国芭蕾舞团,芭蕾舞演员跟

---

1 节目单上还有查克·贝里、格里和引导者乐队。——原注
2 詹姆斯·布朗(1933—2006),美国黑人歌手,被誉为"灵歌教父",说唱、嘻哈和迪斯科等音乐形式的奠基人。1986年,入选摇滚名人堂。1992年,获得格莱美终身成就奖。
3 基思·理查兹说过,这是"滚石乐队职业生涯中犯的最大错误",因为"哪怕我们表演得再好,我们都无法超越詹姆斯·布朗"。——原注
4 莱纳德·伯恩斯坦(1918—1990),美国指挥家、作曲家,曾获得"桂冠指挥家"称号。

我们住同一楼层。她们搬走以后,我们看到有辆大巴停在酒店前面。一辆很大的银色大巴,车身上用口红写满了字。我走进酒店,问:"这是什么?"

"你不知道吗?他们是滚石。"

"那是什么?"

我们走到我们住的那一层,发现到处都是警察。滚石在哪里?警察钻进床底、窗帘后面,看看有没有女孩子藏在里面。到了早上,楼道传来一股很重的烟味,然后有人来敲我的房门,是一位年轻的小伙子,基思·理查兹。"亲爱的,有雨伞吗?"没有打招呼之类的。"我有,但是外边下雨,我自己要用。"

他们第二天有一场演唱会。之后大巴就开走了。所以说,我并没有真正跟他们接触过。

埃里克·斯图尔特:无论走到哪里,都是人。大家会相互转告。我们参加过一场演唱会,是给滚石做助兴演出的。布赖恩·琼斯走下舞台,手指流着血;他打铃鼓时受了伤。他过来问我:"埃里克,你身上还有吗?"

"什么意思?"

"我脑子有些乱,有点儿难受。你一直都满面春风的,你吸的什么?"

"我什么都没吸,我只是乐在其中。"我说,"说真的,布赖恩,我没吸。"这个可怜的人儿!那时候,他真的在吸那些有害的玩意儿。这是他的乐队，但他沾上了贾格尔的那些玩意儿，总是有一种焦虑。布赖恩受到的音乐教育要多得多，而且他是个蓝调迷，但他心理非常脆弱。

希尔顿·瓦伦丁： 音乐界出现了迷幻药，这比大麻和安非他命更严重。

好像是从那时候开始，毒品开始泛滥。我确实因为迷幻药迷失了自己。实际上是布赖恩·琼斯带我沾上的。我当时在纽约，我发现滚石也在市内，他们到我们住的酒店来找我们，说："我们去俱乐部吧。"

布赖恩走进来说："啊，你有没有试过迷幻药？"他说迷幻药就跟大麻一样，但比大麻更好。好吧，谢了。我就吞下去了。是个方糖状的东西。然后我们就去俱乐部了。我们坐在专为来访的乐队设立的隔间里。我们越来越嗨，基思在那儿，埃里克·伯登也在，我开始产生幻觉，变得很兴奋。眼前的世界五彩缤纷。

埃里克就坐在我边上，他说："我想上台即兴演奏。"查斯·钱德勒就坐在我对面，他说："不行。我们现在是大明星了。我们不能在俱乐部上台即兴演奏。"埃里克拿起他的刀叉，说："我要即兴演奏！我想即兴演奏！"然后查斯说："埃里克，坐下来！"

但他一直喊着"我要即兴演奏！我想即兴演奏！"。最后，我们都上台了，跟驻唱乐队一起演奏，感觉很棒。太爽了！后来我回到酒店，我知道自己产生了幻觉。通向电梯的走道站了一排服务员。我勾搭着一个穿低胸裙子、极其性感的女生。回到房间，电话响了："瓦伦丁先生，我们知道您房间有一位女士，我们是移民局检查站的工作人员。"

我不知道到底发生了什么事，什么是真实的，什么不是。是不是有人在捉弄我？我记不清楚了。

彼得·努恩：我们是作为一支乐队出道的，但后来翻脸了。我们都经历过这事儿。我是乐队队长，是发言人。我变成了那个大家都想对话的人。这件事开始一点一点地惹毛了赫尔曼的隐士们其他成员。我当时太年轻了，甚至都没注意到有这样的事发生，我不知道发生了什么。

其中一个队员问我："为什么我没有接受采访？为什么我不能跟媒体说话？"我说我会解决的，但当时没有媒体想跟他对话。这种隔阂越来越明显。他们拍了一些视频，一整天在泳池戏水的视频。我就问："为什么这些录像带里没有我？"他们说："因为你一直在做采访。"

"你们以为我不想跟这些美女一起在泳池里吗？"

后来我们闹到了不可开交的地步，因为英国皇家文艺汇演[1]。王太后[2]对每支乐队只召见一个人，我就是我们乐队的那一

---

1 英国王室出席的一年一度的慈善综艺演出。——原注
2 英国女王伊丽莎白二世的母亲。

个。我和安迪·威廉姆斯[1]、汤姆·琼斯[2]站在一排。我们有自己的化妆间,但他们把我们乐队的其他成员都安排在楼上,和舞蹈演员一起。这件事伤了他们的心。

我当时没意识到那件事有多么伤感情。我不知道。那时的我太年轻、太忙、太单纯了。我根本不知道发生了这些事,积攒了这些埋怨。

比尔·怀曼: 我真的很怀念那个年代的单纯。只想着正在做的事,不会想得更远。我们用业余的方式做音乐,好像没有来自唱片公司的压力。好吧,实际上有,只是我们没理睬。随着我们的名气越来越大,我们就得做出更好的单曲、更好的专辑,接受更好的采访。那时候单纯就不复存在了。

单纯、新鲜和这种神奇的力量发展得很慢,你不知道结果会怎样。我在新闻报道中看到米克说:"等我到二十五岁时,就不再做音乐了。"音乐却越来越重要,占据了我们的生活。这就是1990年我离开的原因,那是我他妈的三十年的人生。

希尔顿·瓦伦丁: 有一次,在纽约中央公园,动物乐队要求休假。巡演一场接着一场,永无尽头。我们的生活就像《第

---

1 安迪·威廉姆斯(1927—2012),美国歌手,擅长乡村、爵士乐、轻音乐,声线优美,富有魅力,美国总统罗纳德·里根曾赞誉他的声音是"国宝"。
2 汤姆·琼斯(1940—),英国歌手,1965年以《这并不罕见》一曲红遍大西洋两岸。

二十二条军规》一样。我们在中央公园演出的那次,矛盾终于爆发了。我们太成功了,宣传人员又给预定了一场演出,一场又一场。但我们拒绝了,现在是我们休息的时间。宣传人员趴在地上哀求我们,东拉西扯,扯一堆他们的不容易,我们最后还是演出了。我们想放弃,想罢工。就算是船厂里的工人也有假期啊!

比尔·怀曼:我们身边所有人都在做事情,我们能看到有些事情变了,比方说迷你裙和紧身裤袜取代了长筒袜,但你置身其中时,是无法跳出来看这一切的。

我们也开始做些事情,我们不知道那是什么,会持续多久,也不知道那有多么的特别。日子就这样一天天过去。我们不是故意的,我们并不是计划好要叛逆的,时尚界人士和摄影师也不是。他们只不过是在做他们的日常工作,采用了些新想法而已。不是事先计划好,也不是事先组织好的,一切只是顺其自然地发生了。现在,所有人都希望能搞出些名堂,但我们当时并非如此。这就是为什么再没有什么名堂发生的原因,我们当时只想做音乐。

基思·理查兹:名气根本不是问题,你渐渐会拥有的。我从六十年代开始就是明星了。现在和你说话的是一个疯子……现在的我,已经没有正常生活可言了,我过的是一种非常极端的生活。幸运的是,我一直有几个好朋友,至少有一只脚踏在地上。

在金钱和压力来临之前，只有快乐。快乐就在那儿，它是这场运动的一部分。我现在还是这么觉得。我不能对它进行理性的解释，但那段时光真的是令人惊羡。感谢上天，我经历过。

鲍勃·格伦：我看不到自己的未来。我不会穿西装、打领带，也不觉得我喜欢做的事有什么危险；飙车、喝酒、爬树是我以前喜欢做的。我不知道为什么，但我记得，我觉得自己不会活很久。我对未来没有规划，因为我觉得自己没有未来。

但当时有一种我们现在所没有的单纯。我记得我在一个朋友的车库里找到几卷胶卷，上面有一些衣着暴露的女人，非常有伤风化。如今的色情图片完全超出了想象，大大超出了我的想象。发生了什么事大家都知道，就算有人不知道，只要花上八秒，就能在谷歌上查到。这是件好事，但从另一方面来说，不需要知道这一切，让人非常轻松。人人都有好奇心和求知欲。不是所有的事情都是已知、已定的。年轻人要是什么都知道的话，就会很无聊。

薇姬·威克姆：我怀念我们之间的情谊，怀念我们用新音乐改变一些东西的那种感觉。我们当时请的都是美国的音乐表演，当中最早的一批歌手是史蒂维·旺德和迪翁·沃里克。我觉得我们已经死了，进了天堂。

玛丽·威尔逊：1964年年初，我们还没有大红。我们在一个地方办了一场巡演。我们去到那儿，做了演出，没人来看。我们称之为幽灵巡演。史蒂维·旺德也登台了。即使我们摆出那样的阵容，还是没人来看我们。后来达斯蒂·斯普林菲尔德不知为什么让我们录制了《各就各位，预备，跑！》；她和我们一起在纽约做了很多节目。这期电视节目一经播出，整个摩城一片沸腾。歌曲《我们的爱去哪儿了》在英国排名第三，美国排名第一。

罗伯特·克里斯戈：1964年，我回到了伯克利。我当时没有收音机。一个美国士兵朋友送了我一台七美元的晶体管收音机，我开始走路都戴着一副小耳机。我一直在听披头士的歌。他们有一流的歌曲。后来我买了我的第一辆车，开回了纽约。记忆中，我一直在听披头士、至上女声组合的歌，还有滚石的第一首热门单曲《现在一切都结束了》。

滚石有一点很好，他们是现实主义者，而披头士是空想主义者。滚石的歌曲带有嘲讽意味，非常受听众喜欢，这是典型的蓝调的东西，取材于痛苦，将痛苦转换成欢乐。但是歌曲以"我不会悲伤，我会快乐"开头。

在贾格尔的声音中，你总是能听出一些嘲讽。那张唱片对我来说意义重大。我当时是《纽约时报》负责送稿件的勤杂工。我开着五十年代的普利茅斯车。能在时代广场停车，我感到很惊讶。我记得当时听到《现在一切都结束了》，心想这是多么棒的一首歌啊！

如果我要写书，如果什么都可以写的话，那么我一定是写与1964年披头士、滚石和至上女声组合有关的东西。

亨利·迪尔茨： 我们开着房车，又办了一场全国巡演。我们每天都读书、创作或是演奏。趣味性对我来说越来越重要。我们把车停在密歇根一个小二手商店旁边，来了兴致，跑去买些没什么用的东西，正好看到有张桌子上放着二手相机。我们各自买了一台。我们总是玩得有些嗨，这样生活才有乐趣。

我拍摄的第一张照片是一个厕所，里面长出了一株花。然后是一片奶牛牧场。有个朋友新买了一个贝斯琴盒，他想用鞭炮把旧的炸掉，就像做一个低级炸药一样。我们去到亚利桑那州的沙漠，他点燃引线后拼命跑开，嘭的一声，贝斯盒飞到了空中，我抓拍了一张。那张照片我现在还保留着。那就是一瞬间的事。

我说："这些该死的东西，我必须得多拍些。"我开始拍专辑封面。[1] 我们需要宣传照片，报纸上刊登的都是黑白照片，所以，我开始拍黑白照片。这就像尝试演奏另一种乐器一样。玩音乐还是摄影？在我心里，我是一名音乐家，但我拥有摄影师的思维和眼光。

---

[1] 大门乐队《莫里森酒店》的专辑封面就是迪尔茨拍摄的。——原注

鲍勃·格伦：有一段时间，我在一家照相馆工作，那段经历对我帮助很大。我偷了胶卷，那是顾客提前付了款要冲洗的。那就是我在纽波特民谣音乐节用来拍摄的胶卷，那是我拍摄的第一组照片。我拍了很多照片，有一些洗出来还可以。我拍了一张迪伦的照片，那张照片一直在用。他拿着吉他，看上去很有摇滚范儿。当年拍的照片我只有几张了。

前一阵儿，我遇到了一个女孩，她是我女儿，但我一直不知道她的存在。她知道我的名字。我是在纽波特民谣音乐节遇见她妈妈的。那是我成为音乐摄影师的第一天。

我和她妈妈相识的时间只有一个小时左右。几个月后，她告诉我她怀孕了，但她是等了四个月才告诉我的，所以我不相信那孩子是我的，想着她只是想从我这儿要一笔钱罢了。她不过在我的房间待了几个小时，怎么突然就怀孕了？我又觉得这可能是真的，但又想到她有可能会把孩子送给别人收养。我们两个人都没有办法照顾好孩子。我没有钱，我做不了什么。一旦有人收养了那个孩子，就不会有人知道这个秘密了。

每隔几年，我就会想："我有孩子吗？我是不是曾经和她擦肩而过？"有一天，我收到了一封信。奇怪的是，是封挂号信。我想："这是不是就是我想我可能会收到的那封信呢？"我一眼就看到了"生父"两个字，真是见鬼了。然后我看到："我不想从你那儿得到任何东西，我只想认识你。"

我们成了蛮好的朋友，她和我儿子的关系比跟我更亲密。他们经常一起过周末。她是在布鲁克林长大的。她是医生。她当时被布鲁克林的一户人家收养了。

芭芭拉·胡兰尼基：那时候，你是不会规划你的人生的。那时候，时代正在变革。我们从来没有什么规划，每个人都一样。我还记得，1966年，《时代周刊》发表了那篇关于"摇摆伦敦"的文章。"摇摆伦敦"是指1963年至1964年的伦敦。理查德·埃夫登[1]来我店里了，你能想象吗？他进来只是为了看看到底是怎么一回事。大家都来体验音乐、文化、时尚，然后带回巴黎、米兰和美国。

如今，一切都太商业化了，一切都是精心设计的，都是关于工业、金钱、市场营销、品牌宣传。那时候太纯洁了。

维达尔·沙宣：那时候很有趣，能亲身经历是一种很特别的体验，那和你说"我很成功"是完全不一样的。一旦你心里有了这种想法，你就在走下坡路了。真正重要的是下一步！接下来我能做什么呢？你的思维在拼命地转动。我们没有停下来去想我们成功了，我们只是继续向前，想想下一步该怎么走。

那时候以才智论英雄，不论出身。我们以前是非常调皮的男孩子。我的意思是，我们会一个推一个，相互争论。光凭你一己之力，是改变不了什么的。是一大群富有想法、创意、激

---

[1] 理查德·埃夫登（1923—2004），美国时尚摄影师。

情的人，改变了伦敦的面貌。美国落后了四年，到了1965年，美国依然落后四年。那些日子真是太疯狂了。我今年八十四岁了，我这一生过得很美好，很精彩。我不介意重新回到六十年代。我怀念伦敦，怀念那里的剧院和切尔西足球俱乐部。与其去看精神病医生，我还不如去切尔西看比赛。

玛丽·匡特：我们一直、一直、一直在工作，但我们喜欢工作，所以无所谓。维达尔·沙宣设计的所有发型我都看过。我觉得大部分发型我应该都尝试过。维达尔是一个很有魅力的人。总有一些新事物和新方式引起争论。我觉得嘎嘎小姐很有趣，但并不会让人震惊。

我在杂志和色彩方面受到的关注，使我意识到我当时在做一些与众不同的事情。我整日整夜地陷在其中。要跟上这方面的信息，还要承受巨大压力，真是太可怕了。有一天，进来了一个年轻的男人，他说："我想请你为杰西潘尼公司[1]在美国的一百六十五家门店推出系列时装。"于是我开始给杰西潘尼做设计，做了十一二年。他们想要针对年轻人的设计。

大家都到伦敦来了，比如碧姬·芭铎、莱斯莉·卡伦。美国人，音乐家，还有他们的女朋友，都会来买衣服。约翰和披头士也来过。

我第一次去美国是应《生活》杂志之邀。我们去拍摄照片，

---

1 美国著名连锁百货公司，创立于1902年。

牵着一只牧羊犬在第五大道上奔跑。我喜欢纽约。我们带着名模们去纽约，在美国各地做服装展，一天一座城市。她们高兴得要疯掉。

那时候，更多的是情谊，而不是竞争关系。这真的是一场大变革，很艰难，因此所有参与其中的人团结一心、共同奋战。一切都有可能。那感觉真美好。

贾斯廷·德·维伦纽夫：来得快，去得也快，那时候就是玩乐。我和崔姬有过激烈的争执，因为她觉得我在挥霍钱。我有五辆劳斯莱斯、两辆兰博基尼和一辆捷豹。我们从来没有想过未来，我觉得我不会变老，那个时代有很大的影响。那时候，日子并不难过，生活很轻松，你可以做任何你想做的事。真的！我们没有挣钱的压力，从来都没有，钱就这样来了。钱很有用，我找人定做了西服和皮鞋。从来没想过买房子，我倒希望我当时买了。那真是一段美好的时光。我从不沾毒品，我和崔姬都离得远远的。没有成瘾的毒品，大多是印度大麻，你也接触不到海洛因。

曼迪·赖斯-戴维斯：我是否曾经舒舒服服地坐着，说过"我过的是什么样的生活啊"这种话，这个我说不准。我只觉得一切都是理所当然的。那些想要打击、羞辱我的当权者都没有得手，我不觉得丢脸，我很快就走出了那段时光。我想起小时候听到的那句话："面对马不要害怕，否则它们就会攻击你。"

还有一些怒气未平,但这并没有打败我。我几乎是立马就开始了唱歌和演戏事业。

诺尔玛·卡玛丽:我觉得像那样的时期特别罕见。不只有时尚,还有音乐和电影。那个时代如此地具有前瞻性,决定了迄今为止的一切。新事物总是让人为之兴奋。那是一个开创性的时代,充满了惊喜和新思想。我很幸运能够经历那个时代。无论当时发生了什么,让我走向了哪一步,我都知道我收到了一份大礼:得到了解放。我希望这一代人能够有一次摆脱约束的经历。那会给予你很多权利,特别是对女性来说。对于经济发展、人的心理建设、个人自由和表达来说,都有着非凡的意义。这是那个时代最美好的事物。

这么多年过去了,我们仍然生活在那一时代的余荫之下。而这一次的变革来自技术创新,而非音乐。原创性的东西经久不衰,成为永恒。年轻人的数量远远超过其他人群,我们并不是少数群体。如果我们是,就不会有今天这番光景了。

我在伦敦见到的一切传到美国花了不少时间。种子在那时便已种下。如果我没有经历伦敦的一切,我现在做的事情可能会截然不同。

尼尔·塞达卡:我的一个老朋友说,既然披头士来自英国,而且英国人非常尊重你的原创音乐,你就应该搬到英国去。所以,我带上妻子和两个孩子,搬到了伦敦。我在一个很小的工人俱乐部工作，对着老虎机和醉汉们唱歌。我像是一个局外人，一个来自五十年代的幽灵一样。我去看演唱会，在那儿我碰到了埃尔顿·约翰，他说："我非常喜欢你早期的音乐作品。我能否登门拜访，听听你最近写的歌？"

他说我对他的影响很大。我所有的歌他都有，比如《十六岁生日快乐》、《日历女郎》，这些他都有。

埃尔顿说："我正在创办一家叫火箭的公司。我可以把你重新打造成唱片明星。"我们发行了第一首单曲《雨中的欢乐》，想不到我又问鼎了排行榜榜首。唯一的不同是，现在我露脸了；五十年代，人们只在广播上听过我的歌声，现在，人们看到了我长什么样。他们看到了尼尔·塞达卡长什么样子。

尽管如此，那时候事业上的空窗期还是让我胆战心惊。那段空窗期，是一段可怕的回忆。

埃里克·克拉普顿：我对自己非常不自信。我曾经在这条路上徘徊，最后，我又回到了这条路上。对我来说，这就是魅力所在。我总是提醒自己不忘初心："这就是你喜欢弹吉他的原因。"

不是为了赚钱或出名，也不是为了表达些什么，或是为了让自己变得特别，成为最好，而是因为我爱音乐。我喜欢听音乐。即使没有人回应我，我还是会继续做音乐。这是我和音乐之间的牵绊。我怀念完全只顾自己音乐感受的那种想法，那对我来说再也不可能了。都是一些要重要得多的事情。1963年就是自由，做音乐家的绝对自由。

杰夫·林恩：做大人物、做主唱或是出名，我以前都没兴趣。我想要支配的权力。我很清楚自己想要做什么样的音乐。1963年，我不仅以听众的身份去听音乐，我还会去了解音乐的制作过程，即使那时候我一窍不通。他们怎么做到这样的？谁做的？我过去常常想这些问题。我把歌曲拿来分析。我不是一名合格的工程师，但我是一位优秀的制作人。吸引我的更多的是歌曲是如何运作出来的，而不是那些乐器。

埃里克·斯图尔特：我经常与布赖恩·奥格和三位一体乐队即兴表演。杰夫·贝克总是会站起来演奏。吉米·佩奇当时是一位临时乐师。我们在录音室录制《爱情游戏》时，吉米正在隔壁的录音室帮P. J.普罗比做独奏。他有一把漂亮的黑色定制吉他，他说："你们在做什么？那不够击中灵魂，要不你用我的吉他试试？"在《爱情游戏》中可以听到这一段。

后来，我再见到吉米·佩奇时，他已是齐柏林飞艇成员，名声大噪，红得发紫。我们都不识谱。识谱对我们来说是一种奢侈。我们是用心而不是用眼睛去演奏。这就是为什么如果你把管弦乐队带进录音室，弦乐器演奏者会觉得很扫兴的原因。他们总是跟不上节奏，因为他们一直在看顿音记号和指挥的手势，所以他们的节奏总是比我们慢。很让人扫兴的。

乔治·法梅：我曾经和偶像们合作过，我讨厌"偶像"这个词，还是说引起轰动的音乐家比较好。我当时和巴锡伯爵等最伟大的爵士音乐家一起表演。我们不是同一代人，他们已经五六十岁了，我跟着他们学习。我初出茅庐，他们那时候已经在巡演了。几年前我想我也会有那一天，但那一天一直没有来。

现在我们登台演出前，我心里还是会紧张。每晚现场演出，我都能学到一些不同的东西。有人说，演奏错了不要改，这也是爵士乐的一部分。如果你去听著名音乐家的现场演奏，你就会发现，演奏总会出错，比如有些地方走调了，但是没关系。

现在，我一年有一部分时间住在瑞典，远离所有人。大家都往南走，比如法国、西班牙，我却往反方向走。我仍在练习。我从未停止学习。这就是艺术和音乐的独特之处：没有退休的那天。现在，我和我的两个儿子一起演出。

只要还有人想听你唱歌，想和你分享体验，这就足够了。没有任何理由放弃。

后　记

1963年是大变革的一年吗？作出判决之前，让我们先休庭片刻，听一下反变革的当权者曾经提出的反对意见。

1964年2月7日，当披头士乐队乘坐泛美航空公司101航班降落在艾德威尔德机场时，迎接他们的有成千上万的粉丝，还有多达两百名记者组成的记者团，他们困惑不解，不屑一顾。虽然这些女孩子对披头士乐队充满崇拜之情，为他们尖叫，对弗兰克·西纳特拉（"穿着燕尾服的化石"）和二十九岁的埃尔维斯（有个披头士乐队女粉丝鄙视地说"他又老又丑"）不屑一顾，但新闻业的绅士们却对这四个来自利物浦的工人阶级家庭出身的小伙子嗤之以鼻。

"你们要在这里理发吗？"有位记者问道。

"我昨天已经理了。"乔治·哈里森一本正经地回复。

"你觉得对你们职业生涯威胁最大的是核炸弹还是头皮

屑?"另一位记者问道。

"炸弹。"林戈回答道,"头皮屑我们已经有了。"

正如《时代周刊》后来报道的那样:"高傲的鄙视是对纯粹无知的掩饰。"这场变革之战已经打赢了。感情和思想的斗争已经结束了。《时代周刊》还写道:"接下来的十天里,披头士乐队来了,他们的表演有目共睹,大受欢迎。如果他们在这儿能成功,那他们无论到哪儿都能成功,他们创造的是历史。"

1964年8月,林登·贝恩斯·约翰逊总统新闻办公室请求在白宫会见披头士乐队。披头士乐队婉拒了。当局被迫将目光转向英伦入侵的第二大乐队,邀请戴夫·克拉克五人组登上"空军一号",这样总统就可以为女儿露西·贝恩斯拿到他们的亲笔签名。约翰·列侬和保罗·麦卡特尼把他们的一首歌献给了另一支苦苦奋斗的叫滚石的乐队,帮助培育了一个纵横六十载的品牌。

艺术、电影、文学和音乐界的新偶像是工人阶级家庭出身的男孩子和女孩子;英国人以前"在伊顿公学的操场上"[1]击败拿破仑,而现在这场征服世界的文化运动却是由那些只要往上数一辈可能还是伊顿校友的随从和私人司机的子女所主导的。

---

[1] 伊顿公学是英国知名精英中学,创办于1440年,曾经培养出多位英国首相,被誉为"首相摇篮"。这里引用的是威灵顿公爵在打败拿破仑后说的一句著名的话:滑铁卢的胜利,是在伊顿公学的操场上决定的。但也有人说,威灵顿公爵本人没有说过这句话,是某西方作家杜撰的。

1965年,四个来自利物浦、留着拖把头的男生与英国女王伊丽莎白二世会面,被授予大英帝国勋章;这奖通常是颁给军官和政府官员的。约翰·列侬后来坚定地说:"我们现在比耶稣更受欢迎。"

对性的态度也已转变。避孕药解放了做爱已经无伤身体的那个年龄段的男人和女人。当英国诗人菲利普·拉金写下那经久不衰的诗歌《奇迹之年》时,披头士乐队和免费发放的节育用具就被永恒地记载在文学作品中了:

> 性爱始于
> 一九六三年
> (于我而言,这发生得太迟了)
> 始于查泰莱禁令的结束
> 直至披头士乐队的首张密纹唱片

"此前,"拉金写道,"还只是/可以说是讨价还价/为了承诺而争吵不休……"于这一代人的父母而言,性爱和羞愧仿佛是一对尴尬的枕边人,相互伴随。做爱得鬼鬼祟祟的,最好是在灯关掉、窗帘拉下的情况下进行,任何一抹罪恶的余晖都要在睡前奉上祷告,祈求原谅,以得到宽恕。但是他们的孩子拥抱了这件事,并公开谈论,相互庆祝。女权主义者劝告女性,性爱于她们也应该是愉悦的。

地位稳固的阶级承认了年轻人的政治、文化、商业的力量,并试图加以利用和吸收;但年轻人漠不关心。他们正在享受他们的影响力,炫耀他们的性行为、他们的观点,以及与新音乐、新时尚和新艺术相伴随的自由。他们藐视社会和宗教传统,直言不讳地反对当选的领导人。抗议的声音源于音乐节,源于未来的变革者创办的新兴的地下报刊,他们用革新、明确的封面故事创造性地融合了政治、艺术和音乐,令人兴奋。

1963年之前,青年人大多默默无言,贪恋物质。1963年以后,没有人可以无视他们了。世界迎合他们,推销他们,倾听他们的声音。他们的声音被回应了。

年轻人在各州议会大厦游行,坚持自己的效忠标准。学生罢课示威,在联邦政府大楼外面抗议。音乐家创作了反文化斗争的赞美诗,召集了一大群人,有诗人、艺术家、作家和电影制作人,质疑并且颠覆了权威和法规。有些人遵从他们自己推选的领导人之命,死于他们自己的"保护者"的子弹下。

越南战争,核军备竞赛,女权主义,民权运动,殖民主义,资本主义,以及反对对言论、艺术和文学的审查制度都是1963年得到解放的青年人所奋斗的事业。那些1963年以前只是少数人奋斗的问题,变成了全世界街头和校园为社会福祉所开展的大规模战斗的领域。

1963年的余震延续了几十年。那一年的变革者照亮了一条直通白宫和华尔街的道路。在政治和商业方面,年轻人是骨干力量。比尔·克林顿就属于那个变革的时代,他是吹奏萨克斯的好手,而且年仅十六岁就与约翰·菲茨杰拉德·肯尼迪总统握手。[1]另一个叫理查德·布兰森[2]的十六岁的年轻人，创立了自己的维珍公司销售唱片，以低价同中心街区的音像店竞争。

这是让青年力量兴起占上风的一代人。《时尚》杂志的模特还都只是青少年，小学几乎没毕业的华尔街交易员操纵着一切。1963年的DNA在数字时代的比尔·盖茨和扎克伯格这些人身上得以延续，一个青少年一夜之间就可以成为亿万富翁。年龄不再是障碍。在雄心和天赋面前，智慧、经验和权威只能退居其次。

1963年，年轻人的意见不但可行，而且至关重要。有些人是追随者，有些人是领导者，但都因为一股变革性的力量团结在一起。在好奇心、愤怒或是探索内心欲望的推动下，年轻的男男女女从被查禁的道路中解放出来，去寻求个人的意义与真理。

1963年出现的拥有力量和动力的那一代人，在萧伯纳的早期作品中得到了最好的描绘："变革时刻，吸引了那些对现有体制而言还不够优秀的人，以及那些太过优秀的人。"

1963年洗礼和造就了大批新先知和手拿吉他、画笔与剪刀的奇才。那一年的魔力造就了一代自由思想者。

---

[1] 1963年7月24日，当时还在念高中的比尔·克林顿作为全国学生代表到白宫与当时的美国总统约翰·肯尼迪见面。
[2] 理查德·布兰森（1950—），英国维珍集团创始人，英国最具传奇色彩的亿万富翁，以特立独行著称，曾驾驶热气球飞越大西洋和太平洋。

那是变革之年。那一年,年轻人用音乐、艺术、时尚改变了世界:

生活从来没有比这
比一九六三年更好
始于查泰莱禁令的结束
直至披头士乐队的首张密纹唱片

致　谢

我们对以下这些人表示感谢，感谢他们的大力支持和自始至终的信任。

It Books的前编辑部主任卡丽·卡尼亚将想法的火花点燃成令人着迷的激情之火。

她的继任者凯尔·摩根为我们高举火炬。

我们的编辑丹尼丝·奥斯瓦尔德的技巧、勤奋和洞察力，使得我们能够把五十多年前的众多声音的叙述，汇编成一本条理清晰、彰显青年力量的庆祝之作。

我们的经纪人罗布·威斯巴赫，在幕后，有效地利用了他的智慧和魅力。

莉萨·特尔·哈尔、爱丽丝·特尔·哈尔、格蕾丝·特尔·哈尔和罗伯特·摩根辛苦地将很多小时的录音采访转换成文字。

最后，我们要特别感谢亲切、慷慨的维达尔·沙宣，在身体饱受疾病折磨、得知自己生命只剩最后几周之际，还邀请我们去他家，允许我们汰择他的记忆。

罗宾·摩根

阿里尔·列夫

人名对照表

P. J. 普罗比 P. J. Proby

三 画

大卫·鲍伊 David Bowie
大卫·霍克尼 David Hockney
大卫·贝利 David Bailey
大卫·贝克汉姆 David Beckham
大卫·沃纳 David Warner
大卫·弗罗斯特 David Frost
大卫·奥格威 David Ogilvy
马丁·路德·金 Martin Luther King
马文·盖伊 Marvin Gaye
马克·温特 Mark Wynter
马克·博兰 Marc Bolan
马特·门罗 Matt Monro
马里奥·特斯蒂诺 Mario Testino
马修·沃尔什 Matthew Walsh
小理查德 Little Richard
小史蒂维·旺德 Little Stevie Wonder
小道格拉斯·范朋克 Douglas Fairbanks Jr.

四 画

贝蒂·弗里丹 Betty Friedan
贝里·戈迪 Berry Gordy
贝德福德公爵 Duke of Bedford
贝齐 Betsy
巴迪·霍利 Buddy Holly
巴赫 Bach
巴菲·圣-玛丽 Buffy Sainte-Marie

巴锡伯爵 Count Basie
比利·怀尔德 Billy Wilder
比利·弗里 Billy Fury
比莉·哈乐黛 Billie Holiday
比尔·怀曼 Bill Wyman
比尔·阿斯特 Bill Astor
比尔·科斯比 Bill Cosby
比尔·伯恩巴克 Bill Bernbach
比尔·克林顿 Bill Clinton
比尔·盖茨 Bill Gates
戈登·怀特 Gordon White
韦恩·方坦纳 Wayne Fontana
乌苏拉·安德烈斯 Ursula Andress
王太后 The Queen Mother
扎克伯格 Zuckerberg
丹尼丝·奥斯瓦尔德 Denise Oswald

五　画

史蒂维·尼克斯 Stevie Nicks
史蒂夫·温伍德 Steve Winwood
卡莉·西蒙 Carly Simon
卡修斯·克莱 Cassius Clay
卡尔·史密斯 Carl Smith
卡罗琳·赫斯特 Carolyn Hester
卡洛尔·金 Carole King
卡蒂埃–布列松 Cartier-Bresson
卡特·史蒂文斯 Cat Stevens

卡丽·卡尼亚 Carrie Kania
艾伦·琼斯 Allen Jones
艾伦·克拉克 Allan Clarke
艾伦·帕克 Alan Parker
艾瑞莎·弗兰克林 Aretha Franklin
让–吕克·戈达尔 Jean-Luc Godard
弗朗基·沃恩 Frankie Vaughan
弗朗基·瓦利 Frankie Valli
弗兰克·西纳特拉 Frank Sinatra
弗兰克·洛 Frank Lowe
弗兰克·扎帕 Frank Zappa
弗雷迪·加里蒂 Freddie Garrity
弗雷德·阿斯泰尔 Fred Astaire
弗洛伦丝·巴拉德 Florence Ballard
弗里茨 Fritz
布赖恩·爱泼斯坦 Brian Epstein
布赖恩·琼斯 Brian Jones
布赖恩·奥格 Brian Auger
布莱基·西格尔 Blackie Siegel
布奇·梅珀姆 Butch Mepham
皮特·博金 Pete Bocking
皮特·贝斯特 Pete Best
皮特·汤申德 Pete Townshend
皮拉摩斯 Pyramus
尼尔·塞达卡 Neil Sedaka
尼尔·戴蒙德 Neil Diamond
尼尔·杨 Neil Young
尼娜·西蒙 Nina Simone

本·帕尔默 Ben Palmer
本尼·夏皮罗 Benny Shapiro
汉克·马文 Hank Marvin

六 画

约翰·菲茨杰拉德·肯尼迪 John Fitzgerald Kennedy
约翰·博因顿·普里斯特利 John Boynton Priestley
约翰·列侬 John Lennon
约翰·普罗富莫 John Profumo
约翰·李·胡克 John Lee Hooker
约翰·克特兰 John Coltrane
约翰·哈蒙德 John Hammond
约翰·弗伦奇 John French
约翰·韦恩 John Wayne
约翰·克里斯 John Cleese
约翰尼·雷 Johnnie Ray
约翰尼·戈尔德 Johnny Gold
约翰尼·霍利迪 Johnny Holliday
约瑟夫·科林斯 Joseph Collins
约塞连 Yossarian
吉米·亨德里克斯 Jimi Hendrix
吉米·佩奇 Jimmy Page
吉姆·莫里森 Jim Morrison
吉恩·文森特 Gene Vincent
吉恩·皮特尼 Gene Pitney
米克·贾格尔 Mick Jagger
米奇·莫斯特 Mickie Most
安迪·沃霍尔 Andy Warhol
安迪·威廉姆斯 Andy Williams
安德鲁·卢格·奥尔德姆 Andrew Loog Oldham
安东尼·考尔德 Anthony Calder
安托万 Antoine
西德尼·吕美特 Sidney Lumet
乔治·华盛顿 George Washington
乔治·法梅 Georgie Fame
乔治·哈里森 George Harrison
乔治·安德伍德 George Underwood
乔治·格什温 George Gershwin
乔治·马丁 George Martin
乔治·路易斯 George Lois
乔治·戈梅尔斯基 Giorgio Gomelsky
乔克·埃利奥特 Jock Elliott
乔伊·亚伯拉罕斯 Joey Abrahams
乔舒亚·洛根 Joshua Logan
乔妮·米切尔 Joni Mitchell
汤姆·琼斯 Tom Jones
汤姆·帕克斯顿 Tom Paxton
汤姆·沃茨 Tom Watts
汤姆·沃尔夫 Tom Wolfe
汤姆·麦吉尼斯 Tom McGuinness
汤米·波拉德 Tommy Pollard
汤米·罗伊 Tommy Roe

伊莱恩 Elaine
伊恩·斯图尔特 Ian Stewart
伊丽莎白·泰勒 Elizabeth Taylor
迈克·史密斯 Mike Smith
迈克·谢里登 Mike Sheridan
迈克·彭伯顿 Mike Pemberton
迈克尔·凯恩 Michael Caine
迈克尔·菲什 Michael Fish
托尼·哈里斯 Tony Harris
托尼·谢里登 Tony Sheridan
托尼·巴罗 Tony Barrow
托尼·斯科特 Tony Scott
达德利伯爵 Earl of Dudley
达德利·穆尔 Dudley Moore
达斯蒂·斯普林菲尔德 Dusty Springfield
老阿尔·约翰逊 Big Al Johnson
多丽丝·戴 Doris Day
休吉·吉布 Hughie Gibb
朱莉·克里斯蒂 Julie Christie
朱迪·科林斯 Judy Collins
华莱士·奥斯汀 Wallace Austin
亚里士多德·奥纳西斯 Aristotle Onassis
亚历山大 Alexander
亚历克斯 Alex
伍迪·艾伦 Woody Allen
伍迪·格思里 Woody Guthrie
伦尼·克雷 Ronnie Kray
伦尼·布鲁斯 Lenny Bruce

七 画

玛丽·匡特 Mary Quant
玛丽·威尔逊 Mary Wilson
玛丽·韦尔斯 Mary Wells
玛丽安娜·费思富尔 Marianne Faithfull
玛丽莲·梦露 Marilyn Monroe
玛莎·里夫斯 Martha Reeves
芭芭拉·胡兰尼基 Barbara Hulanicki
阿利斯泰尔 Alistair
阿尔·库珀 Al Kooper
阿尔伯特·芬尼 Albert Finney
阿尔伯特·格罗斯曼 Albert Grossman
阿克·比尔克 Acker Bilk
阿道夫·艾希曼 Adolf Eichmann
阿盖尔公爵夫人 Duchess of Argyll
阿特·加芬克尔 Art Garfunkel
克里斯·法洛 Chris Farlowe
克里斯·斯坦普 Chris Stamp
克里斯·蒙特兹 Chris Montez
克里斯蒂安·桑·忘记 Christian San Forget
克里斯蒂娜·基勒 Christine Keeler
克利夫·盖洛普 Cliff Gallup

克丽茜·莫斯特 Chrissie Most
克丽茜·施林普顿 Chrissie Shrimpton
克劳德特 Claudette
克劳迪娅·麦克尼尔 Claudia McNeil
希尔顿·瓦伦丁 Hilton Valentine
杜安·埃迪 Duane Eddy
里基·纳尔逊 Ricky Nelson
里德利·斯科特 Ridley Scott
沃利斯·辛普森 Wallis Simpson
沃尔特·温切尔 Walter Winchell
伯特·威登 Bert Weedon
伯特·巴卡拉克 Burt Bacharach
亨德里克·维沃尔德 Hendrik Verwoerd
亨利·迪尔茨 Henry Diltz
亨利·米勒 Henry Miller
肖邦 Chopin
劳伦斯·哈维 Laurence Harvey
苏西·罗托洛 Suze Rotolo
狄兰·托马斯 Dylan Thomas

八　画

罗纳德·布鲁克斯·基塔伊 R. B. Kitaj
罗伊·利希滕斯坦 Roy Lichtenstein
罗伊·奥比森 Roy Orbison
罗伯特·劳申伯格 Robert Rauschenberg
罗伯特·齐默曼 Robert Zimmerman
罗伯特·克里斯戈 Robert Christgau
罗伯特·米彻姆 Robert Mitchum
罗伯特·艾伦·齐默曼 Robert Allen Zimmerman
罗伯特·帕尔默 Robert Palmer
罗伯特·摩根 Robert Morgan
罗丝玛丽·克卢尼 Rosemary Clooney
罗恩·威彻利 Ron Wycherley
罗恩·基塔伊 Ron Kitaj
罗兰 Roland
罗杰·威廉姆斯 Roger Williams
罗德·斯图尔特 Rod Stewart
罗德·斯泰格尔 Rod Steiger
罗南·奥拉伊利 Ronan O'Rahilly
罗尔德·达尔 Roald Dahl
罗密·施奈德 Romy Schneider
罗布·威斯巴赫 Rob Weisbach
杰姬·肯尼迪 Jackie Kennedy
杰姬·科林斯 Jackie Collins
杰夫·林恩 Jeff Lynne
杰夫·贝克 Jeff Beck
杰里·李·刘易斯 Jerry Lee Lewis
杰克·华纳 Jack Warner
杰克·布鲁斯 Jack Bruce
杰特·哈里斯 Jet Harris
杰弗里·克鲁格 Jeffrey Kruger
林登·贝恩斯·约翰逊 Lyndon Baines Johnson
林戈·斯塔尔 Ringo Starr

奈杰尔·乔纳森·戴维斯 Nigel Jonathan Davies
拉布·巴特勒 Rab Butler
拉里·威廉姆斯 Larry Williams
彼得·布朗 Peter Brown
彼得·布莱克 Peter Blake
彼得·弗兰普顿 Peter Frampton
彼得·菲利普斯 Peter Phillips
彼得·努恩 Peter Noone
彼得·科克伦 Peter Cochrane
彼得·拉赫曼 Peter Rachman
彼得·梅尔 Peter Mayle
彼得·琼斯 Peter Jones
彼得·库克 Peter Cook
彼得·奥图尔 Peter O' Toole
帕蒂·博伊德 Pattie Boyd
帕特·唐卡斯特 Pat Doncaster
佩姬·苏 Peggy Sue
佩佩 Pepe
金杰·贝克 Ginger Baker
欧文·伯林 Irving Berlin
迪翁·沃里克 Dionne Warwick
迪克·罗 Dick Rowe
迪克·卡韦特 Dick Cavett
迪克·克拉克 Dick Clark
孟菲斯·斯利姆 Memphis Slim
凯特·莫斯 Kate Moss
凯尔·摩根 Cal Morgan

肯尼·林奇 Kenny Lynch

九 画

查克·贝里 Chuck Berry
查理·沃茨 Charlie Watts
查理·克洛斯 Charlie Close
查斯·钱德勒 Chas Chandler
查尔斯·萨奇 Charles Saatchi
保罗·西蒙 Paul Simon
保罗·麦卡特尼 Paul McCartney
保罗·威廉姆斯 Paul Williams
保罗·琼斯 Paul Jones
哈罗德·麦克米伦 Harold Macmillan
哈珀·李 Harper Lee
哈里·贝拉方特 Harry Belafonte
哈迪·埃米斯 Hardy Amies
哈尔·戴维斯 Hal Davis
恰比·切克 Chubby Checker
胖子沃勒 Fats Waller
胖子多米诺 Fats Domino
茜拉·布莱克 Cilla Black
费莉西蒂·格林 Felicity Green
费里尼 Fellini
南希·阿斯特 Nancy Astor
威廉·巴特勒·叶芝 W. B. Yeats

十 画

埃里克·克拉普顿 Eric Clapton
埃里克·斯图尔特 Eric Stewart
埃里克·安德森 Eric Anderson
埃里克·伯登 Eric Burdon
埃里克·伊斯顿 Eric Easton
埃里克·海多克 Eric Haydock
埃尔顿·约翰 Elton John
埃尔肯·艾伦 Elkan Allan
埃尔维斯·普雷斯利 Elvis Presley
埃林顿 Ellington
埃拉·菲茨杰拉德 Ella Fitzgerald
埃迪·科克伦 Eddie Cochrane
埃迪·肯德里克斯 Eddie Kendricks
埃迪娜·罗内 Edina Ronay
埃德·沙利文 Ed Sullivan
贾斯珀·约翰斯 Jasper Johns
贾斯廷·德·维伦纽夫 Justin de Villeneuve
海伦·夏皮罗 Helen Shapiro
特里·奥尼尔 Terry O'Neill
特里·斯坦普 Terry Stamp
特里·尼科尔森 Terry Nicholson
特里·达菲 Terry Duffy
特洛伊·多纳休 Troy Donahue
特伦斯·斯坦普 Terence Stamp
特伦斯·多诺万 Terence Donovan
格蕾丝·科丁顿 Grace Coddington
格蕾丝·特尔·哈尔 Grace Ter Haar
格雷·乔利夫 Gray Jolliffe
格雷厄姆·纳什 Graham Nash
格里·马斯登 Gerry Marsden
格里·戈芬 Gerry Goffin
格林·约翰斯 Glyn Johns
爱丽丝·特尔·哈尔 Alice Ter Haar
莱昂内尔·巴特 Lionel Bart
莱昂内尔·布莱克 Lionel Blake
莱斯利·弗雷温 Leslie Frewin
莱斯莉·卡伦 Leslie Caron
莱纳德·伯恩斯坦 Leonard Bernstein
莫斯·艾利森 Mose Allison
诺曼·佩蒂 Norman Petty
诺曼·哈特内尔 Norman Hartnell
诺曼·乔普林 Norman Jopling
诺尔玛·卡玛丽 Norma Kamali
朗·约翰·鲍德里 Long John Baldry
莎伦·奥斯本 Sharon Osbourne
唐·阿登 Don Arden
桑尼·博伊·威廉姆森 Sonny Boy Williamson
桑尼·利斯顿 Sonny Liston
桑迪·肖 Sandie Shaw
拿破仑 Napoléon
莉萨·特尔·哈尔 Lisa Ter Haar

十一画

维达尔·沙宣 Vidal Sassoon
维多利亚·贝克汉姆 Victoria Beckham
基思·理查兹 Keith Richards
基思·霍普伍德 Keith Hopwood
基思·穆恩 Keith Moon
雪莉·巴锡 Shirley Bassey
曼迪·赖斯-戴维斯 Mandy Rice-Davies
康妮·弗朗西斯 Connie Francis
康妮·史蒂文斯 Connie Stevens
菲尔·斯佩克特 Phil Spector
菲尔·奥克斯 Phil Ochs
菲利普·萨维尔 Phillip Saville
菲利普·拉金 Philip Larkin
萨拉·沃恩 Sarah Vaughn
萨姆·库克 Sam Cooke
盖伊 Guy
盖伊·特立斯 Gay Talese
理查德·斯塔基 Richard Starkey
理查德·伯顿 Richard Burton
理查德·埃夫登 Richard Avedon
理查德·布兰森 Richard Branson
勒内·马格利特 René Magritte
崔姬 Twiggy
萧伯纳 George Bernard Shaw

十二画

琼·施林普顿 Jean Shrimpton
琼·贝兹 Joan Baez
琼·科林斯 Joan Collins
琼·里弗斯 Joan Rivers
普伦基特-格林 Plunkett-Greene
博·迪德利 Bo Diddley
博比 Bobby
斯科蒂·穆尔 Scotty Moore
斯科特·麦肯齐 Scott McKenzie
斯蒂芬·沃德 Stephen Ward
斯蒂芬·菲茨-西蒙 Stephen Fitz-Simon
斯蒂芬·斯蒂尔斯 Stephen Stills
斯莫基·鲁滨逊 Smokey Robinson
温斯顿·丘吉尔 Winston Churchill
温莎公爵 Duke of Windsor
琳达·伦斯塔特 Linda Ronstadt
琳达·盖泽 Linda Geiser
奥斯·克拉克 Ossie Clark
奥斯卡·莱尔曼 Oscar Lerman
奥黛丽·赫本 Audrey Hepburn
奥根 Organ
塔维斯托克侯爵 Marquess of Tavistock
蒂特林厄姆 Tittringham
提斯柏 Thisbe
舒伯特 Schubert

十三画

鲍勃·迪伦 Bob Dylan
鲍勃·格伦 Bob Gruen
鲍威尔 Powell
雷·查尔斯 Ray Charles
雷吉·克雷 Reggie Kray
雷金纳德·肯尼思·德怀特 Reginald Kenneth Dwight
傻帽贝茨 Tittybates
詹姆斯·伯顿 James Burton
詹姆斯·邦德 James Bond
詹姆斯·汉森 James Hanson
詹姆斯·泰勒 James Taylor
詹姆斯·布朗 James Brown
塞隆尼斯·蒙克 Thelonious Monk
蒙蒂·马克斯 Monty Marks

十四画

赛勒斯 Cyrus
赫比·科恩 Herbie Cohen
赫比·曼 Herbie Mann
碧姬·芭铎 Brigitte Bardot
嘎嘎小姐 Lady Gaga

十五画

德尔·香农 Del Shannon
德里克·博希尔 Derek Boshier
德克·鲍加得 Dirk Bogarde
德佐·霍夫曼 Dezo Hoffmann

十六画

穆迪·沃特斯 Muddy Waters
霍华德·格林菲尔德 Howard Greenfield
霍华德·齐耶夫 Howard Zieff
薇姬·威克姆 Vicki Wickham

十七画

嚎叫野狼 Howlin' Wolf
戴安娜·弗里兰 Diana Vreeland
戴安娜·罗斯 Diana Ross
戴维·琼斯 Davy Jones
戴维·帕特纳姆 David Puttnam

二十一画

露西·西蒙 Lucy Simon
露西·贝恩斯 Luci Baines

名词对照表

11号俱乐部 Club 11
51工作室 Studio 51
TAMI秀 Teenage Awards Music International show
《X战警》X-Men

一 画

《一天学会弹吉他》Play in a Day
《一周回顾》That Was the Week That Was
《一次》"Once"
《一个广告人的自白》Confessions of an Advertising Man
《一夜狂欢》"A Hard Day's Night"

二 画

七巧板 jigsaw puzzle
十字军乐队 The Crusaders
十字街 Cross Street
《八部半》8½
《十六岁生日快乐》"Happy Birthday Sweet Sixteen"

三 画

大门乐队 The Doors
大使馆舞厅 Embassy Ballroom
大帐篷俱乐部 The Marquee
大风车街 Great Windmill Street
小渡鸦 The Little Ravens

小镇话语 The Talk of the Town
马克斯韦尔·克拉克公司 Maxwell Clarke
马略卡岛 Majorca
三大才子 The Three Wise Men
子宫帽 diaphragm
飞鸟乐队 The Byrds
《女性的奥秘》 The Feminine Mystique
《广告狂人》 Mad Men
《小萨米·戴维斯秀》 The Sammy Davis Jr. show
《已婚男人的世界》 The World Is Full of Married Men

四 画

比芭 Biba
比利·弗里和蓝色火焰乐队 Billy Fury & the Blue Flames
比利·J. 克雷默和达科塔乐队 Billy J. Kramer & the Dakotas
比利时 Belgium
比吉斯兄弟 Bee Gees
比萨斜塔 Leaning Tower of Pisa
切尔西 Chelsea
切尔西酒店 Chelsea Hotel
切尔西足球俱乐部 Chelsea Football Club
贝肯哈姆 Beckenham
贝克街 Baker Street
王子街 Prince Street
火烈鸟俱乐部 Flamingo
火车大劫案 The Great Train Robbery
火箭 Rocket
元媛舞会 debutante ball
巴特菲尔德八号 BUtterfield 8
巴黎 Paris
韦士柏 Vespa
韦恩·方坦纳和喷气机乐队 Wayne Fontana & the Jets
韦恩·方坦纳和迷幻乐队 Wayne Fontana & the Mindbenders
韦瑟比盾形徽章 Wetherby Arms
以色列 Israel
心跳乐队 The Heartbeats
匹克威克 Pickwick
车站旅馆 Station Hotel
公鸡乐队 The Roosters
公告牌 Billboard
厄姆斯顿 Urmston
牛津街 Oxford Street
长岛 Long Island
手风琴 accordion
丹赛特 Dansette
中央公园 Central Park
《贝隆夫人》 Evita

《今夜狮子睡着了》"The Lion Sleeps Tonight"
《分手很难》"Breaking Up Is Hard to Do"
《比利·巴德》*Billy Budd*
《心灵扭曲》*The Mind Benders*
《从我到你》"From Me to You"
《丹尼·凯秀》*The Danny Kaye Show*
《日历女郎》"Calendar Girl"

五　画

加州大学洛杉矶分校　UCLA
加利福尼亚　California
汉堡　Hamburg
汉普顿　Hampton
汉普斯特德　Hampstead
东伦敦　East London
东海岸　East Coast
东北音乐商店　North East Music Store
奶油乐队　Cream
圣玛丽–勒·鲍教堂　St. Mary-le-Bow church
圣玛丽教堂　St. Mary's Church
圣特罗佩　St. Tropez
圣莫尼卡　Santa Monica
古驰　Gucci
古巴导弹危机　Cuban Missile Crisis
冬青树乐队　The Hollies
弗雷迪和梦想家乐队　Freddie & the Dreamers
弗朗基·莱蒙和青少年乐队　Frankie Lymon & the Teenagers
兰美达　Lambretta
兰开夏郡　Lancashire
兰心剧院　Lyceum
兰登书屋　Random House
兰博基尼　Lamborghini
布赖顿　Brighton
布赖恩·普尔和震音乐队　Brian Poole & the Tremeloes
布赖恩·奥格和三位一体乐队　Brian Auger & the Trinity
布罗姆利　Bromley
布罗姆利技校　Bromley Technical School
布罗姆利技校星期日之夜　Sunday Night at the Bromley Technical High School
布鲁斯特–道格拉斯　Brewster-Douglass
布鲁克林　Brooklyn
布里尔大厦　Brill Building
布拉瓦约　Bulawayo
布莱克浦　Blackpool
布克兄弟　Brooks Brothers
四重奏乐队　The Fourtones
四季乐队　The Four Seasons
北伦敦　North London

北方舞蹈管弦乐团 Northern Dance Orchestra
北方小巨蛋 Northern Egg
北海 North Sea
卡巴莱 Cabaret
卡普唱片公司 Kapp Records
卡姆登镇 Camden Town
卡纳比街 Carnaby Street
卡纳维拉尔角 Cape Canaveral
卡罗琳电台 Radio Caroline
卡特家族 The Carter Family
正义兄弟 The Righteous Brothers
本顿-鲍尔斯广告公司 Benton & Bowles
皮纳塔派对 Piñata Party
皮卡迪利爵士俱乐部 Piccadilly Jazz Club
节奏之王 Emperors of Rhythm
艾比路录音室 Abbey Road Studios
艾伦·普赖斯小乐队 Alan Price Combo
艾伦敦 Allentown
艾弗·诺韦洛奖 Ivor Novello Award
艾德威尔德机场 Idlewild Airport
丘路 Kew Road
叮砰巷 Tin Pan Alley
尼安德特人 Neanderthal
尼亚加拉 Niagara
尼亚加拉瀑布 Niagara Falls

白金汉宫 Buckingham Palace
白宫 The White House
旧金山 San Francisco
电机操作工乐队 The Motormen
印第安纳州 Indiana
《龙蛇小霸王》 *Bugsy Malone*
《圣母颂》 "Ave Maria"
《去教堂》 "Going to the Chapel"
《北回归线》 *Tropic of Cancer*
《发条橙》 *A Clockwork Orange*
《永不消逝》 "Not Fade Away"
《生活》 *Life*

六 画

西海岸 West Coast
西伦敦 West London
西班牙 Spain
西点 West Point
西点军校 United States Military Academy
西蒙和加芬克尔 Simon & Garfunkel
西蒙姐妹花 The Simon Sisters
西村 West Village
西四街 West Fourth Street
西贡 Saigon
西肯辛顿 West Kensington
西北航空公司 Northwest Airlines
西百老汇大街 West Broadway

好莱坞 Hollywood
至上女声组合 The Supremes
至上乐队 The Primes
伦敦 London
伦敦流浪汉夜总会 Tramp London
伦敦大轰炸 The Blitz
伦敦经济学院 London School of Economics
华盛顿 Washington
华纳兄弟娱乐公司 Warner Bros.
华纳兄弟唱片公司 Warner Bros. Records
华尔街 Wall Street
达拉斯 Dallas
达特茅斯 Dartmouth
芝加哥 Chicago
老特拉福德 Old Trafford
老康普顿街 Old Compton Street
安娜贝勒夜总会 Annabelle's nightclub
安纳波利斯 Annapolis
安可曲 encore
安杰尔 Angel
安非他命 amphetamine
托特纳姆皇家舞厅 Tottenham Royal
托尼·帕斯特爵士俱乐部 Tony Pastor's Jazz Club
邦德街 Bond Street
约翰尼和月狗乐队 Johnny & the Moondogs

约翰内斯堡 Johannesburg
动物乐队 The Animals
百老汇大街 Broadway
百代唱片公司 EMI
考文垂 Coventry
考文垂大街 Coventry Street
米奇·莫斯特和纨绔子弟 Mickie Most & the Playboys
米德兰酒店 Midland Hotel
米兰 Milan
乔治·法梅和蓝色火焰乐队 Georgie Fame & the Blue Flames
乔治和龙乐队 George & the Dragons
乔治城大学 Georgetown University
乔利熟肉店 Jolly's Cooked Meats
企鹅乐队 The Penguins
汤姆和杰瑞乐队 Tom & Jerry
列克星敦三重奏 The Lexington Three
列克星敦四重奏 The Lexington Four
伍尔沃斯百货 Woolworth
伍德斯托克时代 Woodstock era
行吟诗人俱乐部 Troubadour
先锋村俱乐部 Village Vanguard
伊迪思路 Edith Road
伊斯灵顿 Islington
伊林 Ealing
伊林爵士俱乐部 Ealing Jazz Club
伊丽莎白女王号 Queen Elizabeth

伊顿公学 Eton College
多尔斯顿 Dalston
多莉俱乐部 Dolly's
多伦多 Toronto
齐柏林飞艇 Led Zeppelin
同时代的年轻人 The Young Contemporaries
厌食症 anorexia
迂回乐队 The Detours
亚历克西斯·科纳蓝调同盟 Alexis Korner's Blues Incorporated
亚拉巴马州 Alabama
亚利桑那州 Arizona
红色扩散电视台 Reddiffusion
地下酒吧 Speakeasy
自由乘车者 freedom riders
传道者乐队 The Preachers
迈阿密 Miami
《在风中飘荡》"Blowin' in the Wind"
《在纽约生活一天只要十美元》 How to Live in New York on Ten Dollars a Day
《在披头士乐队身旁》 Around the Beatles
《汤姆·琼斯》 Tom Jones
《杀死一只反舌鸟》 To Kill a Mockingbird
《伦敦帕拉斯剧院的星期六之夜》 Saturday Night at the London Palladium
《伦敦旗帜晚报》 The Evening Standard
《伦敦晚报》 The Evening News
《名扬四海》 Fame
《伤心旅馆》"Heartbreak Hotel"
《好年华》"Very Good Year"
《自由不羁的鲍勃·迪伦》 Freewheelin' Bob Dylan
《她爱你》"She Loves You"
《各就各位，预备，跑!》 Ready Steady Go!
《那不是和我一样吗》"Ain't That Just Like Me"
《达斯蒂在孟菲斯》 Dusty in Memphis
《有心人》"Anyone Who Had a Heart"
《有本事来抓我们》 Catch Us If You Can
《西弗吉尼亚》"West Virginia"
《老虎老虎》 Tiger Tiger
《伊普克雷斯档案》 The Ipcress File
《如此运动生涯》 This Sporting Life
《寻找海明威》"Looking for Hemingway"
《红色小公鸡》"Little Red Rooster"

七　画

伯明翰 Birmingham
伯克利 Berkeley
伯克利广场 Berkeley Square

伯爵宫 Earls Court
伯爵宫车展 Earls Court Motor Show
伯肯黑德 Birkenhead
纽约 New York
纽约时装技术学院 Fashion Institute of Technology
纽波特民谣音乐节 Newport Folk Festival
纽卡斯尔 Newcastle
纽伯里 Newbury
纽瓦克 Newark
李维斯 Levi's
苏格兰场 Scotland Yard
苏荷区 Soho
利 Leigh
利物浦 Liverpool
希思罗机场 Heathrow Airport
克罗斯比、斯蒂尔斯和纳什乐队 Crosby, Stills & Nash
克利夫顿斯 The Cliftons
克鲁瓦塞特大道 Croisette
克伦威尔路 Cromwell Road
克伦威尔俱乐部 The Cromwellian
克莱夫登 Cliveden
克里姆林宫 Kremlin
克兰西兄弟 The Clancy Brothers
阿伯丁 Aberdeen
阿德维克剧院 Ardwick Hippodrome

阿尔唱片店 Al's Records
阿戈戈俱乐部 Club-A-Go-Go
阿宾登路 Abingdon Road
阿卡迪亚 Arcadia
阿斯托里亚 Astoria
泛美航空公司 Pan Am
时代广场 Times Square
杜沃普 doo-wop
巫毒音乐 voodoo music
妙龄女子组合 The Primettes
赤袜舞会 record hop
村门俱乐部 Village Gate
壳牌 Shell
怀特查佩尔 Whitechapel
怀特岛 Isle of Wight
沙德勒之井剧院 Sadler's Wells
沙夫茨伯里大道 Shaftesbury Avenue
即兴俱乐部 Ad Lib
沃本庄园 Woburn Abbey
沃伦委员会 Warren Commission
里士满 Richmond
玛格丽特大街 Margaret Street
玛莎葡萄园岛 Martha's Vineyard
佛利伍麦克乐队 Fleetwood Mac
麦克杜格尔大街 MacDougal Street
麦迪逊大道 Madison Avenue
抗议运动 protest movement
芬斯伯里公园 Finsbury Park

劳斯莱斯 Rolls-Royce
《芬妮·希尔》Fanny Hill
《时尚》Vogue
《时代正在改变》"The Times They Are A-Changin'"
《时代周刊》Time
《扭摆舞》"The Twist"
《扭动腰肢,放肆尖叫》"Twist and Shout"
《我看到老鼠了》"I Saw a Mouse"
《我的桶上有个洞》"There's a Hole in My Bucket"
《我的心肝宝贝离开了》"There Goes My Baby"
《我的邦妮躺在海洋上》My Bonny Lies Over the Ocean
《我的子弹会转弯》The Gang That Couldn't Shoot Straight
《我不是少年犯》"I'm Not a Juvenile Delinquent"
《我们来跳舞吧》"Let's Dance"
《我们的爱去哪儿了》"Where Did Our Love Go"
《我想成为你的男人》"I Wanna Be Your Man"
《我想牵着你的手》"I Wanna Hold Your Hand"
《我喜欢上了美好的事物》I'm into Something Good
《你离我越近》The Closer You Are
《你已经没了爱的感觉》"You Lost That Loving Feeling"
《你想知道一个秘密吗》"Do You Want to Know a Secret"
《你好,约瑟芬》Hello Josephine
《你始终如一的备胎》Your Old Standby
《你是怎么做到的》"How Do You Do It"
《每日镜报》Daily Mirror
《走吧,小姑娘》"Go Away Little Girl"
《来吧》"Come On"
《纽约时报》The New York Times
《纽约客》The New Yorker
《纽约》New York
《君子》Esquire
《阿拉伯的劳伦斯》Lawrence of Arabia

八　画

英国国家电视台 British national television
英国广播公司 BBC
英国航空公司 British Airways
英国海外航空公司 British Overseas Airways

英国男装协会 British Menswear Guild
英国皇家文艺汇演 The Royal Command Performance
英伦入侵 British Invasion
披头士乐队 The Beatles
披头士热 Beatlemania
青年震动 youthquake
底特律 Detroit
空军一号 Air Force One
波波头 bucket hair cut
波士顿 Boston
波兰街 Poland Street
肯特 Kent
金斯顿艺术学院 Kingston Art School
金斯顿三重奏乐队 The Kingston Trio
金斯曼乐队 The Kingsmen
金斯威 Kingsway
金斯威录音室 Kingsway Studios
金伯利 Kimberley
夜莺 Nightingale
牧群乐队 The Herd
国王路 Kings Road
国会唱片公司 Capitol Records
国际精英经纪公司 International Talent Agency
杰里·李和斯塔格·李乐队 Jerry Lee & the Stagger Lees
杰克逊五兄弟乐队 Jackson 5
杰西潘尼公司 J. C. Penney
环球航空公司 TWA
林肯中学 Lincoln High School
林肯纪念堂 Lincoln Memorial
林登花园 Linden Gardens
罗杰斯和哈默斯坦 Rogers & Hammerstein
罗杰斯和哈特 Rogers & Hart
罗里·斯托姆和飓风乐队 Rory Storm & the Hurricanes
罗素路 Russell Road
罗素广场 Russell Square
罗素酒店 The Russell Hotel
罗得西亚 Rhodesia
罗马 Rome
罗彻斯特 Rochester
罗奈特乐队 The Ronettes
表演者乐团 The Showmen
迪斯科舞厅 Discotheque
迪西杯子乐队 The Dixie Cups
迪卡唱片公司 Decca
迪卡录音室 Decca Studios
拉德布鲁克格罗夫 Ladbroke Grove
佩里·科莫 Perry Como
现场俱乐部 Scene
贪食症 bulimia
朋克 punk
炖锅菜 Casserole

爬行俱乐部 Crawdaddy Club
凯西·琼斯和工程师乐队 Casey Jones & the Engineers
凯迪拉克 Cadillac
明尼苏达大学 University of Minnesota
明星咖啡厅 Star Café
录音带租赁协议 lease-tape deal
帕洛风唱片公司 Parlophone
帕丁顿 Paddington
转动的车轮 Twisted Wheel
服装店 Toggery
苹果公司 Apple
织工乐队 The Weavers
性手枪乐队 Sex Pistols
拖把头 mop-top
《典当商》 *The Pawnbroker*
《现在一切都结束了》 "It's All Over Now"
《明天你是否依然爱我》 "Will You Still Love Me Tomorrow"
《明星路演》 *Caravan of Stars*
《直到有你》 "Till There Was You"
《孟菲斯，田纳西》 "Memphis, Tennessee"
《幸运之星》 *Thank Your Lucky Stars*
《雨中的欢乐》 "Laughter in the Rain"
《奇迹之年》 "Annus Mirabilis"

九　画

洛杉矶 Los Angeles
洛杉矶电台 Los Angeles radio stations
洛杉矶流浪汉夜总会 Tramp Los Angeles
柏林 Berlin
柏林墙 Berlin Wall
美国航空航天局 NASA
美国广播唱片公司 RCA Records
美国大使馆 American Embassy
皇家音乐学院 Royal College of Music
皇家空军 Royal Air Force
皇家青少年乐队 The Royal Teens
皇家戏剧艺术学院 Royal Academy of Dramatic Art
皇家莎士比亚剧团 Royal Shakespeare Company
皇后区 Queens
迷幻乐队 The Mindbenders
迷你专辑 EP
南伦敦 South London
南肯辛顿 South Kensington
南希尔兹 South Shields
南安普敦 Southampton
南卡罗来纳州 South Carolina
哈克尼 Hackney
哈克尼斯奖学金 Harkness Scholarship
哈罗德百货 Harrods

哈姆花园 Ham Yard
哈默史密斯 Hammersmith
洞穴俱乐部 The Cavern Club
威尔士亲王剧院 Prince of Wales Theatre
威尔金森刀具公司 Wilkinson Sword
诱惑乐队 The Temptations
茱莉亚学院 The Juilliard School
剑桥 Cambridge
垮掉兄弟 Beat Brothers
派伊唱片公司 Pye
保时捷 Porsche
科利特、迪肯森、皮尔斯&合伙人 Collett Dickenson Pearce & Partners
疯帽人 Mad Hatter
挪威 Norway
结局俱乐部 Bitter End
幽灵巡演 ghost tour
《查泰莱夫人的情人》 Lady Chatterley's Lover
《秋天的落叶》 Autumn Leaves
《总有一天》 "One Fine Day"
《美好的年华》 "It Was a Very Good Year"
《美国冲浪》 "Surfin' USA"
《穿蓝色牛仔裤的维纳斯》 "Venus in Blue Jeans"
《祖鲁战争》 Zulu
《城堡街上的疯人院》 Mad House on Castle Street
《星期六评论》 Saturday Review
《星期日泰晤士报》 The Sunday Times
《说谎者比利》 Billy Liar

十　画

海滩男孩 The Beach Boys
海滩寻宝俱乐部 Beachcomber Club
海德公园 Hyde Park
海盗电台 pirate radio
海洛因 heroin
格林威治村 Greenwich Village
格罗夫纳广场 Grosvenor Square
格里和引导者乐队 Gerry & the Pacemakers
索尔福德工学院 Salford Tech
铁门 Iron Door
铁幕 Iron Curtain
埃弗利兄弟 The Everly Brothers
埃塞克斯 Essex
埃塞克斯路 Essex Road
莱斯·保罗 Les Paul
莱斯特广场 Leicester Square
宾夕法尼亚州 Pennsylvania
流浪者乐队 The Drifters
哥伦比亚唱片俱乐部 Columbia Record Club

哥伦比亚唱片公司 Columbia Records
班卓琴 banjo
夏威夷 Hawaii
秘鲁 Peru
朗赛特区 Longsight
莫桑比克 Mozambique
莫斯特兄弟乐队 The Most Brothers
谁人乐队 The Who
真节奏 True Beats
都柏林三一学院 Trinity College Dublin
核裁军运动 Campaign for Nuclear Disarmament
舰队街 Fleet Street
预制房屋 prefab
诺丁山 Notting Hill
诺曼底酒店 Normandy Hotel
盐湖城 Salt Lake City
特罗皮卡纳汽车旅馆 Tropicana Motel
根德 Grundig
《请取悦我》"Please Please Me"
《海斯法典》Hays Code
《爱玛姑娘》*Irma la Douce*
《爱我吧》"Love Me Do"
《爱笑的男孩》*Laughing Boy*
《爱情游戏》*Game of Love*
《烈血大风暴》*Mississippi Burning*
《热裤》*Short Shorts*
《热情洋溢》"Glad All Over"
《啊！卡洛尔》"Oh! Carol"
《啊！尼尔》"Oh! Neil"
《通向自由之路》"Road to Freedom"
《诺博士》*Dr. No*
《夏天》"Summertime"
《埃及艳后》*Cleopatra*
《埃德·沙利文秀》*The Ed Sullivan Show*
《挚爱之爱》"Love of the Loved"
《流行之巅》*Top of the Pops*
《莫里森酒店》*Morrison Hotel*

十一画

密西西比州 Mississippi
密歇根 Michigan
密纹唱片 LP
第101空降师 101st Airborne
第一次世界大战 World War I
第二次美国革命 The second American Revolution
第五大道 Fifth Avenue
第八大道 Eighth Avenue
第九大道 Ninth Avenue
得克萨斯州立大学 Texas State University
萨维尔街 Savile Row
萨里郡 Surrey

萨沃伊饭店 Savoy Hotel
梅费尔 Mayfair
梅费尔酒店 Mayfair Hotel
梅普尔顿 Mapleton
捷豹 Jaguar
彗星乐队 The Comets
领头人 The Leaders
野猫乐队 The Wildcats
啤酒花 Hop
曼哈顿 Manhattan
曼弗雷德·曼乐队 Manfred Mann
曼彻斯特 Manchester
曼彻斯特广场 Manchester Plaza
曼彻斯特音乐学院 Manchester School of Music
曼联 Manchester United
曼陀林 Mandolin
象征合唱团 The Tokens
绿色画廊 The Green Gallery
绿洲俱乐部 Oasis Club
常春藤盟校 Ivy League
甜蜜马车 Sweet Chariot
骑士桥 Knightsbridge
旋风乐队 The Cyclones
戛纳 Cannes
基韦斯特 Key West
维珍公司 Virgin
维也纳 Vienna

《假日》"Vacation"
《情迷单簧管》"Stranger on the Shore"
《旋律制造者》*Melody Maker*
《唱片镜报》*Record Mirror*
《做我的情人》"Be My Baby"
《第二十二条军规》*Catch-22*

十二画

普罗富莫事件 Profumo Affair
普罗温斯敦 Provincetown
普利茅斯 Plymouth
智威汤逊广告公司 J. Walter Thompson
斯特雷特姆 Streatham
斯特兰德大街 The Strand
斯普林斯 Springs
斯莫基·鲁滨逊&奇迹乐队 Smokey Robinson & the Miracles
斯德哥尔摩 Stockholm
惠特利湾 Whitley Bay
谦虚派乐队 Humble Pie
喷气机乐队 Jets
黑夜骑士乐队 The Nightriders
黑人戏院 Chitlin' Circuit
谢利斯合唱团 The Shirelles
琼斯街 Jones Street
森德兰 Sunderland
森德兰帝国 Sunderland Empire

博尚广场 Beauchamp Place
奥斯汀 Austin
奥美广告公司 Ogilvy & Mather
奥林匹克录音棚 Olympic studios
搜索者乐队 The Searchers
温布尔登 Wimbledon
温布尔登舞厅 Wimbledon Palais
越南 Vietnam
越南战争 Vietnam War
越南共和国 South Vietnam
富美家 Formica
紫洋葱餐厅 The Purple Onion
《奥利弗》 Oliver
《棕泉春光》 Palm Springs Weekend
《最长的一天》 The Longest Day
《普罗旺斯的一年》 A Year in Provence
《痛苦》 "Misery"

频道乐队 The Channels
瑟比顿 Surbiton
塞西尔·吉 Cecil Gee
摇摆伦敦 swinging London
摄政街 Regent Street
蓝野猪咖啡馆 The Blue Boar
蓝天使俱乐部 Blue Angel Club
雷鸟乐队 Thunderbirds
福音珍珠 The Gospel Pearls
煤气灯 Gaslight
盟友乐队 The Comrades
瑞典 Sweden
《新唱片镜报》 New Record Mirror
《满心欢喜》 "Glad All Over"
《跟踪调查》 Monitor
《像一块滚石》 "Like a Rolling Stone"
《路易，路易》 "Louie Louie"

十三画

滚石乐队 The Rolling Stones
蒙特雷流行音乐节 Monterey Pop Festival
蒙茅斯街 Monmouth Street
路易斯安那州 Louisiana
新兵乐队 The Yardbirds
新英格兰地区 New England
新新闻主义 new journalism

十四画

慕尼黑美国中学 Ameican College in Munich
赫尔曼的隐士们乐队 Herman's Hermits
赫姆斯酒吧 De Hems Bar
漫威漫画公司 Marvel Comics
漂亮事物乐队 Pretty Things
《蔑视》 Contempt
《漫步棉田》 "Walking in the Cotton Fields"

十五画

德里克和多米诺乐队 Derek & the Dominos
德国 Germany
影子乐队 The Shadows
摩城 Motown
摩城滑稽剧 The Motortown Revue
醋酸胶片 acetate
墨西哥 Mexico
墨水瓶 The Inkpot
暴龙乐队 T.Rex
《嘿，我到底怎么了》 "Hey, Just What's Wrong with Me"
《嘿，女学生》 *Hey Schoolgirl*

十六画

穆赫兰道 Mulholland Drive
穆尔斯 Moors
霍恩西艺术学院 Hornsey College of Art
霍兰公园 Holland Park
默里 Murray's
默西河 River Mersey
默西之声 Merseybeat
噪音爵士乐 skifflfle
薄荷酒吧 Peppermint Lounge
薄纱合唱团 The Chiffons
《橱窗里那只小狗多少钱》 "How Much Is That Doggie in the Window"

十七画

戴夫·克拉克五人组 The Dave Clark Five

十九画

巅峰乐队 The Foremost